本书由中共陕西省委党校（陕西行政学院）资助出版

城中村公共物品供给分析

朱松梅 著

中国社会科学出版社

图书在版编目（CIP）数据

城中村公共物品供给分析/朱松梅著.—北京：中国社会科学出版社，2019.9

ISBN 978-7-5203-5000-6

Ⅰ.①城… Ⅱ.①朱… Ⅲ.①农村—公共物品—供给制—研究—中国 Ⅳ.①F299.241

中国版本图书馆 CIP 数据核字（2019）第 200515 号

出 版 人	赵剑英
责任编辑	孙 萍
责任校对	周 昊
责任印制	王 超

出　　版	中国社会科学出版社
社　　址	北京鼓楼西大街甲 158 号
邮　　编	100720
网　　址	http://www.csspw.cn
发 行 部	010-84083685
门 市 部	010-84029450
经　　销	新华书店及其他书店
印　　刷	北京明恒达印务有限公司
装　　订	廊坊市广阳区广增装订厂
版　　次	2019 年 9 月第 1 版
印　　次	2019 年 9 月第 1 次印刷

开　　本	710×1000　1/16
印　　张	18.5
插　　页	2
字　　数	233 千字
定　　价	86.00 元

凡购买中国社会科学出版社图书，如有质量问题请与本社营销中心联系调换
电话：010-84083683
版权所有　侵权必究

前　言

公共物品是影响社会福利水平的主要内容。总体来说，公共物品是用来满足人的公共需求与共同需求的，每一个国家的公民都能够从公共物品的供给数量的增加、供给质量的提高和供给结构的改进中获得收益。随着时代的变迁和社会的发展，公共物品的类别不断丰富，但是其基本构成始终未发生显著的改变。其中，生活性公共基础设施作为人类生活的基本条件，是公共物品的基本组成部分，也是住房的最低构成条件，决定着人的基本居住需求的满足程度，制约人口的居住质量，影响社会福利水平。

从中国的现实来看，"城中村"作为一个地域概念，呈现出的基本空间特征是"中心性"，但是与一般的城市中心区不同，从经济学角度来看，城中村的"边缘性（稀缺）"尤为显著。在整个城市边界以内，公共物品的普惠性正在逐渐演变为城市原有区域（公共物品的供给中心）的优势，从而形成对城中村（公共物品的供给边缘）的强势。这与当前以中心衰弱、边缘崛起、中心与边缘位移和多中心涌现等为特征的去中心化进程并不一致，城中村始终是一个资源稀缺尤其是公共物品稀缺的区域。长期以来，公共物品供给不足是造成城中村"非城、非村"的原因之一，"城中村"并不在城市政府公共物品供给边界以内，故而"非城"；"城中村"并非城市空间边界上的边缘即农村区域，故而"非村"。由此呈现出的城中村的基本内涵是，处于城市空间边界内的非边缘区、公共物品供给的边缘区。而以公共物品稀缺为基本特征之一的城中村[①]，生活性公共基础设施的稀缺是其基本的表现形式。而生活性公共基础设施的稀缺正是导致城中村与城市其他区域居住质量差异的基本要素，也增加了城中村人口的居住成本。

基于此，本书以生活性公共基础设施为例，在公共物品理论、公共财政理论、城市偏向理论、中心—边缘理论、公私合作理论等相关理论的支撑下，对城中村公共物品供给问题进行分析。本书认为，在城镇化进程中，城市空间边界以内、承担低成本居住区功能、容纳大量农业转移人口的城中村建设问题，实际上正是公共物品供给问题，并首先表现为生活性公共基础设施的供给问题。在这一基础上，本书从成本收益的视角展开具体的论述。

第一，从城中村居住人口构成的角度，将城中村的功能界定为"城市空间以内（不是城市空间以外的'边缘区'）的低成本居住区"，并进而指出实际承担低成本住房功能的城中村住房与真正意义上的低成本住房的关键差异，由此将生活性公共基础设施引入其中。作为城镇化进程中城市低成本住房的集中区域，城中村以其低房租、可支付的优势，容纳了城市住房保障体系覆盖范围以外、以农业转移人口为主的大量低收入人口，这正是市场作为资源配置手段的基本体现。尽管政府并未明确赋予城中村这一功能，但是城中村常住人口构成数据真实地反映了这一点；然而，城中村公共物品供给严重不足，稀缺特征显著，并没有合理配置生活性公共基础设施，对基本生活需求的满足程度低，适足性差，因此并不符合真正意义上的低成本住房属性（可支付与适足）。

---

① 本书所描述的城中村特指未拆迁、改造以前的城中村。实际上，改造以后的城中村在配置生活性公共基础设施使其具备"适足"特性的同时，降低了"可支付性"，已经不属于本书对城中村功能即"低成本居住区"的范畴。

第二，本书界定了城中村、生活性公共基础设施以及城中村的边缘性与生活性公共基础的稀缺性，指出，"城中村"正是"中心与边缘"的概念，即"城中的村"。其中，"城"为"中心"，"村"为边缘。从本书的研究视角来看，与中心的"城"相比，边缘的"村"是"城中村"概念的核心，呈现出的经济学特征是以生活性公共基础设施相对稀缺为基本表现的公共物品相对稀缺。

第三，本书在理论分析的基础上，指出尽管公共物品、私人物品都同时存在生产者与使用者，但是公共物品的生产者和使用者与私人物品的生产者和使用者对于成本、收益的界定有着明显的差异，由此建立了全书的成本收益分析框架。在成本方面，本书指出，除了经济学中的生产成本以外，使用者承担的使用成本和未使用者承担的机会成本，都应纳入总体成本的考量中。在收益方面，生产者收益、使用者收益、负向收益都是生活性公共基础设施总体收益构成的重要部分。

第四，进一步从现实出发，对城中村公共物品供给困境进行总结与梳理，分析造成"各相关主体收益降低"这一负面影响的原因。并通过模糊综合评价方法，对某市城中村生活性公共基础设施问题进行分析，以进一步佐证现实困境。同时，以不同经济发展水平的国家和地区的城市边缘区特征以及相应的贫民窟治理经验，为本书提供参考。

第五，在前文研究结论的基础上，以生活性公共基础设施为例，对改进城中村公共物品供给的成本与收益进行估算和比较分析，分别从成本、收益的视角提出城中村公共物品供给困境的破解之道。结果表明，各个主体都将从城中村生活性公共基础设施改善中实现收益的增加。因此，城中村公共物品供给问题的有效解决，既有助于增加各个群体之间的公平，也有助于提高整个社会的效率，是一种明显的帕累托改进。

最后，提出城中村公共物品供给的优化建议和本书的研究结论。

目 录

导 论 ………………………………………………………… (1)
  一 选题背景与研究意义 ………………………………… (1)
  二 研究对象与研究方法 ………………………………… (10)
  三 基本思路与框架结构 ………………………………… (11)
  四 本书的创新之处 ……………………………………… (17)

第一章 城中村公共物品供给问题相关研究述评 ………… (19)
  第一节 城中村生活性公共基础设施相关研究进展 ……… (19)
    一 关于城中村的研究进展 ……………………………… (19)
    二 关于生活性公共基础设施的研究现状 ……………… (27)
    三 关于城中村公共物品和生活性公共基础设施的
       研究现状 ………………………………………………… (31)
    四 关于生活性公共基础设施成本收益分析的
       研究现状 ………………………………………………… (41)
  第二节 研究述评 …………………………………………… (47)

第二章 城中村公共物品供给的理论基础 ………………… (50)
  第一节 公共物品理论 ……………………………………… (50)
    一 公共物品的基本含义 ………………………………… (51)

  二 公共物品的基本属性 …………………………………… (53)

  三 公共物品与公共需求、公共利益 ………………………… (55)

 第二节 公共财政理论 …………………………………………… (56)

  一 财政与公共财政 …………………………………………… (56)

  二 国外的公共财政理论 ……………………………………… (57)

  三 国内的公共财政理论 ……………………………………… (63)

  四 新型城镇化与公共财政理论 ……………………………… (66)

 第三节 城市偏向理论 …………………………………………… (67)

  一 城市偏向理论的形成 ……………………………………… (67)

  二 城市偏向理论的核心内容 ………………………………… (68)

  三 中国城市偏向的形成机制：政治与制度 ………………… (69)

  四 中国城市偏向的历史发展过程 …………………………… (72)

 第四节 城市中心与边缘相关理论 ……………………………… (74)

  一 中心—边缘理论 …………………………………………… (75)

  二 居住差异理论 ……………………………………………… (77)

 第五节 公私合作理论 …………………………………………… (80)

  一 公私合作理论的产生背景 ………………………………… (80)

  二 公私合作理论的内涵和基本内容 ………………………… (82)

第三章 城中村公共物品的基本概念与逻辑分析 ……………… (86)

 第一节 城中村：产生、人口构成与低成本住房 ……………… (86)

  一 城中村的产生 ……………………………………………… (87)

  二 城中村的人口构成 ………………………………………… (90)

  三 城中村住房与低成本住房 ………………………………… (92)

  四 本书关于城中村的前提和假设条件 ……………………… (102)

 第二节 城中村的边缘性与公共物品的稀缺性 ………………… (103)

  一 基本概念：边缘与稀缺 …………………………………… (103)

二　城市边缘区的基本特征……………………………（104）
　　三　城市边缘区的形成机制……………………………（106）
　　四　城中村:公共物品稀缺的城市"边缘"区……………（108）
第三节　城中村的公共物品:生活性公共基础设施………（109）
　　一　公共基础设施与生活性公共基础设施……………（110）
　　二　生活性公共基础设施的类别………………………（113）
　　三　生活性公共基础设施的特征………………………（116）
　　四　生活性公共基础设施的一般属性与公共
　　　　物品属性………………………………………………（118）

第四章　城中村公共物品成本收益分析框架………………（126）
第一节　成本与收益…………………………………………（126）
　　一　成本与收益的基本概念……………………………（127）
　　二　成本收益分析与最优资源配置……………………（132）
　　三　公共物品与私人物品的成本—收益分析…………（134）
第二节　成本构成与成本分担………………………………（138）
　　一　生产成本及其承担主体……………………………（139）
　　二　使用成本及其承担主体……………………………（142）
　　三　机会成本及其承担主体……………………………（143）
第三节　收益构成与收益分配………………………………（145）
　　一　生产者收益:私人部门的直接收益…………………（146）
　　二　生产者收益:公共部门的直接收益和公共收益……（147）
　　三　使用者收益:个体的直接收益和公共收益…………（148）

第五章　城中村公共物品供给困境及形成原因……………（150）
第一节　城中村公共物品供给困境…………………………（150）
　　一　供给总量不足………………………………………（151）

二　供给差异明显……………………………………（160）

第二节　城中村公共物品供给困境的负面影响…………（163）
　　一　使用者收益降低…………………………………（164）
　　二　生产者收益降低…………………………………（168）
　　三　负向收益增加……………………………………（172）

第三节　城中村公共物品供给困境的形成原因…………（175）
　　一　直接原因：公共物品供给投入不足……………（175）
　　二　根本原因：公共物品有效供给意愿不足………（186）

第六章　西部某市城中村公共物品模糊综合评价………（196）

第一节　模糊综合评价方法概述…………………………（196）
　　一　模糊综合评价方法的基本内容…………………（196）
　　二　城中村生活性公共基础设施属性模糊界定机理……（198）

第二节　城中村生活性公共基础设施模糊综合
　　　　评价指标体系……………………………………（199）
　　一　相关指标的国际借鉴……………………………（199）
　　二　本书指标体系的确立……………………………（204）

第三节　构建城中村生活性公共基础设施模糊综合
　　　　评价模型…………………………………………（205）
　　一　指标的测度值获取和计算………………………（205）
　　二　评价标准的确定…………………………………（205）
　　三　隶属函数的确定…………………………………（206）
　　四　指标权值的确定…………………………………（207）
　　五　综合评价模型……………………………………（208）
　　六　目标层评判集标准………………………………（208）

第四节　西部某市城中村生活性公共基础设施的
　　　　模糊综合评价……………………………………（208）

  一 西部某市城中村的基本情况……………………(208)
  二 西部某市城中村生活性公共基础设施模糊
    评价结果……………………………………………(210)

第七章 城市边缘区公共物品供给的国际比较……………(213)
 第一节 发达国家和地区的城市边缘区………………(214)
 第二节 发展中国家和地区的城市边缘区……………(217)
 第三节 典型国家和地区的实践…………………………(219)
  一 英国…………………………………………………(219)
  二 新加坡………………………………………………(221)
  三 印度…………………………………………………(222)
  四 马拉维………………………………………………(225)
  五 巴西…………………………………………………(226)

第八章 城中村公共物品供给困境的破解之道……………(230)
 第一节 完善成本分担,增加社会福利…………………(230)
  一 公共部门投资(财政投入)………………………(231)
  二 私人部门投资………………………………………(237)
 第二节 提高收益分享,均衡社会福利…………………(240)
  一 强化公共物品属性,增加个体收益………………(241)
  二 选择合理的社会福利函数,增加社会总体收益……(247)
  三 反思城市的生产功能,优化城市的分配功能……(249)
 第三节 改进城中村公共物品供给的成本收益估算………(252)
  一 使用者的成本与收益………………………………(253)
  二 生产者的成本与收益………………………………(259)

结 语………………………………………………………(266)

一　主要结论 …………………………………………（266）
二　研究展望 …………………………………………（271）

参考文献 ……………………………………………………（273）

后　记 ………………………………………………………（280）

图 目 录

图 0—1　研究背景示意图 …………………………………（2）
图 0—2　中国城镇化率发展趋势 …………………………（3）
图 0—3　城中村生活性公共基础设施的成本与收益 ………（15）
图 2—1　同心圆理论模型 …………………………………（78）
图 2—2　扇形理论模型 ……………………………………（79）
图 3—1　城中村与地方政府博弈图 ………………………（90）
图 3—2　城镇化进程中的区域划分特征 …………………（92）
图 3—3　每户农村家庭年收入与城市每户住房总价
　　　　　对比图 ……………………………………………（96）
图 3—4　农业转移人口租赁住房比例以及保障性住房
　　　　　总体情况 …………………………………………（98）
图 3—5　城中村生活性公共基础设施与农业转移人口
　　　　　居住选择 …………………………………………（100）
图 4—1　不同主体的收益构成 ……………………………（130）
图 4—2　福利的类型及其责任主体 ………………………（133）
图 4—3　公共物品与私人物品的成本收益差异 …………（136）
图 4—4　成本收益基本构架 ………………………………（138）
图 5—1　城市社会福利状态空间 …………………………（165）
图 6—1　《2014年人类发展报告》的脆弱性说明 …………（202）

图 7—1　较高城市化发展水平下的城市边缘化过程 ………（216）
图 7—2　较低城市化发展水平下的城市边缘化过程 ………（219）
图 8—1　城市公共利益的生产与分配 ……………………（244）
图 8—2　城市的生产功能与分配功能 ……………………（250）

表 目 录

表 3—1　城市扩张基本情况(2008—2014 年) ……………(88)

表 3—2　农业转移人口居住选择域 ………………………(94)

表 3—3　农村居民收入与城市房价对比 …………………(96)

表 3—4　农业转移人口租赁住房比例以及保障性
　　　　住房数量 …………………………………………(97)

表 3—5　农民工收入、城市各项消费价格指数情况 ………(99)

表 3—6　城市的级差房租差异 ……………………………(101)

表 3—7　城市不同区域的公共物品供给特征 ……………(109)

表 3—8　公共物品的需求层次 ……………………………(122)

表 4—1　生活性公共基础设施的个体使用成本 …………(143)

表 5—1　城市生活性公共基础设施总体情况 ……………(152)

表 5—2　中国历年集中供热情况 …………………………(154)

表 5—3　全国历年城市供水、燃气、供热情况
　　　　(2002—2013 年) …………………………………(155)

表 5—4　全国历年市容环境卫生情况(2006—2013 年) …(158)

表 5—5　城市公共交通工具基本情况 ……………………(159)

表 5—6　生活性公共基础设施对农业转移人口的
　　　　排他性与竞争性 …………………………………(161)

表 5—7　按行业分全国历年城市市政公用设施建设

		固定资产规模(2004—2013年) ……………………	(178)
表5—8		全国历年城市维护建设支出(2006—2010年) ……	(179)
表5—9		按资金来源分市政公用设施建设固定资产	
		投资(2006—2013年) …………………………………	(181)
表6—1		作为贫民区衡量指标的五种住房匮乏情况 ………	(201)
表6—2		西部某市城中村生活性公共基础设施模糊综合	
		评价指标体系 ……………………………………………	(204)
表6—3		城中村生活性公共基础设施评价及其城市、	
		农村性状描述 ……………………………………………	(204)
表6—4		生活性公共基础设施地域特征属性模糊界定	
		指标的标准值 ……………………………………………	(210)
表6—5		测度值与隶属度 …………………………………………	(211)
表6—6		指标权值 ……………………………………………………	(211)
表6—7		模糊综合评价值及特征属性 …………………………	(212)

导　　论

公共物品是衡量社会福利水平的基本内容。在现代社会，人的全面发展与公共物品和私人物品的富足程度密切相关，经济增长为私人物品供给与消费提供可能，而财富分配为公共物品供给与消费提供可能，公与私两个领域的共同繁荣才能推动人类社会的进步。城镇化有着显著的经济效应与分配效应，更丰富的私人物品和更多样的公共物品供给得以实现，尤其是边际效应的存在，农村人口将从中获得更为显著的经济和福利改善。

一　选题背景与研究意义

(一) 选题背景

城镇化的推进是世界各国发展的必经阶段，同时也是各学科的研究焦点。我国正处于城镇化这一历史进程中，著名经济学家斯蒂格利茨曾经将"中国的城镇化"与"美国的高科技"并列为21世纪影响人类发展进程的两件最深刻的事情。作为世界经济、社会变迁的重要组成部分，中国的城镇化进程对联合国提出的千年发展目标的实现有着关键的意义，更是直接推动了各领域的全面发展，对提高社会福利水平有着重要的影响。在中国近三十多年的城镇化发展过程中，始终伴随着生产方式的变革和生活方式的变迁，中国经济与社会的各个层面都发生了深刻的变化，取得了举世瞩目的成绩，产业结构不断调整，人口流动速度日益加快，经济总量大幅增加，人民生活质量显著改善。中国城镇化水平显著提高，1978年仅为17.92%，2015年城市常住人口占总人口比重已经达到56.1%，大约提高了38个百分点。在未来的一段时间内，这一进程仍然不会出现明显的钝化，也就是说在目前的城市常住人口总量下，未来城市人口总量仍然会有较大幅度的增加。与此相伴生的是，城市对农业转移人口的容纳能力和容纳质量面临着更加严峻的挑战。从表面上来看，中国城镇化基本遵循着诺塞姆曲线所展示的一般规律，但是在快速推进的城镇化过程中，并未从提高社会总体福利的角度出发，合理关注城镇化的发展质量，使其明显低于城镇化的发展速度，在肯定城镇化带来的各项收益的同时，各个领域仍然存在着多重困境，导致各类负面效应逐步凸显，社会福利水平显著降低，各类社会问题、经济问题正逐渐成为中国城镇化健康、高效、高质、可持续发展的制约。

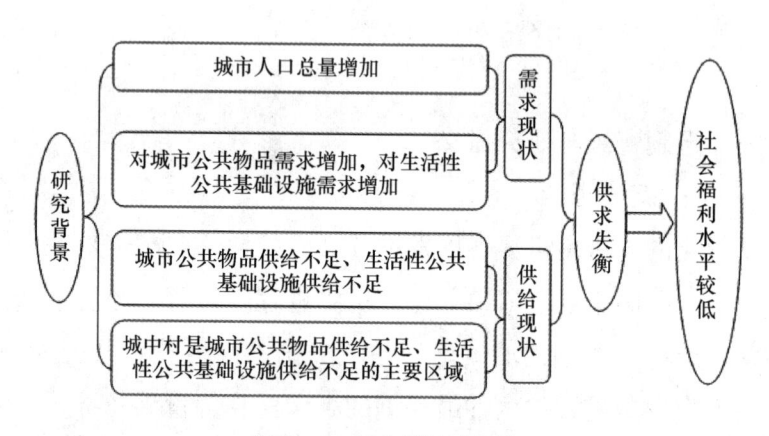

图0—1 研究背景示意图

总体来说，第一，随着城镇化的逐渐推进，农村人口迁移意愿增强，农业转移人口数量增长，城市常住人口总量增加。1978年至今，城镇常住人口大幅增加，但是城镇户籍人口的自然增长率始终远远小于城镇人口的实际增长率。也就是说,由城镇户籍人口出生率与死亡率之间的差额构成的自然增长率并不是导致城镇人口大幅增加的关键原因,弥补自然增长率与实际增长率缺口的正是自农村迁移出来的人口。一份世界银行的报告指出,这一比例在1978年到2009年间是年度平均人口总增长的78%。[1] 依据我国现有的城镇化水平,可以预见的是,这一上升趋势将会持续。

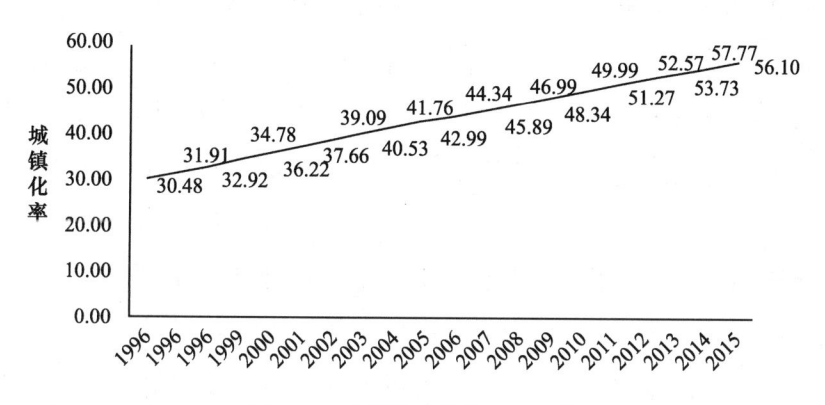

图0—2 中国城镇化率发展趋势

第二,城市常住人口对公共物品的需求增加,对生活性公共基础设施的需求也随之增加。对农村人口来说,城市往往是更高生活水平的代名词,这在国内外都是一致的。我国的城市化还将进一步推进,预计到2030年,城市覆盖的土地面积将会在现有基础上扩张3倍[2]。也就是说,城市公共物品的需求总量还将显著提高。常住人口对城市公共物品的需求,首先表现在对低成本住房的需求上,以及附加在低成本住房上的生活性公共基础设施的需求。大量的农村人口进入城市,谋求职业转变,期望实现增加收入的目标。而这一目标得以实现的基本前提在于,农村人口在进入城市之后能

---

[1] 世界银行报告:《中国中小城镇概述》2012年,第2页。
[2] 转引自Joan Clos对《2016世界城市报告》的介绍。

够找到可负担的落脚地，即"先安身"而后才能"立命"。第六次全国人口普查结果显示，77%以上的农业转移人口仍然属于流动人口，也就是说受收入、消费方式、城市政策排斥等多重因素的影响，农业转移人口难以获得可负担、适足的公共住房与商品住房，居住在物资匮乏且成本较低的城中村的人口比例和家庭比例，正在持续增长。围绕着农业转移人口落脚地的衍生与扩展，对城市生活性公共基础设施服务半径增加的需求进一步提高。在既定的生活性公共基础设施供给总量与覆盖范围以内，使用者数量显著增加，将会凸显拥挤问题与使用过程中的不均等问题，对这些问题能否有效与合理地解决，是衡量城市可容纳能力和可持续发展能力的基本标准。

第三，城市公共物品供给不足，直接表现为生活性公共基础设施的供给与需求之间的缺口较大，需求者从中获得的社会福利较少。一方面，体现在城市公共基础设施的发展滞后于农村人口向城市的迁移。城市公共基础设施供给数量未能满足城市常住人口的需求，尤其是农业转移人口的需求，这就从事实层面降低了城市公共基础设施的公共物品属性。尽管从理论层面来看，城市公共基础设施具有公共物品的一般属性，即无论农业转移人口还是城市常住人口都可以进行消费和使用，但是，当前城市公共基础设施供给与需求的差距，反映的正是作为公共物品的城市公共基础设施的竞争性和排他性。在这样的背景下，农业转移人口生活方式变迁和社会福利增加缓慢，成为制约城镇化质量提高的基本因素。另一方面，体现在城市生活性公共基础设施的发展滞后于生产性公共基础设施的发展。尽管城市公共基础设施投资总量不断增加，但是在公共基础设施的投资结构上倾向于生产性公共基础设施的投资。作为地方性公共物品的基础设施建设，在以经济增长为主要衡量指标的政绩评价系统中，尤其在公共基础设施总体投资有限的约束条件下，地方政府显然更倾向于供给具有明显财富效应和经济增长效应并且更容易用货币进行衡量的生产性公共基础设施。而生活性公共基础设施对经济增长的带动效应明显弱于生产性公共基础设施,并且其带来的效益难以用具体的、可量化的指标进行衡量,故而成为中国城乡生活性公共基础设施总体供给不足的直接原因。

第四,城中村是公共物品、生活性公共基础设施供给不足的典型区域,这一区域的居住人口从中获得的社会福利远远少于其他区域。在城市边界以内,不同区域的生活性公共基础设施存在明显差异,城中村生活性公共基础设施明显少于城市其他区域。城中村生活条件的低下、生活环境的恶劣、公共交通的不足等问题已经成为城镇化发展进程中的顽疾。一方面,尽管改造城中村的步伐从未停止,但是当前旧城换新城的改造模式,将原本居住在城中村的非户籍常住人口逼到生活性公共基础设施更加稀缺的区域。城市的交换价值通过基础设施的选址、城市更新、郊区化等对城市的使用价值[①]进行了侵蚀,这一都市更新的过程对穷人的利益造成了严重的损害。[②] 另一方面,在以市场化改造为重要方式的城中村建设过程中,市场或企业对于利润的追求往往大于对城中村居民公共利益的追求,改造后的城中村居住环境、居住条件也并未与城市普通社区一致。这也从侧面表明,"拆"或者"不拆"并不是解决城中村公共物品、生活性公共基础设施供给不足的根本途径。

第五,城中村等城市边缘区域是农业转移人口的主要居住地。受收入水平、城市房屋租金、生活习惯、城市保障性住房稀缺等多方面因素的影响,进城务工的农村人口往往选择居住在城中村或者城乡接合部等地,这些区域通常正是城市经济意义上的边缘区域或

---

① 交换价值代表城市主要被用于购买、销售、出租给他人以获取利润;使用价值即居住的地方或者生产的地方,用于满足人民生活的基本需要。
② [美]约翰·R.洛根、哈维·L.莫洛奇:《都市财富:空间的政治经济学》,陈那波等译,格致出版社2016年版,第2—5页。

者空间意义上的边缘区域。从全国的城中村常住人口中非本地户籍农村人口所占比例来看，自外地农村迁移而来的人口总量远大于城中村户籍人口。要真正解决城镇化进程中的农业转移人口居住问题，首先需要考虑的是居住在城中村的这一群体。

尽管城中村生活性公共基础设施的供给问题已经成为制约城镇化发展质量、居民的全面发展、社会福利提高的基本原因，但是在党和国家的总体部署下，我国的城镇化进程和城中村生活性公共基础设施的发展迎来了重大的发展机遇。

第一，2014年《国家新型城镇化规划2014—2020年》发布，更加注重城镇化过程中"人"的收益获得与福利改善，将城镇化水平和质量逐步提升、城镇化格局日益优化、城市发展模式科学合理、城市生活环境和谐宜人、城镇化体制机制不断完善等作为发展目标。这表明，在未来的城镇化发展进程中，各个领域都将"人"作为城镇化的核心，并以落户制度、基本公共服务、市民化推进机制等方面的改善为转移至城市的农村人口提高生活水平与生活质量提供更多的支持，社会总体福利水平的提高是未来发展的基本趋势。

第二，2014年的政府工作报告提出要推进以人为核心的新型城镇化，并重点指出在未来一段时期，要重点解决好当前城镇化中的"三个1亿人"问题。第一部分是在城镇落户的1亿人，第二部分是居住在城中村和棚户区的1亿人，第三部分是在中西部地区实现就近就地城镇化的1亿人。其中，"改造约1亿人居住的城镇棚户区和城中村"对于改变当前城中村生活性公共基础设施匮乏的现状有着重要的战略意义。

第三，2015年《中共中央关于制定国民经济和社会发展第十三个五年规划的建议》正式发布，将户籍人口城镇化率加快提高作为全面实现小康社会的新目标。将"推进以人为核心的新型城镇化"作为推动城乡协调发展的重要内容,并对户籍问题、公共服务问题、住房问题等提出了指导性意见。户籍限制的放开,将有力地推动农业转移人口与城镇户籍居民共同分享城市社会的权利,并承担相应的义务。以居住证制度为依托,实现各类基本公共服务对城市常住人口的全覆盖。充分实现公共财政的功能,为农业转移人口的市民化进程提供有力支持。《规划》同时指出,要加强对农民相关权益的维护和保障,如土地承包权、宅基地使用权、集体收益分配权等。深化住房制度改革。《规划》进一步明确,要逐渐增加城镇的棚户区、城乡的危房改造力度,以改善基本的居住环境[1]。

第四,2017年公布的《"十三五"推进基本公共服务均等化规划》提出,要加快解决城镇居民基本住房问题,并将城中村和棚户区改造纳入解决住房问题的基本途径,加快推进集中成片棚户区和城中村改造,将棚户区改造与城市更新、产业转型升级更好结合起来,积极完善各居住区域配套的公共基础设施建设,最终提高居住在城镇棚户区、城中村和危房等区域的1亿人口的居住质量。

第五,为了有效地提高城市公共基础设施的供给能力,中国出台了多项关于支持城市公共基础设施投融资改革的新理论和新政策。明确提出通过引入PPP(Public-Private Partnership)的方式,将社会资本纳入公共基础设施的投资主体构成中。2014年,《国务院关于创新重点领域投融资机制鼓励社会投资的指导意见》将进一步创新投融资机制、充分发挥社会资本特别是民间资本的积极作用,作为公共服务、资源环境、生态建设、基础设施等重点领域的建设重点。2015年发布的《关于在公共服务领域推广政府和社会资本合作模式的指导意见》,这表明政府和社会资本合作模式的优势得到进一步肯定,双方的合作范围也进一步扩大,这将对政府、

---

[1] 《中共中央关于制定国民经济和社会发展第十三个五年规划的建议》。

社会资本和社会公众都带来显著的收益，更有利于公共服务的供给目标即"公共利益最大化"的实现。因此，该《意见》建议在公共服务领域推广政府和社会资本合作模式（Public-Private Partnership，PPP）。在《国务院关于积极发挥新消费引领作用加快培育形成新供给新动力的指导意见》（2015）中，将强化基础设施网络支撑作为改善优化消费环境的主要内容。最新公布的《国务院关于深入推进新型城镇化建设的若干意见》（2016）指出，要创新投融资机制，在深化与社会资本合作的同时，加大政府投入力度，并强化相关的金融支持，为城中村生活性公共基础设施建设提供有力的制度支持和资金支持。

第六，党的十九大报告中关于"房子是用来住的"的顶层建设思路。十九大报告对新时期的居民住房进行了准确定位，即"房子是用来住的、不是用来炒的"，对当前的住房市场调整定下了基调。与此同时，关于未来一段时间的住房体系建设，党的十九大报告指出，要"加快建立多主体供给、多渠道保障、租购并举的住房制度"，以期实现"让全体人民住有所居"的目标。租房体系的完善，首先就需要生活性公共基础设施的完善。可以说，党的十九大为以人为本的新型城镇化进程中的农业转移人口的城市居住问题，提出了新的解决思路。

（二）研究意义

城镇化进程中的城中村公共物品供给问题既是推进经济社会各领域改革的一个重大理论问题，同时也是现阶段中国城镇化发展面临的一个重大实践问题，关乎社会总体福利水平的提高和全面小康社会的建成。在此基础上，以生活性公共基础设施为例，对城中村公共物品供给问题进行的研究，对转变以农业转移人口为主体的城中村常住人口生活方式、提高这一群体的生活质量、增加社会福利水平，有着重要的意义。

首先，理论意义。本书对城中村的功能分析、对生活性公共基础设施所做的公共物品属性分析、成本收益构成分析，有助于丰富公共经济学的相关理论。传统的经济学理论对成本收益的分析，侧重于成本分担者的成本与收益，但是从公共经济学及其公共物品理论来看，使用者从生活性公共基础设施的消费中所获得的收益以及由于稀缺所承担的机会成本，显然应该占据更大的比重。

其次，现实意义。作为人类生活的基本条件，生活性公共基础设施是公共物品的基本组成部分，是住房的基本配置，决定了居住者的生活条件与生活环境。本书立足于解决城中村公共物品供给的成本分担与收益分配问题，对提高以农业转移人口为主体的城中村常住人口的居住质量，推动人口城镇化的进程，实现农业人口生活方式变迁、社会福利水平增加，有着积极的现实意义。

第一，城中村生活性公共基础设施的供给数量与质量，与作为城市低收入群体主要组成部分的农业转移人口基本生活息息相关。已有研究表明，一国的贫困发生率与受教育程度低、健康状况不佳和最基本的基础设施服务缺失（比如清洁水源的供应，卫生和供电）有很大联系。[1] 农业转移人口真正进入城市的过程非常漫长，其中首要步骤是获得落脚地。这一过程在第一代农民工、新生代农民工群体中几乎是一致的，发生的主要改变在于由农村公共物品的匮乏到城市公共物品的匮乏，并且与身份、地位、生活方式等多重特征捆绑[2]。这是本书的现实意义之一。

第二，城中村公共物品的成本收益有着更加广泛的内涵。除了直接成本以及直接收益以外，对供给不足导致的机会成本的分析，

---

[1] 联合国人类住区规划署：《全球人类住区报告2005：为城市低收入人群的住房筹措资金》，中国建筑工业出版社2005年版，第12页。

[2] 一项关于1991年至1997年布宜诺斯艾利斯周边各个街区的基础设施公共投资的研究表明，11.5%的人口得到了总投资的68%。因而，不平等的地方公共投资所造成的不平等是一种地方产物。

有着关键的意义。从国家层面来看，生活性公共基础设施的配置是城市生产功能与分配功能的基本体现。附着在可支付住房之上的生活性公共基础设施越是匮乏，国家的经济发展和城市的可持续性越会受到显著影响，这是国家由此承担的机会成本。从个体层面来看，长期居住在生活性公共基础设施不足的城中村，个体创造财富的积极性会逐渐降低，人口的生产力就难以真正提高，生活成本也显著增加。通过对机会成本的考量，将有助于提高城中村常住人口在城市发展与社会福利分配中的权重，这是本书的现实意义之二。

第三，城中村生活性公共基础设施的完善，是转变农业转移人口生活方式的基本环节。生活方式是当前中国区别城镇人口与农业转移人口的主要标志，而生活方式可以细化为消费方式，消费方式则可进一步细分为私人品的消费方式和公共品的消费方式。在研究农业转移人口生活方式与消费方式的过程中，公共品的消费方式尤为重要。公共品可以概括为生产性公共基础设施与生活性公共基础设施，其中，生活性公共基础设施是农业转移人口向城镇人口生活方式转变的基本前提。基于此，本书展开针对性研究，是现实意义之三。

二 研究对象与研究方法

（一）研究对象

本书以公共物品的基本组成部分即生活性公共基础设施为研究对象，以居住在城中村的常住人口（户籍人口和以农业转移人口为主体的非户籍常住人口）为福利改进的群体对象、以城中村为福利改进的区域对象，展开相关的分析。具体来说，本书以生活性公共基础设施为例，对城中村公共物品供给问题进行研究，通过对城中村公共物品供给的成本分担与收益分配的理论分析和实证分析，找出城中村公共物品成本收益困境的破解之道和具体的改进路径。

（二）研究方法

在本书的写作过程中，主要采取了以下研究方法对相关问题进行分析和解决。

1. 成本收益分析法。这是贯穿本书始终的一个基本研究方法。本书第四章建立了城中村公共物品成本收益分析的理论框架，从成本构成和收益构成的角度分析了我国当前公共基础设施供给的成本构成与收益构成；第五章对我国当前城中村的生活性公共基础设施成本困境和收益困境进行分析，以此作为后续研究的基础和前提；第八章从成本与收益的视角提出城中村公共物品供给困境的破解之道，并以生活性公共基础设施为例，对城中村公共物品供给的成本与收益进行了估算。

2. 文献分析法。在本书的第一章，主要从关于生活性公共基础设施的研究现状、关于城中村公共物品和生活性公共基础设施收益的研究现状、关于生活性公共基础设施成本收益分析的研究现状等方面，对已有的相关研究观点、研究成果进行介绍，并对研究现状进行简要评析，进而提出本书的研究出发点和研究视角，为本书提供研究依据和重要借鉴，这一研究过程采取的正是文献分析的研究方法。

三 基本思路与框架结构

（一）基本思路

本书以生活性公共基础设施为例，运用成本收益分析方法，对我国城镇化进程中的城中村公共物品供给问题进行研究。改革开放至今，我国经济总量显著增长，大量农村人口进入城市谋求就业机会，城镇化进程迅速加快，但是这一群体在城市的主要居住方式并非自购商品房，而是主要以租住在城中村等区域为主。但是这类区域的基本特征是以生活性公共基础设施为基本构成的公共物品的稀缺，农业转移人口的居住需求并未真正得到满足。其反映出的正是城中村虽然处于城市边界以内，但是处于城市公共物品供给"边缘"的客观现实。

目前，在城中村常住人口构成中，以非户籍农业转移人口为主，这一特征在国内的经济发达区域尤为明显，在北京、上海等地的城中村，自中西部农村迁移而来的非本地农村户籍人口往往是本地农村户籍人口的数十倍甚至更多。如此庞大的一个群体，在城市中以何种生活方式进行、其市民化以哪些方面进行衡量？正是新型城镇化的核心议题。在我国长期以来遵循的城乡分立、城市偏向的公共物品供给制度下，农业转移人口的市民化程度往往以其在城市获得的公共物品为基本衡量标准。因此，作为公共物品的一个组成部分，以满足人的居住需求为核心的生活性公共基础设施，其完善程度对于实现农业转移人口的市民化有着基本的意义，是人口城镇化、农业转移人口市民化的基本条件，关乎社会总体福利水平。

本书的基本观点是，应逐步改变当前对城中村以"拆"为主导的价值取向，扭转城中村公共物品稀缺的现状。通常来说，在一个国家内部、在城市边界以内，与私人物品具有典型的个体差异化特征不同，公共物品呈现出典型的基本性与普遍性。因此，通过生活性公共基础设施的供给数量和质量的改善，使城中村住房成为同时具有可支付性、适足性的真正意义的低成本住房，为城中村的空间微更新[①]提供基本的支持，使农业转移人口均等使用这些公共物品与服务，从而获得公共收益与私人收益的最大化，进而实现社会总体福利水平的提高。

第一，通过公共物品理论、公共财政理论、公私合作理论等公

[①] 张宇星在2016年的"从研究到设计——聚焦高密度城市的建成环境"国际学术论坛上发表的《城中村是来自未来的世界遗产》的演讲。

共经济学的相关基础理论，以及城市偏向理论、中心—边缘理论等均衡发展理论，分析城镇化进程中公共物品成本与收益的相关基本问题，对公共基础设施与生活性公共基础设施、城中村、成本和收益、边缘与稀缺等概念进行了界定，并以公共物品理论为依据，对生活性公共基础设施的公共物品属性，以及城中村的边缘性及其代表的生活性公共基础设施的稀缺性进行研究。第二，在理论分析与概念界定的基础上，构建城中村生活性公共基础设施成本收益分析框架，并进一步以生活性公共基础设施为例，对城中村公共物品供给困境以及形成原因进行分析。第三，对城中村的生活性公共基础设施进行总体的实证分析，并通过模糊综合评价方法，以西部某市城中村的现实情况为例，以现实属性与理论属性的差异为基础，指出当前城中村生活性公共基础设施存在的成本收益问题。同时，对国际经验进行分析。第四，在理论分析和现实分析的基础上，提出城中村公共物品供给困境的破解之道，以此为基础，进一步估算城中村生活性公共基础设施改进所需要的成本和预期能带来的收益。最后，基于本书的基本观点，提出城中村公共物品供给的优化建议和本书结论。

(二) 理论框架

对中国城中村公共物品供给问题进行的成本收益分析，是一种建立在客观事实基础上的评价行为。合理的成本收益分析框架，有助于作为公共物品的生活性公共基础设施更好地实现其增进社会总体福利的核心目标。

本书从公共物品理论出发，论述公共物品的成本构成和收益构成，前者包括生产成本、使用成本、机会成本，后者则由生产者收益和使用者受益构成，其中既包括直接收益，也包括公共收益，同时需要考虑可能存在的负向收益。由于公共物品的供给准则是增加社会总体福利，公共收益往往是公共物品的关键收益。基于此，本书提出城中村公共物品的成本收益分析思路：其成本收益衡量准则在于，每个成本主体获得的收益都能够在弥补成本的同时有所剩余，就可以视作符合收益最大化的目标。

以生活性公共基础设施为例，具体来说：第一，私人部门投资与直接收益。私人部门对城中村生活性公共基础设施的投入，如果能够从作为使用者的个体缴费和价格补贴中得以弥补，并在此基础上获得一定的剩余（生产者剩余），就实现了追求利润的目标，符合效率的原则。第二，公共部门投资与公共收益。公共部门对城中村生活性公共基础设施的投入，如果能够切实改善农业转移人口的生活条件，提高农业转移人口的生活质量，有效促进农业转移人口的生活方式的变迁，就可以视作实现了追求社会效益的目标，符合公共性的原则。第三，个体缴费的直接收益和公共收益。作为城市生活性公共基础设施的直接使用者，如果能够通过符合预期的缴费实现生活质量的提高（即个体直接收益），并真正实现由农村型生活方式向城市型生活方式的变迁（公共收益），就可以视作实现了追求个体收益的目标，同样符合成本收益的准则。

（三）本书结构

在前文建立的总体思路下，本书在公共经济学的学科框架下，运用成本收益分析方法，以公共物品理论和公共财政理论等为支撑，采用理论分析和实践分析相结合的方式，以生活性公共基础设施为例，对城中村公共物品的成本和收益问题进行研究和探讨。本书按照"总—分—总"的结构方式，首先对相关概念和理论进行基本的解析；其次，对城中村公共物品供给困境、现状逐一分析；最后，提出城中村公共物品供给困境的破解之道和本书的研究结论。

本书主要包括十章内容，具体结构如下：

导论。主要论述了本书的选题背景，指出本书所研究课题的理论意义和现实意义，确定本书的研究对象和为实现本书的研究目标

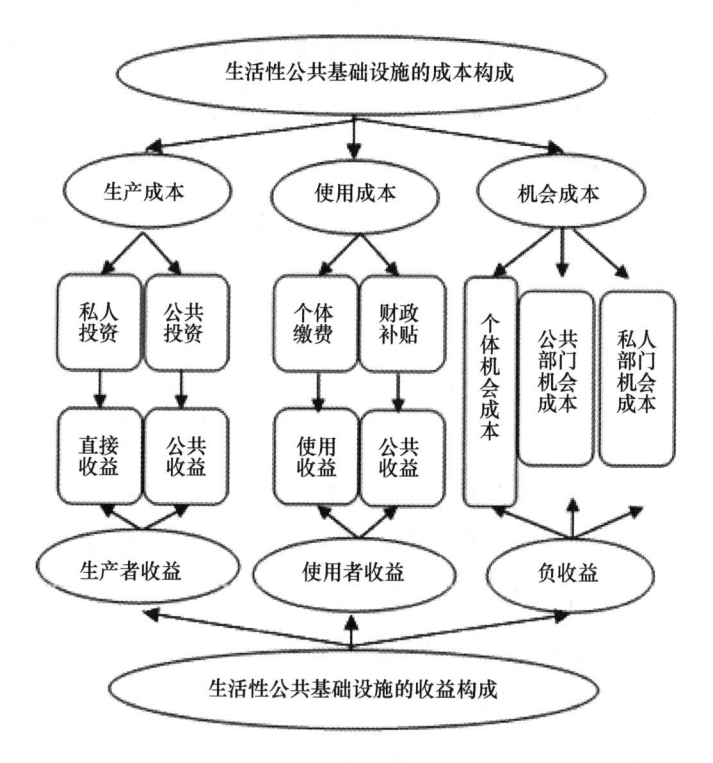

图 0—3 城中村生活性公共基础设施的成本与收益

所采取的研究方法，提出本书的基本思路和框架结构以及创新之处。

第一章"城中村公共物品供给问题相关研究述评"：本章梳理城中村生活性公共基础设施的相关研究进展。主要包括生活性公共基础设施、城中村公共物品和生活性公共基础设施、生活性公共基础设施成本与收益等方面，对已有的相关研究观点、研究成果进行介绍，并对总体的研究现状进行简要评析，提出本书的研究视角，进而为本书提供研究依据和重要借鉴。

第二章"城中村公共物品供给的理论基础"：对基础理论，即公共物品理论、公共财政理论、城市偏向理论、中心—边缘理论、公私合作理论等进行梳理。分析了公共物品的基本含义、基本属性，公共物品与公共需求和公共收益的内涵。

第三章"城中村公共物品的基本概念与逻辑分析"：本章主要包括以下内容：对城中村、生活性公共基础设施等概念进行界定和分析。对生活性公共基础设施的公共物品属性、城中村的"边缘性"及其生活性公共基础设施的稀缺性进行分析，论述了城中村的产生、城中村的人口构成、城中村住房特征，指出作为城市边界以内、城市公共物品供给不足的区域，城中村生活性公共基础设施的稀缺现状与其实际发挥的"城市内部低成本居住区"功能不相符合。

第四章"城中村公共物品成本收益分析框架"：本部分建立了城中村公共物品的成本收益框架，以生活性公共基础设施为例，对成本的各个构成部分和收益的各个构成部分进行了分析。

第五章"城中村公共物品供给困境及形成原因"：以生活性公共基础设施为例，从供给不足、供给差异两个层面对城中村公共物品的供给现状、负面影响、形成原因等进行总体分析。

第六章"西部某市城中村公共物品模糊综合评价"：本章以西部某市的部分城中村为例，运用模糊综合评价方法，并根据前文的生活性公共基础设施类别建立相关的指标体系，确定城中村生活性公共基础设施"城市属性"或者"农村属性"的隶属程度。如果城中村的生活性公共基础设施与城市一般水平一致或者接近，即城市属性明显，则公共物品属性明显；如果与农村一般水平一致或者接近，即农村属性明显，则公共物品属性较弱。

第七章"城市边缘区公共物品供给的国际比较"：本章主要对不同经济发展水平的国家和地区的城市边缘区域进行分析，并指出与我国的差异，同时梳理了不同国家对于低成本居住区如贫民窟的治理经验。

第八章"城中村公共物品供给困境的破解之道"：在成本层面，增加总体投入，扩大各个主体对城中村生活性公共基础设施供给成本的承担份额，增加总体投资；从收益视角来看，要增加各个主体的收益分享，尤其是城中村生活性公共基础设施的直接使用者的收益，这要提高公共基础设施的公共物品属性，即非竞争性和非排他性，实现所有城市常住人口共同分享生活性公共基础设施带来的收益。并进一步以陕西省西安市某城中村为例，对改进城中村公共物品供给的成本收益估算，分别从使用者的成本与收益估算、生产者的成本与收益估算两个层面，对城中村生活性公共基础设施投入的成本与收益进行估算。

结语：本章总结了本书的研究结论，并提出了进一步研究的方向。

四 本书的创新之处

本书的创新点，体现在以下方面：

第一，本书从空间视角的"中心与边缘"与经济学视角的"充足与稀缺"，对城中村的空间特征和资源禀赋特征进行了研究。通常对城中村的关注更多侧重于城市管理的角度，但是城中村作为低成本居住区，是空间位置上的"城市内部"，但是其供给的公共物品显然是被"边缘化"的。

第二，本书提出城中村公共物品供给不足导致的机会成本应纳入总体的成本收益分析框架中。传统的经济学理论对成本收益的分析，更多地侧重于成本承担者的成本与收益，但是从公共经济学及其公共物品理论来看，使用者通过对生活性公共基础设施的消费所获得的收益以及对生活性公共基础设施消费不足所承担的成本，显然应该占据更大的比重。理论分析与实证分析表明，正是这一机会成本导致城中村常住人口的生活质量较低，这一群体为维持最低生活条件承担的生活成本支出高于其他群体。

第三，一般关于公共基础设施不均等的研究主要以城乡不均等、东中西部不均等为主,实际上,城中村与城市其他区域在生活性公共基础设施领域的不均等同样存在,并制约着人口生活质量的提高。本书利用模糊综合评价方法对城中村生活性公共基础设施的供给不足与收益分享不均等进行分析,结果表明以生活性公共基础设施衡量的城中村的城市属性明显较弱,这也说明新型城镇化进程中应该对城中村的生活性公共基础设施给予更大的支持与投入。

第四,本书提出,城中村的实际生活成本支出并没有明显地低于城市的其他区域,城中村公共物品供给不足,尤其是生活性公共基础设施的稀缺正是导致这一现状的关键。主流观点认为,城中村生活成本明显较低,由此成为低收入群体的居住选择。实际上,这种观点建立在"绝对成本"的分析上,本书通过对城中村住房各项生活成本支出与周边商品住房小区进行比较分析后得出,若以单位居住面积附加的生活成本衡量,城中村住房并没有呈现出显著的低成本特征。因此,解决问题的关键不在于是否拆除城中村,而是增加城中村公共物品供给。

第 一 章

城中村公共物品供给问题
相关研究述评

汉语表述中的"城中村",以生活性公共基础设施的稀缺为基本特点之一,反映的正是成本投入与收益分享的现实困境。实际上,仅从字面来看,"城中村"正是"中心与边缘"的概念,其中,"城"为"中心","村"为边缘。基于这一考虑,本章分别从生活性公共基础设施、城市边缘区域与城中村、城中村公共物品与生活性公共基础设施、生活性公共基础设施的成本收益等层面对学术界的研究成果进行梳理,并以此为基础,提出本书的研究视角。

第一节 城中村生活性公共基础设施
相关研究进展

一 关于城中村的研究进展

自改革开放以来,随着制度变革、政策推进,城市边界逐渐扩大,越来越多的农村区域被纳入城市的边界以内,并以城中村、城乡接合部的形式存续至今。而国外的相关研究主要关注贫民窟。需要指出的一点是,无论是中国的城中村还是国外的贫民窟,都是城市边界以内的边缘化区域,其基本特征都是"稀缺"。在此背景下,本书在对城市边缘区域进行梳理的前提下，对国内外城中村的相关研究进行梳理。

第一，城市边缘区的相关研究。最初对城市边缘进行解释的视角是地理学视角。1936年，德国地理学家赫伯特·路易最早提出城市边缘区（Stadtrandzonen）概念。[①] 在此基础上，普里奥进一步从经济学的意义出发提出了农村—城市边缘带的概念，用以表示城市区域增长边缘上的复杂的过渡地带。弗里德曼和米勒认为，美国的空间结构模式是由大都市区和大都市外围地区两部分组成的，其中外围地区包括介于大都市区域之间的所有地区。[②]

在中国现有的研究资料中，顾朝林较早地开始了对中国城市边缘区域的研究。他对国外关于城市边缘区的研究进行了梳理和分析，认为城市边缘区同时具有自然特性和社会特性，并对这一概念进行了界定，即城市边缘区是城市中具有特色的自然地区；城市化对农村冲击最大，城乡连续统一体是最有效的被研究的地区；城市扩展在农业土地上的反映。在此基础上，分析了欧洲南部、英国、美国、日本等发达国家和地区的郊区化进程。[③] 顾朝林同时提出了城市边缘区域的划分依据，认为内部边界应该以城市建成区基本行政区单位——街道为界，而外部边界则以城市物质要素（如工业、居住、交通、绿地等）扩散范围为限。[④] 这一分析为后续的研究奠定了基础，大多关于城市边缘区的概念都是在此基础上形成的，并衍生出不同学科的解释与界定。涂人猛在对国外研究者观点进行综述的基础上，提出了城市边缘区的概念，主要包括以下内容：第一，城市边缘区是大中城市附近特有的一种不连续的空间现象；第二是城市化发展到一定阶段所形成的半城市型地域实体；第三，是

[①] 张建明、许学强：《城乡边缘带研究的回顾与展望》，《人文地理》1997年第2期。
[②] [美]布赖恩·贝利：《比较城市化》，顾朝林译，商务印书馆2009年版，第50页。
[③] 顾朝林：《简论城市边缘区研究》，《地理研究》1989年第8期。
[④] 顾朝林：《中国大城市边缘去特性研究》，《地理学报》1993年第4期。

城市区域和乡村区域中多种因素相互作用形成的复杂动态过程的结果[①]。钱俭以杭州市为例,将大城市边缘区划分为"宜建设性"和"非建设性"两种基本类型,并分析了当前城市规划对城市边缘区的制约[②]。周捷在综合分析各个相关概念的基础上,将"城市边缘区"界定为"是城市建成区与周边广大农业用地融合渐变的地域",可以划分为近缘区和外缘区,并呈现出以下基本特征:空间位置上的连续性、土地特征向量的渐变性,社会、经济、环境等方面的复杂性[③]。

第二,城中村的相关研究。现代对于城市边缘区域的实证研究多以"城中村""城乡接合部""都市里的乡村"等为对象展开,国外关于"城中村"的相关研究较少,一般用"贫民窟"等形容类似的区域。国外关于城中村的描述使用"Urban Village",译为"都市村庄",由美国社会学家赫伯特·甘斯(Herbert Gans)创造,用来描述当时波士顿西区(West End)欧洲乡村迁移到美国的移民聚居的邻里街区。[④] 20世纪60年代,国外有学者进行了相关研究,但与我国的"城中村"适用范围与使用含义完全不同。如Gans等指出都市村庄是那些带有乡村传统文化的少数民族流动人口(ethnicmi-grants)适应城市文化与生活的场所。[⑤] 而且,大城市周围的农村社区居住着富人、秘书、有一定资金的退休工人、农村劳动阶级通勤者以及农民。并且,很多都市村庄仍然保留着传统村庄的某

---

① 涂人猛:《城市边缘区:它的概念、空间演变机制和发展模式》,《城市问题》1992年第4期。

② 钱俭:《城市边缘区发展困境及摆脱途径——以杭州市转塘地区为例》,《城市问题》2010年第6期。

③ 周捷:《大城市边缘区理论及对策研究——武汉市实证研究》,博士学位论文,同济大学,2007年。

④ 赵晔琴:《法外住房市场的生成逻辑与治理逻辑》,《华东师范大学学报》2018年第4期。

⑤ Gans, Herbert, J., *The Urban Villagers: Group and Class in the Life of Italian Americans*, New York: Free Press of Glence, 1962, p.30.

些特征，具有强烈的社区和地方认同感。[1]

尽管中国"城中村"与国外的"贫民窟"的形成机制有着明显的差异，但是两者都是用来描述城市中非正式的居住地，并且都存在过度拥挤、不安全的居住状态，水、电、环境卫生设施和其他基本生活服务的严重短缺是二者所共有的特征。[2] 蓝宇蕴将城中村界定为"都市里的村庄"，指坐落于城市之中或者位于城市周边，但是产业结构与职业结构都已经非农化的村庄。[3] 田莉以"都市里的乡村"为关键词，分析了转型期的城乡矛盾[4]；蓝宇蕴根据联合国居住规划署和巴西地理统计局对贫民窟的定义，认为中国作为流动人口聚居区的城中村，其存在的状态、特点和其作为城市低成本居住生活区的功能来看，基本上可以理解为我国现阶段城市贫民窟的"替代性产品"，或者称为"类贫民窟"。[5] 闫小培等将城中村界定为城市建成区或发展用地范围以内、处于城乡转型中的农民社区，其根本内涵则是"市民城市社会中的农民村"。也就是说，"农村属性"仍然是城中村的核心属性。同时指出，"城中村"已经成为当前解决外来人口居住问题的重要支撑，因此，无论采取哪种改造或者更新模式，保留出租屋市场，既满足村民收益，又满足农业转移人口居住需求，并尽可能为其提供舒适、廉价的住房是"拆迁"前必须

---

[1] 转引自张建明《广州城中村研究》，广东人民出版社2003年版。
[2] 周新宏：《城中村问题：形成、存续与改造的经济学分析》，博士学位论文，复旦大学，2007年。
[3] 蓝宇蕴：《都市里的村庄——关于一个"新村社共同体"的实地研究》，博士学位论文，中国社会科学院，2003年。
[4] 田莉：《"都市里的乡村"现象评析——兼论乡村—城市转型期的矛盾与协调发展》，《城市规划汇刊》1998年第5期。
[5] 蓝宇蕴：《我国"类贫民窟"的形成逻辑——关于城中村流动人口聚居区的研究》，《吉林大学学报》2007年第5期。

解决的问题。①

本书所描述的城市边缘区域以城中村为主。张建明认为城中村是位于城乡边缘带，一方面具有城市的某些特征，也享有城市的某些基础设施和生活方式；另一方面还保持着乡村的某些景观，以及小农经济思想和价值观念的农村社区。②魏立华等指出城中村就是被城市包围的村落，是指城市建成区或发展用地范围内处于城乡转型中的农民社区，是在快速城市化条件下城市政府急功近利拓展空间的产物。并通过研究珠三角地区各城市内部城中村的演进过程，认为城中村作为流动人口的主要聚居区，有其必要性和合理性，也是一个长期存在的现象。当前我国的城中村问题主要是生活于其中的乡城移民的居住、生活与工作等问题及对城市发展带来的冲击，从实质上来说，城中村代表的是一种不为城市核心区所容纳的经济模式与生活方式。基于此分析，文章提出，"城中村"的改造应该是充分考虑外来人口住房状况的"原位改造"。③

郑文升等指出城中村是由于城市的快速扩张，被包围在城市建成区内的农村行政村，多位于城市边缘区，是城乡流动人口聚居区域。同时认为，政府默认城中村原住民利用集体土地获得城市房产经营收入的权利，同时，村集体要承担建设和管理的责任。也正是由于这一特性，为了最大限度地利用有限的土地、空间，城中村难以形成良好的居住环境，拥挤、卫生环境差、公共绿地不足、道路狭窄等问题不可避免。而推倒重建式的城中村改造模式往往将外来人口尤其是农业转移人口排除在外，漠视这一群体的居住利益和进入城市的愿望，只会使更多的农业转移人口长期游离在城市边缘区

---

① 闫小培、魏立华、周锐波：《快速城市化地区城乡关系协调研究——以广州市城中村改造为例》，《规划研究》2004年第3期。

② 周新宏：《"城中村"研究综述》，《开放导报》2007年第1期。

③ 魏立华、闫小培：《中国经济发达地区城市非正式移民聚居区"城中村"的形成与演进——以珠江三角洲诸城市为例》，《管理世界》2005年第8期。

域，从而形成城市社会的不稳定因素。[1] 谢永祥则认为村集体在城中村的形成过程中，是一个非常关键的角色。[2] 叶裕民分析了城中村产生的制度原因，随着城市边界的不断扩大，城市边缘的农用地逐步转变为建设用地，而宅基地则归村集体所有。为增加收入，这些区域的农民多建造房屋在自住的同时，主要供外来人口居住，这也正是个体对土地和房屋租金收益最大化的结果。[3] 其他研究者也持同样的观点，如谢永祥指出，城中村主要收入来源之一正是向租房人口收取的各项费用。[4] 黄安心对广州市城中村的"城市化"问题进行了分析，认为当前广州城中村设施不足、管理较差、环境恶化、脏乱差等仍然没有根本意义上的改观，这一区域在人口素质、生活观念、生活方式等方面仍然与城市社区存在巨大落差。[5]

第三，关于贫民窟的相关研究。在城市化过程中，世界各国几乎都面临一种"城市病"，就是贫民窟或者"类贫民窟"的存在。贫民窟最早出现在发达国家，现在已经成为很多发展中国家正在面临的困境，是一种国际现象。1812年，作家哈代·沃克斯（Hardy Vaux）在《闪客词典》（Vocabulary of the Flash Language）一书中第一次公开使用"贫民窟"一词，认为其与"敲诈勒索"和"罪恶交易"同义。[6] 在现代的西方国家，贫民窟一词被广泛使用，代指那些以"破烂住宅、过度拥挤、疾病、贫困和邪恶"为主要特征的城市地区。联合国人类居住规划署将"贫民窟（slum）"定义为

---

[1] 郑文升等：《城市低收入住区治理与克服城市贫困——基于对深圳"城中村"和老工业基地城市"棚户区"的分析》，《城市规划》2007年第51期。

[2] 谢永祥：《城中村研究评述》，《高校社科动态》2017年第4期。

[3] 叶裕民、牛楠：《转型时期城中村改造：基于农民工住宅选择的实证研究》，《经济与管理研究》2012年第4期。

[4] 谢永祥：《城中村研究评述》，《高校社科动态》2017年第4期。

[5] 黄安心：《"城中村"城市化问题研究——以广州市为例》，华中科技大学出版社2016年版，第1—2页。

[6] 厉基巍：《北京城中村整治初步研究》，博士学位论文，清华大学，2011年。

"以低标准和贫穷为基本特征的高密度人口聚居区"。郑秉文对拉美地区的贫民窟进行了研究,指出"过度城市化""城市贫困化"收入分配不公等因素导致住房市场潜在需求难以实现,储蓄、补贴、信贷也未能根本解决住房赤字,从而催生了贫民窟的自建房蔓延,并形成恶性循环。① 黄正骊以内罗毕贫民窟为例,并进行了实地考察,通过对贫民窟中非正规性的分析,发现即使看起来杂乱无章的社区,背后也可能有一定的政治秩序和社会肌理。② 张波则认为"贫民窟"是"贫民"与"窟"的合成词,其本意就是贫民的居所,而"窟"强调低标准,因此贫民窟最基本的特点就是高密度、房屋的低标准与贫穷。③ 杨晓霖等认为贫民窟是现代城市化进程中的一个过渡阶段的产物,在农村人口大量涌入城市的同时,城市并没有同时具备接纳这些非正规经济从事者的"野蛮式入侵"的能力,从而导致了这种"无序混乱"。④ 欧阳萍以19世纪的英国为例,从社会分层和居住隔离的角度对贫民窟进行了研究。⑤ 郑郁指出,如今"贫民窟"这一统称词的贬义色彩已经弱化。尽管世界各地对贫民窟的认知还存在分歧,但贫民窟具有的一些基本特征已经达成共识,如过度拥挤、低于标准的住房、缺乏基本公共服务、不安全的居住环境、大量流动的无固定收入的人口、犯罪、疾病、贫困和社会排斥等。⑥ 联合国人居署认为贫民窟标示着一个规划和管理不

---

① 郑秉文:《贫民窟:拉丁美洲城市化进程中的一个沉痛教训》,《国家行政学院学报》2014年第5期。
② 黄正骊:《非洲当代城市中的贫民窟与非正规社区:以内罗毕为例》,《国际城市规划》2018年第5期。
③ 张波:《"贫民窟"概念及其在中国的适用性——基于上海城市发展的考察分析》,《安徽师范大学学报》2017年第2期。
④ 杨晓霖等:《"一带一路"沿线中等收入国家贫民窟成因与对策分析——以柬埔寨为例》,《甘肃农业论坛》2018年第15期。
⑤ 欧阳萍:《贫民窟与郊区:19世纪英国社会分层与城市社会地理》,《学海》2018年第2期。
⑥ 郑郁:《贫民窟的挑战与对策》,《低碳世界》2018年第2期。

善的城市部门,尤其是一个机能失常的住房行业。并且指出,到2030年,全球大约30亿人(占世界人口的40%左右)需要适当的居所,需要获得基本的基础设施与服务,比如用水和环境卫生系统。①

第四,关于贫民窟和城中村的相似性研究。仇保兴认为,"城市被'城中村'和边缘杂乱的建筑所包围。这些地方污水横流,是中国的贫民窟"②。周毅刚认为可以将中国的城中村视为贫民窟。③联合国人居署在《世界城市报告2008/2009:和谐城市》(State of the world's cities 2008/2009:Harmonious Cities)中也将中国的城中村(City Village)划入了贫民窟之列。厉基巍对贫民窟与城中村的共同特征进行了分析,从空间形态、经济形态、社会形态、负外部性等角度指出了二者之间的共同问题,与此同时,也从接纳移民、缓解城市安置压力、壮大城市非正规经济规模、产生多种文化及艺术表现形式、成为大量城市问题的收容器、体现积极的社区精神等方面对二者的积极作用进行了分析。④钟顺昌从空间正义的视角出发,指出类似于拉美"贫民窟"现象的城中村问题阻碍了我国城镇化水平和质量的进一步提升。⑤陈路旋等总结了发达国家在贫民窟改造方面的经验教训,由此提出了我国城中村改造过程中需要注意的问题,即注重长期规划、重建社区的可持续发展、避免形成拆迁与重建不断交替的恶性循环、确保建筑质量等。⑥丁静也将城中村、

---

① 联合国人居署:《住房与贫民窟改造》(https://unhabitat.org/)。
② 仇保兴:《我国城镇化高速发展期面临的若干挑战》,《城市发展研究》2003年第6期。
③ 周毅刚:《两种"城市病"比较——城中村与百年前的西方贫民窟》,《新建筑》2007年第2期。
④ 厉基巍:《北京城中村整治初步研究》,博士学位论文,清华大学,2011年。
⑤ 钟顺昌:《城市化问题透视:中国的城中村与拉美的贫民窟之类比》,《新西部(理论版)》2012年第26期。
⑥ 陈路旋等:《反思中国城中村改造问题——英国谢菲尔德贫民窟演变的启示》,《西部人居环境学刊》2016年第5期。

棚户区视作城市的"贫民窟"。① 杜强将中国的城郊地区、棚户区视作类贫民窟,并持有比较乐观的态度,认为在这一区域,多维度的社会福利机制和生活最低保障也在逐渐建立,社会工作者也逐步专业化,尽管速度极其缓慢,但是在现代性产生这难以置信的不平等中,某种平等正在被构建。② 孟翔飞、苏春艳将中国的棚户区与国外的"贫民窟"相对比,得出的结论是,二者形态相似,但是特性不同。尽管棚户区的外观与贫民窟类似,但并不是完全隔绝独立于政府控制能力之外的自生自灭的区域。③ 李明烨和亚历克斯·马格尔哈斯(2018)从非正式视角对贫民窟进行了分析,并进一步指出我国快速城市化进程中形成的"城中村"也是非正式住房,集中了模糊产权、违规建设、非正式住房租赁市场和非正式就业等典型的"非正式性"问题。④

二 关于生活性公共基础设施的研究现状

联合国始终关注人口居住环境的生活性公共基础设施。在联合国发布的《21世纪议程》中指出,用于改善贫民居住环境的生活性公共基础设施,具有可持续发展意义,对于改善贫民生活质量和健康水平、提高生产力作用显著,健康水平的改善可以降低国家在医疗领域的投资,而生产力的提高也将减少济贫投资。而在城市化的进程中,农村人口迁移推动的城市人口总量增加,由此产生的公共基础设施的需求显著提高,因此,尤其是在发展中国家的城市化进程中,需要在城市规划中优先考虑公共基础设施问题。在《可持

---

① 丁静:《市民化进程中"贫民窟"的预防机制建构》,《四川行政学院学报》2014年第5期。
② 杜强:《现代性视野下城市类贫民窟生成逻辑综述》,《荆楚学术》2018年第17期。
③ 孟翔飞、苏春艳:《莫地的变迁——内城贫困区整体改造与社区治理研究》,《社会科学辑刊》2010年第5期。
④ 李明烨、亚历克斯·马格尔哈斯:《从城市非正式性的视角解读里约热内卢贫民窟的发展历程与治理经验》,《国际城市规划》2018年网络版。

续城市化：实现21世纪议程》中，联合国人居署提出了可持续城市化的发展框架。而基础设施的匮乏，使可持续城市化的推进受到了严峻的挑战，导致低收入群体的健康状况和居住条件尤为恶劣。为增加城市化的可持续性，就要求在保障财政和环境可持续性的同时，使城市扩张速度与城市公共基础设施的建设保持一致，这才能使低收入群体从中获得足够的服务。联合国发布的《2014年人类发展报告》认为，应该从普遍意义上提供基本的社会服务，包括教育、医疗、供水、环境卫生和公共安全等，以此降低社会的结构性脆弱，同时指出，这一目标在中国可能会在更短的时间内实现。此外，这份报告还提出了一个有价值的概念，即"和平基础设施"，认为反对排斥和边缘化，将为和平基础设施的建立奠定基础。[1] 虽然这是从社会学的群体融合的角度论述的，但是从更广泛的意义上将"反对边缘"与"基础设施"联系起来。

美国移民委员会对外来移民的居住环境进行了调查，指出这一群体的生活条件非常恶劣，生活性公共基础设施严重不足，但是这并不是他们造成的，而是因为市政府没有供给充足的供水、排水、污水处理设施。[2] 英国早期的法规对工人住宅条件进行了规定，包括光照、供水、排水、道路。1868年的英国《工人住宅法》要求，清除农村劳动力大转移时期形成的贫民窟，以拆除不符合基本条件的住宅建筑，但是由于并未同时供给充足的用以安置这些贫民窟居民的低成本公共住房，导致这一群体不得不涌向其他尚未拆除的贫民窟，进而导致整体居住条件的进一步恶化。总体而言，各国针对移民社区的城市更新和贫民窟拆除的主要

---

[1] 联合国开发计划署报告：《2014年人类发展报告：促进人类持续进步，降低脆弱性，增强抗逆力》，2014年，第8页。

[2] David Ward, *Poverty, Ethnicity and American City*: 1840 - 1925, Cambridge: Cambridge University Press, 1989, p.116.

后果是贫民窟的转移和进一步扩生,居住在其中的流动人口的居住条件进一步恶化。① Omer 以住宅等级为衡量标准,对不同阶层的群体进行了划分,以此为前提基础分析不同住宅区域人口的公共服务设施可达性,研究结果表明公共服务设施的分布格局和可达程度与居民收入和种族的空间分异情况有较为明显的相关性。② Panter 等通过分析家庭收入与公共服务设施布局之间的相关性,指出平均收入最低的群体是公共服务设施的需求者和主要使用者,但是可达性也最差,到达距离最远,对设施的使用成本也就较高。③ Giles 等以私人部门对公共基础设施投资参与程度增加为背景,认为追逐利益的私人资本投资的增加将导致低收入群体获取公共服务设施的能力被弱化,从而导致公共服务设施使用上的群体分异。④ 包括生活性公共基础设施在内的公共资源配置公平研究也一直在进行。尽管生活性公共基础设施的"公平"难以精准地定义,但是关于"不公平"的基本含义已经得到了基本的认同,如果这类设施的分配对某些人口从制度上或者体系上具有歧视,则是不公平的。⑤ 自 20 世纪 80 年代开始,研究者逐渐关注"who gets what"的问题。从事实来看,生活性公共基础设施的公平意味着生活性公共基础设施的配置在数量、质量、类型、位置等方面是公正和平等的。Wicks 与 Crompton 将最小水平、同等机会、不牺牲公共服务效益作为公共设

---

① 吴晓等:《我国大城市流动人口居住空间解析——面向农民工的实证研究》,东南大学出版社 2010 年版,第 29—30 页。

② OMER I., 2006, "Evaluating accessibility using house-level data: A spatial equity perspective", *Computers, Environment and Urban Systems* 3, pp. 254 – 274.

③ PANTER J, JONES A, HILLSDON M., 2008, "Equity of access to physical activity facilities in an English city", *Preventive Medicine* 4: 303 – 307.

④ GILES-Corti B, DONOVAN R J., 2002, "Socioeconomic status differences in recreational physical activity levels and real and perceived access to a supportive physical environment", *Preventive Medicine* 6: 601 – 611.

⑤ 王丽娟:《城市公共服务设施的空间公平研究》,博士学位论文,重庆大学,2014 年。

施资源配置的基本原则。① Lucy 认为应该用平等（equality）、必须（need）、需求（demand）、喜好（preference）、支付意愿（willingness-to-pay）五个核心概念阐述"公共服务资源配置的公平性"。②

现有的实证分析结果表明，卫生条件、居住区服务等基础设施是影响居住满意程度的关键因素，在对城中村、传统老城区、商品房小区的比较分析中，城中村的基础设施满意度最低，对居住质量的影响极为显著。③ 王登嵘、马向明、周春山以东莞为例，对城镇化进程中的公共基础设施供给现状进行了论述，认为存在重视经济性基础设施轻视社会性基础设施建设、供给区域不平衡、落后地区供给不足、重复建设、外来人口没有被纳入公共基础设施服务范围、供给效率较低等问题，并从政治经济学的角度出发，分析了导致这些困境的根源，并建立了政府竞争的基础设施供给管治结构，实现有效处理基础设施供给中政府与政府、企业、公众以及政府各部门之间关系的目标。④ 张军和张晓梅以农村现状为例，分析了生活性公共基础设施的具体类别，将道路、饮水、医疗卫生、人畜杂居情况、文体娱乐休闲方式、太阳能、沼气等新型能源使用状况等六大类别纳入其中。⑤ 李琴也以农村生活基础设施建设为出发点，将其界定为与农户家庭生活消费密切联系的非生产性公共物品，主要包括道路、电力、自来水、卫星与邮电通信、农村信息平台

---

① Bruce E. Wicks, John L. Crompton., 1986, "Citizen and administrator perspectives of equity in the delivery of park services", *Leisure Sciences* 4, pp. 341–365.

② William Lucy., 1981, "Equity and planning for local services", *Journal of the American Planning Association* 4, pp. 447–457.

③ 何深静、齐晓玲：《广州市三类社区居住满意度与迁居意愿研究》，《地理科学》2014年第11期。

④ 王登嵘、马向明、周春山：《城市基础设施供给的政治经济学分析及其管治构建》，《人文地理》2006年第5期。

⑤ 中国环境科学学会：《中国环境科学学会2009年学术年会论文集第三卷》，北京航空航天大学出版社2009年版。

等设施。① 宋琪、汤玉刚从资本化的视角对中国城市公共基础设施是否供给过量的问题进行了总体研究,用以对地方政府的支出行为能否有效满足居民的公共物品需求进行评价。以交通基础设施为例,通过对城市数据的分析得出结论,认为道路基础设施的供给仍然低于帕累托最优的水平,也就是说,此类基础设施的供给处于不足状态而非过度状态,仍然需要通过增加城市公共基础设施供给的方式来增进社会福利。②

简要总结:现有研究文献表明,生活性公共基础设施是人类维持生活所必需的基本条件,这是国际共识。同时,生活性公共基础设施已经成为制约低收入群体生活质量的基本因素。越是低收入群体,生活性公共基础设施的重要性越明显。这表明,基于"在我国城中村常住人口构成中,以农业转移人口为主的低收入群体占据主要比例"的实际现状,生活性公共基础设施的重要性不言而喻。

三 关于城中村公共物品和生活性公共基础设施的研究现状

第一,关于城中村公共物品的研究现状。城中村公共物品供给不足是学术界的共识。蒙丽以广州长湴村为例,指出城中村公共物品供给问题包括:纯公共物品供给不足与供给不均、准公共物品的正外部收益明显、混合型物品和服务市场机制不灵、政府财政与村集体(改制公司)投入不足等。③ 孟维华、周新宏、诸大建认为公共产品供给不足正是导致当前城中村"非城、非村"尴尬境地的原因之一。"非村"表现为:耕地被城市政府征用,由此导致农村生

---

① 李琴:《扩大农村消费亟待解决的问题之一——加强农村生活基础设施建设》,《消费导刊》2009年第6期。
② 宋琪、汤玉刚:《中国的城市基础设施供给过量了吗?——基于资本化视角的实证检验》,《经济问题探索》2015年第7期。
③ 蒙丽:《城中村的公共物品供给问题及对策分析——以广州长湴村为例》,《兰州学刊》2015年第5期。

产方式发生根本转变,"非城"表现为管理方式和投资方式仍然按照农村集体的方式进行,由此导致"既非城又非村"的城中村这一特殊存在。在聚居大量流动人口以后,以农村集体投资为主要方式的城中村面临环卫等公共设施严重不足的困境,居住人口的生活质量较差,因此改造方向之一应是提供充足、完善的城市基础设施。[①]陈孟平基于生存、生活或发展的需要,认为城中村常住人口具有生活性公共设施的使用需求,如道路、给排水、路灯、生活垃圾处理、生活污水处理等设施,这些设施大多属于公共物品或准公共物品,呈现出一定的非排他性和非竞争性,即一个人对这些设施的使用并不会减少他人的使用,要将其他人排除在使用范围以外往往要花费很大成本。[②] 黄春蕾认为,当前城中村仍然维持传统的公共物品供给模式,具有强大的体制惯性,集中表现为对集体经济组织的高度依赖、公共物品供给具有明显的封闭性、公共部门供给责任不到位、社区自治能力和水平不高。[③] 王娟、常征对城乡接合部地区进行了分析,指出这些地区公共物品供给不足,流动人口的迁入使本就匮乏的基础设施承载超过负荷,导致公共物品供给问题更加突出,由此陷入"公地悲剧":由于非排他性和非竞争性,所有人无节制地使用这些设施,使本就紧张的公共资源更加稀缺。因此,应按照城市标准供给公共物品,重新改造和修建水电、燃气、道路等基础设施,使这一区域的公共交通、公共设施等与城市一致,实现均等化。[④]

[①] 孟维华、周新宏、诸大建:《城中村改造中的"市场失灵"和"政府失灵"及防止途径》,《城市问题》2008 年第 10 期。

[②] 陈孟平:《"城中村"公共物品供求研究——以京郊城乡接合部为例》,《城市问题》2003 年第 6 期。

[③] 黄春蕾:《我国新型城镇化背景下"村改居"社区公共服务供给转型研究——基于济南市的调查》,《天津行政学院学报》2015 年第 4 期。

[④] 王娟、常征:《中国城乡接合部的问题及对策:以利益关系为视角》,《经济体制改革》2012 年第 2 期。

第二，关于城中村生活性公共基础设施的研究现状。生活性公共基础设施人类维持基本生活的基础条件。阿玛蒂亚·森在20世纪八九十年代提出的可行能力方法，以人们追求所珍视的生活的自由为核心，他将生活看作是相互关联的功能性活动的集合，因此对于福利水平的综合评估可以通过考察收入水平、居住条件、健康状况、教育和知识状况、社交状况、心理状况六个方面的功能性活动来实现。[1] 其中，以生活性公共基础设施为代表的居住条件是福利的重要组成部分。住房最原始的特征与功能是保护性。随着现代文明程度的提高，社会成员对居住条件的要求不再局限于生存目标，而是更多地注重住房的舒适程度和从中获得的主观感受，良好的居住条件往往与居住者的心理和生理健康息息相关。[2] 除此之外，也有学者认为，住房本身附加的一些差异化特征，正在逐渐成为象征居住者身份与权利的因素。[3] 城市内部公共设施资源的不均衡配置在发达国家也同样存在，不过与中国城中村公共设施资源稀缺不同的是，发达国家公共设施配置却是郊区更占优势。国外研究者对"居住贫困"问题进行了讨论，指出居住贫困除了与收入相关以外，还包括居住在无法提供足够空间或安全健康受到威胁的建筑中；居住过度拥挤；为居住支付的成本过高；由于住在不安全的环境，而产生被驱逐的恐惧、绝望和羞耻等有损自尊和幸福感的情绪等。[4] 厉基巍对贫民窟进行了分析，指出贫民窟缺乏必要的基础设施，如远离或没有安全的水源，无垃圾收集系统、合适的道路，电力电线自行架设，明沟排水或直接以地面径流排水等。学校、医院、邮局

---

[1] 徐烽烽等：《苏南农户土地承包经营权置换城镇社会保障前后福利变化的模糊评价——基于森的可行能力视角》，《中国农村经济》2010年第8期。

[2] Ingrid Robeyns. , 2003 , "Sen's capability approach and gender inequality: selecting relevant capabilities", *Feminist Economics* 2 - 3, pp. 61 - 92.

[3] Bratt, Rachel. , 2010, "Housing and family well-being", *Studies* 1, pp. 13 - 26.

[4] 王英：《印度城市居住贫困及其贫民窟治理——以孟买为例》，《国际城市规划》2012年第4期。

等社会性基础设施同样缺乏。[1]

在各国的城市化进程中,作为容纳大量迁移人口的贫民窟发展迅猛,是一个较为普遍的地域。为此,西方各国开展了针对清理贫民窟的"城市更新"运动,结果是催生了更多的贫民窟。此后,各国开始调整城市化理念,转变贫民窟改造思路,提供服务和基础设施。Orfield 对美国城市的公共设施配置不均衡进行了分析,指出富裕的远郊区由于税基充足而获得了城市的大量稀缺资源,而近郊则远远不如郊区。[2] 戴维·D. 史密斯在《城市化住宅及其发展过程》中指出,发展中国家改进贫民区居住条件的一种方法是,房屋修复计划,也就是说在房屋的有效期内对现有住房进行修缮,这需要付出的成本既低于大规模的城市更新,更不必大量拆毁现有住房,还有助于保存特色住房。[3] 特纳(Turner)针对城市化进程中的移民安置问题,提出了"两阶段说":第一阶段是初步安置,在城市中心贫民区以租房的方式安置;第二阶段是再安置,在城市边缘地带以自建房屋或非法占地的方式安置。在这前后两个阶段中,移民的住房状况逐渐好转。20 世纪 60 年代以后,巴西的棚户区迅速崛起,通常将具有以下特征的区域称为"法维拉":50 户以上、缺乏建设规划、非法侵占他人或公共土地、基本基础设施严重不足。为此,巴西成立了国家住房银行,用以改造和消除棚户区。但是通过对实施效果进行的评估,这一政策目标并未真正实现,低收入群体的住房需求并没有随着棚户区的消除而得到满足。[4] 1950 年开始,美国逐渐推行清除贫民窟的"城市更新"运动。但是这种单纯以改变物

---

[1] 厉基巍:《北京城中村整治初步研究》,博士学位论文,清华大学,2011 年。

[2] Orfield, M., *Metropolitics: A Regional Agenda for Commmity and Stability*, Washington, D. C.: Brooking Institution Press, 1997, p.87.

[3] [英] 戴维·D. 史密斯:《城市化住宅及其发展过程》,卢卫、杜小平译,天津社会科学院出版社 2000 年版,第 154 页。

[4] Jose Arthur Rios, 1974, "Social transformation and urbanization: The case of rio de janeiro", *Urban Anthropology* 1, p.99.

质形式为主的模式,并未成功,受到各方批评。1973年,美国国会宣布终止"城市更新"计划。①

吴垠认为城市无序扩张的原因就在于当前建成区的各项基础设施无法与城市人口密度相匹配,与此同时,城市的公共交通、通信、供电、供热、供气、排水、污水垃圾处理等基础设施也未能及时跟上城市扩张的步伐。因此要增加水电气等基础设施和面向所有常住人口的文化与体育设施的建设,推进城中村区域的改造。② 张卫东和石大千通过对基础设施和人口城市化的相关性研究指出,基础设施对人口城市化的作用是一把双刃剑。一方面,配套完善的民生类基础设施,增强了农村人口的迁移意愿;另一方面,与人口迁移直接相关的交通、邮电等设施,降低了迁移成本,缩短了人与人、人与生产和消费之间的距离。③

魏立华等指出城中村作为流动人口的主要聚居区,有其必要性和合理性,也是一个长期存在的现象。当前中国的城中村问题主要是生活于其中的乡城移民的居住、生活与工作等问题及对城市发展带来的冲击,从实质上来说,城中村代表的是一种不为城市核心区所容纳的经济模式与生活方式。基于此分析,文章提出,"城中村"的改造应该是充分考虑外来人口住房状况的"原位改造"。④ 也有研究者对我国当前大规模的"城市改造"对农业转移人口产生的效果进行了评述,指出了效果的不确定性:可能导致周边的城中村等农业转移人口聚居区显著增加;可能为农业转移人口供给充足的设

---

① 焦怡雪:《城市居住弱势群体住房保障的规划问题研究》,博士学位论文,北京大学,2007年。

② 吴垠:《中国特色新型城镇化:以刘易斯拐点期为背景的理论、模式与政策研究》,《经济科学》2015年第2期。

③ 张卫东、石大千:《基础设施建设对人口城市化水平的影响》,《城市问题》2015年第11期。

④ 魏立华、闫小培:《中国经济发达地区城市非正式移民聚居区"城中村"的形成与演进——以珠江三角洲诸城市为例》,《管理世界》2005年第8期。

施和低价住房；可能导致农业转移人口在更加边缘化、区位条件更差的地方重新聚集；可能因改造后生活成本增加而返乡，或者寻找新的落脚城市。① 郑文升等指出为了最大限度地利用有限的土地、空间，城中村难以形成良好的居住环境，拥挤、卫生环境差、公共绿地不足、道路狭窄等问题不可避免。而推倒重建式的城中村改造模式往往将外来人口尤其是农业转移人口的居住权益排除在外，这就不可避免地使农业转移人口游离于城乡边缘，由此导致城市社会不稳定因素的产生。②

周大鸣通过对广州市农业转移人口（原文主要以"散工"为对象）的调查，指出了广州市散工的生活情况，即以合租的形式居住在农民屋或者违章建筑中，青壮年一般8—10人合租一间房，全家迁移的则以家庭为单位租住一间房，或者几个家庭合租一套房，大多没有厨房。③ 2008年郑思齐对北京城中村进行了调查，指出这些区域人口密度大，40%的住户人均使用面积不足 $5m^2$，普遍存在环境脏乱、道路狭窄、90%以上住房没有单独的卫生间和厨房等配套基础设施不全问题。④ 上海、西安、武汉等地的城中村也呈现出同样的问题。

杨安认为城中村表现出来的主要特征不是贫困，而是城市规划工作的落后与混乱。城中村缺乏起码的、必要的城市秩序，既没有农村的清新，也缺少城市的整洁，排水排污管道、公共垃圾堆放与处理等城市功能明显不足。⑤ 敬东也论述了"城市里的乡村"存在的问题，指出这些地区在空间形态与内部功能方面都与城市存在着

---

① 周春山、杨高：《中国农民工聚居区研究进展》，《地理科学进展》2016年第5期。
② 郑文升等：《城市低收入住区治理与克服城市贫困——基于对深圳"城中村"和老工业基地城市"棚户区"的分析》，《城市规划》2007年第5期。
③ 周大鸣：《广州"外来散工"的调查与分析》，《社会学研究》1994年第4期。
④ 郑思齐、曹洋：《农民工的住房问题：从经济增长到社会融合角度的研究》，《广东社会科学》2009年第5期。
⑤ 杨安：《城中村的"防治"》，《城乡建设》1996年第8期。

明显的反差，城市基础设施和公共设施建设严重缺乏，道路交通、消防、排水等设施不足。①陈孟平将城中村和城乡接合部等同，以北京市的城乡接合部区域为例，对相关的公共物品供求问题进行了研究。他将城乡接合部视作农村社区，存在对生活性公共基础设施的需求。而这些生活性公共基础设施在一定程度上具有消费上的非竞争性和非排他性。但是，公共财政对这一区域的生活性公共基础设施支持较少，资金主要来源于农村人口农业生活过程中剩余劳动的积累。但是，集体出资、用以满足本地居民需求的生活性公共基础设施却难以满足在此空间居住生活的城市居民和外来人口的需求，同时也加重了该空间内原有居民的负担。基于此，他认为应该将城乡接合部生活性公共基础设施的供给与生产功能相分离，由区县以上政府作为供给主体，而生产功能则由包括私人部门在内的其他社会组织承担。②

易承志指出，中国城乡接合部尤其是大城市城乡接合部的公共服务资源配置普遍存在不均衡现象，这既包括区域的不均衡，即与城市中心区域相比较的不均衡，也包括城乡接合部内部不同地理空间及不同居民群体之间的不均衡，尤其是指前者。③王子新对城中村存在的问题进行了分析，指出导致"城中村"公共基础设施拥挤的原因在于，未失去土地的农村的生活性公共基础社会供给量与实际居住人口数量、农业生活方式、生活方式相适应。而随着城镇化的推进，城中村常住人口中非户籍人口的比例显著增加，使得"城中村"的给排水、燃气、环卫、消防等设施

---

① 敬东：《"城市里的乡村"研究报告——经济发达地区城市中心区农村城市化进程的对策》，《城市规划》1999年第9期。

② 陈孟平：《城中村公共物品供求研究：以北京市城乡接合部为例》，《城市问题》2003年第6期。

③ 易承志：《大城市城乡接合部公共服务资源是如何配置的》，《中国农村观察》2015年第6期。

严重不足，污水遍地、垃圾随意倾倒，环境卫生管理不善，各种因素叠加导致"城中村"的环境质量明显较差，同时还存在严重的质量隐患和安全隐患。[①] 张明莉对城乡接合部地区环境污染问题进行了研究，分析了当前城乡接合部存在的垃圾围城等现象，认为城市生活垃圾产量巨大，但是环境容量小，于是转运至城乡接合部堆放或填埋、城乡接合部缺少生活垃圾处理等生活性公共基础设施等原因导致城乡接合部出现垃圾围城的现象。[②] 吴业苗也指出与城市社区相比，城郊农村的公共设施建设明显不足，并主要表现在生活垃圾处理、公共交通等方面，同时居住人口承担的生活性公共基础设施的使用成本也高于过去，要交比过去更多的水费、电费、燃气费、通信费、物业费、垃圾处理费等。[③] 李英东也明确指出，在城市就业居住的农民工群体，其人均公共基础设施占有量较少，维持基本生活必需的居住、交通、教育、医疗等方面的基础设施严重缺乏。[④] 史云贵、赵海燕指出，城乡接合部公共服务设施配置滞后，已成为城乡接合部无法回避的重要社会风险。[⑤] 熊景维对中国进城的农民工城市住房问题进行了研究，指出作为农民工城市居住主要选择的城中村建房基本上没有规划，从外部来看，住宅建筑的密度大，楼间距非常小，从内部来看，生活设施简陋，卫浴桌椅柜等基本生活家具较少，单独的厨房和卫生间数量严重不足，室内通风和采光条件差，阴暗潮

[①] 刘社欣：《广州市"城中村"问题的现状、特点与对策思考》，《华南理工大学学报》2002年第3期。

[②] 张明莉：《大力推进城乡接合部环境保护》，《生态经济》2009年第1期。

[③] 吴业苗：《城郊农民市民化的困境与应对：一个公共服务视角的研究》，《中国农村观察》2012年第3期。

[④] 李英东：《基于农民工需求的基础设施投资与扩大内需》，《农村经济》2011年第3期。

[⑤] 史云贵、赵海燕：《我国城乡接合部的社会风险指标构建与群体性事件预警论析》，《社会科学研究》2012年第1期。

湿、卫生环境脏乱差、蚊虫病菌容易滋生。通过对武汉的调研数据，表明城中村是农民工的主要聚居地，占农民工总量的52.6%，并通过模糊评价的方式，得出"农民工城市住房区位呈现边缘化，并与城市主流社会相隔离"的结论。① 易承志通过对上海市的城乡接合部进行案例分析，对城乡接合部公共服务资源配置不合理问题进行了分析。以公共交通基础设施为例，存在公交站点布局不合理、居民出行"最后一公里"问题尚未解决、公交线路运载能力也难以满足居民出行需要、交通拥堵严重等多重问题。② 马流辉在对外来人口的内部特征和各种制度安排进行全面分析的基础上，认为在中国大城市的特定区域即城乡接合部，形成了一个规模庞大的底层社会，这些外来人口无法享受地方政府提供的公共物品。③ 刘保奎以北京为例，对农业转移人口的居住问题进行了研究，指出近年北京外来农业转移人口始终在400万以上，从公平和权利的视角来看，占城市人口总数五分之一的农业转移人口的居住需求不可回避。因此主张建立农业转移人口基本居住条件标准，增加这一群体聚居区的厕所、浴室、学校的公共服务和设施配置。④

也有学者从其他的角度论述了城中村的生活性公共基础设施问题。彭善民以环境卫生处理为例，分析了导致城中村生活性公共基础设施不足的原因。他指出，在当前的村委会与居委会同时存在的管理体制下，二者之间的经费与管理职责权限并不清晰，导致相应的生活性公共基础设施供给不足、卫生保洁水平落后。城中村未被

---

① 熊景维：《我国进城农民工城市住房问题研究》，博士学位论文，武汉大学，2013年。
② 易承志：《大城市城乡接合部公共服务资源是如何配置的？以上海市J镇为例》，《中国农村观察》2015年第6期。
③ 马流辉：《底层社会、非正规经济与参与式治理：基于上海市城乡接合部桥镇的考察》，《学习与实践》2015年第11期。
④ 刘保奎：《居"微"思安：北京外来农民工居住状况调查》，《经济研究参考》2014年第11期。

征用的土地仍然归集体所有，村内人口拥有实际的使用权。但是，作为自治组织的村委会，出于自身的经济利益考虑，往往放松了那些不利于城中村居住质量的产业的投资。城中村社区的双重性意味着环境卫生管理的特殊性，导致一个本应生活型的社区成为一个半生活、半生产型的社区。[1]

汪明峰等对上海城中村进行了抽样调查，结果表明，与上海市城市户籍人口的居住条件相比，城中村常住人口的居住条件明显较差，房屋室内狭窄、配套设施不足、住房破旧失修。[2] 并在后续研究中进一步指出，要逐步改善生活配套设施。并且在城中村被大规模拆迁和改造的同时，城市需要为农业转移人口提供租赁价格相对合理的居住场所。[3]

吴晓也指出流动人口在居住选择上大都倾向于城乡接合部交通便利但居住条件相对差些的民宅，这些区域的基础设施配置严重滞后于经济建设，公共设施、环境设施等难以满足常住人口的基本需求。[4] 张宇星将城中村视作"来自未来世界的遗产"，反对当前以"拆"为主的价值取向，主张在不触碰城中村系统结构的基础上，进行空间的"微更新"。通过空间环境、基础设施、社会管理、业态组合等方面的更新，对城中村进行全方位的"综合整治"。进一步指出微更新的主体，可以是政府或城中村集体、市场主体（对城中村进行整体承租），也可以是原住民（业主）甚至是居民（租

---

[1] 彭善民：《优势视角下的城中村环境卫生治理》，《福建论坛·人文社会科学版》2009年第9期。

[2] 汪明峰、林小玲、宁越敏：《外来人口、临时居所与城中村改造——来自上海的调查报告》，《城市规划》2012年第7期。

[3] 汪明峰、程红、方雪钦：《上海市城中村外来人口生存状况的调查与分析》，《城市观察》2014年第2期。

[4] 吴晓：《城市中的"农村社区"——流动人口聚居区的现状与整合研究》，《城市规划》2001年第12期。

户)①，并以深圳较场尾村为例，探讨了"租户"这一城中村微更新主体②。

赵晔琴指出，尽管2008年建设部已经发文要求各地根据城市发展的情况、财力、城中村具体状况和原村民的意愿，开展城中村整治、改造工作，改善城中村人居环境质量，提高城中村土地的集约利用水平，保护原村民合法利益，解决外来务工人员的居住问题。但是，从近几年各地频频开展的城中村整治情况来看，从国家政策到地方执行显然有些滞后和变形，原村民利益与外来务工人员的居住需求也并没有得到应有的重视。③

简要总结：现有研究文献显示，生活性公共基础设施的不足是城中村的基本现状，对当前城中村存在的各类问题进行归纳后可以发现，生活性公共基础设施的稀缺是导致这些问题的基本原因。这一区域虽然是低住房成本的区域，但是却并没有合理配置生活性公共基础设施，并不是真正意义上的低成本居住区。实践表明，在我国城镇化的进程中，城中村的低成本居住区功能还将长期存在。

四 关于生活性公共基础设施成本收益分析的研究现状

公共基础设施对城市有着明显的综合效益。一般来说，效益由成本和收益两个部分组成。基于此，本部分从公共基础设施的成本、收益两个视角梳理当前的研究现状。

第一，公共基础设施成本的研究综述。

关于公共基础设施成本与农业转移人口市民化成本的研究综述。从现有的研究资料来看，公共基础设施成本一般被纳入农业转

---

① 张宇星在2016年的"从研究到设计——聚焦高密度城市的建成环境"国际学术论坛上发表的《城中村是来自未来的世界遗产》的演讲。
② 深圳较场尾村由租户进行了集体的"自发微更新"，利用"都市彩绘"这种巧妙形式，使其焕发出崭新的旅游吸引力，同时也迅速提升了整体经济价值。
③ 赵晔琴：《法外住房市场的生成逻辑与治理逻辑》，《华东师范大学学报》2018年第4期。

移人口市民化成本的组成部分。陈广桂将农民工市民化成本分为个人成本和公共成本，其中，基础设施成本被视作公共成本的组成部分。[①] 张国胜将基础设施成本纳入"乡城人口流动过程中的人口城市化的成本模型"，其中，城市基础设施的投资成本就是公共发展成本的组成部分。他认为城市基础设施的投资成本是城市的物质支撑系统，包括能源动力系统，水资源和供排水系统，城市道路交通系统，城市邮电通信系统，城市生态环境系统以及城市防灾系统等随人口增加而相应扩大的投资成本。[②] 周春山和杨高认为城市基础设施成本主要是指要实现农业转移人口市民化所需要增加的基础设施投入，如电力、燃气及水的生产和供应；交通运输、仓储和邮政；电信和其他信息传输服务；水利、环境和公共设施管理业的投入等。[③]

关于公共基础设施财政支出的研究综述。冯林认为中国公共基础设施财政支出方式落后的突出表现包括：财政有偿及间接支出方式应用范围狭窄，财政支出方式层次较低，在财政支出方式选择方面则缺乏基于物品属性的一致性等问题，以上问题使得财政资金的支出效果远远低于预期，进而造成财政资金的浪费。他进一步以农村公共基础设施财政支出为例，指出全部支出方式与部分支出方式的适用范围，两种方式分别适用于具有纯公共物品属性的公共基础设施、具有准公共物品属性的公共基础设施，以及有偿支出方式与无偿支出方式的适用范围，直接支出方式与经济支出方式的适用范围。[④]

关于公共基础设施成本补偿问题的研究综述。刘水杏在论述公

---

① 陈广桂：《房价农民市民化成本和我国的城市化》，《中国农村经济》2004年第3期。
② 张国胜：《基于社会成本考虑的农民工市民化：一个转轨中发展大国的视角和政策选择》，《中国软科学》2009年第4期。
③ 周春山、杨高：《广东省农业转移人口市民化成本收益预测及分担机制研究》，《南方人口》2015年第5期。
④ 冯林：《农村基础设施财政支出方式研究》，博士学位论文，山东农业大学，2010年。

共基础设施成本补偿必要性的基础上,提出了公共基础设施成本补偿的方式,即以价格形式进行补偿、以价格形式和财政形式共同构成的补偿方式、财政补偿方式,并具体论述了每一种补偿方式的适用范围和需要注意的问题。而最终决定选择何种补偿方式,首先应该清晰界定该类别公共基础设施的公共物品属性,即明确属于纯公共物品、准公共物品等的范畴,并且要明确应该如何提高各类资金的补偿效率。[①]

第二,公共基础设施收益的研究综述。

关于公共基础设施对经济增长影响的研究。石涛以积极的财政政策为背景,对公共基础设施对经济增长存在的四个方面的效应进行了分析,分别包括外部性效应、结构差异效应、时空效应和挤出效应。据此指出,中国城市公共基础建设过程中需要注意投入与经营的关系、注重系统协调性、与转型时期的政府规制相同步,才能正确地发挥公共基础设施对经济增长的积极作用。[②] 朱昕羽通过实证分析,对公共基础设施与 GDP 和就业的关系进行了研究。以改革开放 30 年的相关数据为基础进行实证分析,得出如下结论:基础设施建设投入对经济增长起到了重要的促进作用。而基础设施建设投入对就业的影响则不明显。[③] 张光南、李小瑛、陈广汉通过定量分析的方式,分析了公共基础设施与就业、产出、和投资效益的相关性。并得出结论:无论长期还是短期,从全国各地区来看,基础设施的就业效应均显著为正;但是其产出弹性只在东部省份显著为正,而且长期和短期不一致,即长期的就业和产出效应均小于短期;而资本投入效应则表现为长期高于短期、东部高于中西部和地

---

① 刘水杏:《城市基础设施成本补偿方式的选择》,《价格月刊》2002 年第 3 期。
② 石涛:《积极财政政策视野下的基础设施投资与经济增长关联度》,《改革》2009 年第 10 期。
③ 朱昕羽:《中国基础设施建设投入对 GDP 和就业影响的实证分析》,《当代经济》2009 年第 9 期。

区资本趋同。①

关于公共基础设施效益评价问题的研究。影响公共基础设施效益高低的主要因素是定价。张平以公共基础设施领域的公私合作为视角,认为从公共基础设施项目存在的公共性和私人性的双重属性来看,理想的"定价"模式是私人部门"盈利但不暴利",② 其中,公共基础设施项目的私人性决定其存在盈利需求,以满足私人资本对私人利润的追求。公共性属性则限制了公共基础设施项目的暴利可能,满足公共资本对公共收益的追求。李玉龙通过构建指标体系,对中国公共基础设施的投资绩效进行了总体评价,认为当前中国存在公共基础设施供给不足、不同地区公共基础设施建设水平差异巨大等低绩效问题。以此为基础,提出了相应的改进建议:重在优化投资组合兼顾投资规模、完善基础设施投资统计制度,以缩小绩效评价区域、建立基础设施投资有效性预测系统和构建基础设施投资绩效保障体系,全面实现公共基础设施投资绩效的改善。③

关于公共基础设施外部性、溢出效应的研究综述。作为公共物品,公共基础设施具有典型的外部性,这种外部性也构成了公共基础设施的收益。从现有的研究文献来看,公共基础设施的溢出效应体现在各个领域。刘生龙和胡鞍钢以中国的面板数据作为基础,对基础设施的外部性进行了检验。认为中国的公共基础设施存在明显的网络效应、规模效应和溢出效应。具体来说,交通类公共基础设施、信息类的公共基础设施对中国的经济增长有着比较显著的正外部性,促进了中国的TFP,但是能源基础设施却并不具有前述两种

---

① 张光南、李小瑛、陈广汉:《中国基础设施的就业、产出和投资效益—基于1998—2006年省际工业企业面板数据研究》,《管理世界》2010年第4期。

② 张平:《地方基础设施建设引入公私合作模式的困境及突破路径》,《经济纵横》2015年第4期。

③ 李玉龙:《我国基础设施投资绩效研究》,博士学位论文,哈尔滨工业大学,2009年。

基础设施存在的正外部性。① 张军涛、毕乐强、纪昭君等运用面板数据，以网络基础设施为例，对中国区域间公共基础设施的溢出效应进行了检验，并得出结论：公共基础设施投资与区域经济增长之间存在着显著的联系，区域间的空间外部溢出效应明显。进一步的，基础设施的投资往往更倾向于有更大输出、更多私人投资以及更多就业机会的区域。② 张光南、李小瑛、陈广汉等采用SUR方法分析各省份工业企业的面板数据，并得出以下结论：中国公共基础设施的长期与短期的就业效应显著为正，并且地区差异不明显；东部地区的产出弹性显著为正，同时长期的就业和产出效应均小于短期；长期的资本投入效应高于短期、东部高于中西部、地区资本趋同。③ 孙钰、王坤岩、姚晓东运用对抗型DEA交叉效率模型，对部分城市公共基础设施的社会效益进行了综合评价，并得出结论：部分城市的经济发展水平及投入规模与公共基础设施社会效益不协调。究其根本，大型城市发展压力大，基础设施投入难以满足庞大的社会需求。基于此提出改进建议：加大对我国中西部地区的公共基础设施投入力度，合理推进小城镇公共基础设施建设。④

第三，关于公共基础设施成本收益的研究综述。

作为影响私人部门是否做出投资决策的关键手段，私人成本收益分析的应用范围已经从私人领域扩展到公共领域。对公共基础设施等具有公共物品属性的社会项目进行成本收益分析，已经成为理论界和实践界的共识。诺贝尔经济学获得者斯蒂格利茨对私人的成

---

① 刘生龙、胡鞍钢：《基础设施的外部性在中国的检验：1988—2007》，《经济研究》2010年第3期。

② 张军涛、毕乐强、纪昭君：《区域间公共基础设施溢出效应研究》，《城市发展研究》2011年第12期。

③ 张光南、李小瑛、陈广汉：《中国基础设施的就业、产出和投资效益——基于1998—2006年省际工业企业面板数据研究》，《管理世界》2010年第4期。

④ 孙钰、王坤岩、姚晓东：《城市公共基础设施社会效益评价》，《经济体制改革比较》2015年第5期。

本收益分析与社会的成本收益分析进行了比较，指出了二者之间的差异。一方面，私人成本收益分析对项目成果的关注主要以那些会影响其能力的因素为主，而社会成本收益分析更关注广泛的结果；私人成本收益分析过程中，是以市场价格对投入的支出和产出的收入进行总体评估。而另一方面，市场价格在进行社会成本收益分析时遇到了困境，如当存在市场失灵的时候，市场价格无法真正代表实际的社会成本或收益。[①] 孙大海、陈建业以上海市为例，对城市公共基础设施的投入产出效率进行了研究，认为上海市公共基础设施的管理总体来说是有效的。[②]

陈建新以公共基础设施中的公路交通基础设施为例，将公共基础设施作为一种决策产品，并对传统决策模式和成本收益决策模式进行了比较分析，认为传统的决策模式更多地关注项目本身的成本和收益，并对此进行比较。而成本收益模式在对项目本身进行关注的同时，还将项目对整个社会带来的收益以及整个社会为此承担的成本都纳入其中，也就是说传统的决策模式将直接成本和直接收益作为决策的依据，而成本收益决策模式还将间接成本和间接收益考虑进来。也就是说，公共基础设施的外部性问题被纳入成本收益框架中。[③] 张菊梅、宋健峰、王保乾以制度变迁为视角，对公共基础设施制度变迁的成本与收益进行了界定，把基础设施制度变迁成本分为固定成本和可变成本，把基础设施制度变迁收益分为显性收益和隐性收益。[④] 孙钰等对城市公共基础设施的社会效益进行了评价，

[①] ［美］约瑟夫·E.斯蒂格利茨：《公共部门经济学（上）》，郭庆旺等译，中国人民大学出版社2013年版，第227—230页。

[②] 孙大海、陈建业：《上海市基础设施投入产出效率分析》，《上海应用技术学院学报》2006年第1期。

[③] 陈建新：《成本收益分析法在公路交通基础设施决策中的应用》，《交通科技》2013年第10期。

[④] 张菊梅、宋健峰、王保乾：《基于成本收益分析的基础设施管理制度变迁》，《华东经济管理》2009年第8期。

以衡量其对社会福利的有效性，用以反映基础设施效益及其与社会发展的相关性。分析的结果表明，我国的公共基础设施社会效益较低，存在较大的改进空间。[①]

简要总结：现有文献对公共基础设施投入成本的分析，一般基于公共物品的视角，关注公共财政的投入程度。对于产生收益的分析，也将社会效益纳入其中，这表明生活性公共基础设施的公共物品属性以及由此形成的公共财政支出责任，已经成为影响其供给数量和供给差异程度的基本因素。

第二节 研究述评

综观当前的研究资料，对城中村生活性公共基础设施的相关研究重点论述其呈现出来的表面特征，如脏、乱、差等，更多的是从公共管理的角度出发，讨论相应的治理模式。而对于城中村公共物品供给问题的关注明显是不够的，也较少从城镇化进程中农业转移人口市民化的视角关注居住需求问题，这就需要对城中村的生活性公共基础设施问题展开系统、综合的分析。具体来说：

第一，现有的研究文献对于公共基础设施的关注更倾向于研究生产性公共基础设施，而非生活性公共基础设施。而在以人为核心的新型城镇化逐步成为当前城镇化关键目标的背景下，生活性公共基础设施对实现人的城镇化有着重要的意义。生活性公共基础设施的进一步完善，是农业转移人口与城市原住人口均等享有城市发展成果的基本表现，只有农业转移人口在基本生活条件、居住生活环境、交通出行方式等方面都实现了对传统的农村方式的改变，才符

---

① 孙钰、王坤岩、姚晓东：《城市公共基础设施社会效益评价》，《经济社会体制比较》2015年第5期。

合基本意义上的城市化。基于此，本书通过对生活性公共基础设施的相关研究，将其视作促进农业转移人口生活方式变迁的前提条件和人口城镇化的最低标准。

第二，现有的研究文献对于城中村的关注，主要从拆迁改造等角度出发，寻求改变现状的途径，目标是被改造城中村空间环境的改善和社会问题的解决，忽视城中村非户籍常住人口的居住权益，并将居住在此的农业转移人口赶到更远的城中村。基于此，本书认为聚集大量农业转移人口的城中村，是当前中国人口城镇化水平滞后的集中体现。因此城中村生活性公共基础设施现状的改善，有助于缩小城市内部群体差距、推动落后群体（农业转移人口）的生活方式向更加文明、更加便捷、更加现代的城市生活方式变迁，以真正地实现人口的城镇化。

第三，现有的研究文献主要侧重于从供给主体的视角，论述政府、市场、社会在公共基础设施供给过程中承担的责任；侧重于公共基础设施供给效率评价的视角；侧重于城镇化进程中公共基础设施投融资改革等视角。还有很多目前研究较少涉及或者不够深入的问题，如城市公共基础设施供给决策主体的供给意愿问题、基于成本收益衡量供给能力的问题等，这也正是本书的关注重点，即将城中村生活性公共基础设施的供给问题与各个参与者的成本收益结合起来，并将作为使用者的个体的成本收益也纳入其中，以推进相关的研究。

第四，现有的研究文献对公共基础设施效益的分析主要从宏观的角度进行，以其对经济增长的作用程度作为衡量公共基础设施效益的依据。但是，从微观的角度来看，具体的生活性公共基础设施项目对于投资者（公共部门与私人部门）和使用者的直接效益更为明显。因此，本书在进行生活性公共基础设施成本收益分析的过程中，将从消费者、投资者的微观角度出发，分析城中村生活性公共基础设施的成本构成与收益构成情况,并对影响收益和成本的因素进行研究,以此为基础,提出增加城中村生活性公共基础设施效益的基本路径。

第二章

城中村公共物品供给的理论基础

以生活性公共基础设施为例进行的城中村公共物品供给研究，是一个需要多理论共同支撑和提供解释的问题。作为公共物品的一个类别，对城中村生活性公共基础设施的供给成本以及收益分享展开的研究，首先需要公共物品理论提供基本的理论支撑；公共财政理论为城中村生活性公共基础设施供给模式中的政府投入提供依据；城市偏向理论为城中村公共物品现状与制约因素提供现实解释；城中村空间层面上的"中心"以及资源禀赋层面的"边缘"对中心—边缘理论框架是一种中国式说明；最后，基于公私合作理论能够提出城中村生活性公共基础设施供给改进过程中的多方参与模式。

第一节 公共物品理论

社会福利与公共物品密切相关。作为公共经济学的核心概念，公共物品是增加社会福利的关键载体，是满足公共需求、实现公共利益的重要途径。公共利益正是社会或群体中全体成员或大多数成员的利益，是对公共需求的满足，[1] 公共物品往往是实现公共利益

---

[1] 席恒:《公共物品供给机制研究》，博士学位论文，西北大学，2003年。

的基本方式。与私人物品对私人需求的满足是私人收益的体现相一致，公共物品对公共需求的满足是公共利益的根本体现。而人类社会发展的不同阶段，受经济、社会、文明程度等多方面的影响，社会成员有着不同的公共需求与私人需求，正是由于私人需求与公共需求在不同历史发展阶段呈现出的差异性，用以满足公共需求的公共物品类别谱系也是随之改变的。因此，对公共物品的分析，既要建立在经济学经典理论的基础上，也要考虑时代的发展与变迁。在中国的城镇化进程中，人口迁移速度与数量的迅速增加，不仅衍生出对私人物品的巨大需求，同时也衍生出对公共物品的巨大需求。进一步来说，增加公共物品供给数量与供给质量，有效满足城镇化进程中人口的公共需求，对于推进健康、可持续的城镇化和增加社会福利有着关键的意义。

对该理论的运用主要在于生活性公共基础设施的公共产品属性分析部分：

一 公共物品的基本含义

对公共物品（Public goods）的相关分析，首先建立在对公共物品概念的界定上。对公共物品的研究由来已久，大卫·休谟在《人性论》中的"论正义与非正义"部分，以"共同占有的草地进行排水"的例子，对公共物品的核心问题，如搭便车等进行了说明。亚当·斯密也对相关问题进行过讨论。但是严格来说，真正的公共物品定义是由保罗·萨缪尔森给出的，他在1954年发表的《公共支出的纯理论》中指出：所有人共同享有的集体消费品（collective consumption goods）[①]（$X_{n+1}, \cdots, X_{n+m}$），这类物品能够供给所有人来共同使用，从某种意义上说，任意一个人对这类物品的消费都不

[①] 这一概念与 private consumption goods 相对应。

会减少其他个人对这类物品的消费,以至于对于任何第 i 个个体和每单位共同消费物品同时满足如下公式:$X_{n+j} = X_{n+j}^{i}$。在这一定义中,公共物品的两个基本属性也由此推导出来:非竞争性(任一个人的消费不会减少其他个人对这类物品的消费)和非排他性(集体消费或所有人共同使用)。萨缪尔森对于公共产品理论的研究具有划时代的意义。即使后来的研究者对这一定义进行了不同程度的批评和质疑、补充与深化,但是基本上都不出此概念左右。如,蒂布特(Charles Tiebout)在1956年发表的《地方支出的纯理论》(*A Pure Theory of Expenditure*)中,对萨缪尔森提出的公共物品定义进行了补充,他将公共产品界定为能够被生产出来,但却无法对消费者进行合理收费的产品,这也与他所提出的用脚投票理论相一致。布坎南在《民主过程中的财政》中指出,公共物品是任何集团或社团因为任何原因决定通过集体组织提供的商品或服务,这一定义可以包括不同公共性程度的各类物品,如果公共性为0,则是私人物品,如果公共性为100,则是纯公共物品。[①] 奥尔森则根据物品消费中具有的非排他性特征来界定公共物品,即如果一个集团 $X_1, \cdots, X_i, \cdots, X_n$ 中的任何个人 X_i 能够消费这种物品,并且不能阻止集团中其他人对这种物品的消费,那么这种物品就称为公共物品。换句话说,不能将没有承担消费成本的人排除在对公共物品的消费之外。[②]

通过对公共物品的定义,衍生出关于物品分类的分析。马斯格雷夫将物品分为公共物品、私人物品、有益物品三个类别,其中私人物品可以通过市场机制和价格机制供给,而公共物品和有益物品属于非私人物品,价格机制难以起到有效的调节作用,因此无法通

[①] [美]詹姆斯·布坎南:《民主过程中的财政》,唐寿宁译,生活·读书·新知三联书店1992年版,第20页。

[②] [美]曼瑟尔·奥尔森:《集体行动的逻辑》,陈郁等译,上海人民出版社1995年版,第13页。

过市场机制进行有效供给。进一步来说，公共物品是政府在尊重个体偏好的前提下提供的，有益物品是建立在政府的主观判断下提供的。布坎南在萨缪尔森"公共物品—私人物品"二分法的基础上定义了俱乐部物品，认为在公共物品和私人物品之间存在着中间状态的物品，即俱乐部物品。

二 公共物品的基本属性

主流经济学对公共物品的属性分析，基本上是以纯公共物品的基本属性即非竞争性和非排他性为参照进行的，即纯公共物品是指同时具有非竞争性和非排他性特征的物品，包括俱乐部物品在内的准公共物品也都具有不同程度的非竞争性或者非排他性。

具体来说，使一个物品成为公共物品的基本特征之一就是非竞争性。非竞争性的典型标志是对物品的集体消费，即新增加的消费者并不会减少原有消费者的消费，也就是说其经济特征为增加消费者的边际成本为零。从萨缪尔森开始，对公共物品的界定和属性分析，基本是以消费为准则的。这也能够从他对于物品的提法看出，他在《公共支出的纯理论》（1954年）中以集体消费品（collective consumption goods）为提法、在《公共支出理论图解》（1955年）中以公共消费品（public consumption goods）为提法，这也进一步体现出公共物品的效用。在对非竞争性进行说明的同时，拥挤问题是影响公共物品能否称为公共物品的关键，在消费变得拥挤时，公共物品就会失去集体消费这一典型特征。在公共物品的消费者达到一定数量以后，如果新增一个消费者对原有消费者带来了成本，那么，公共物品的非竞争性将随着消费者人数的增加而逐步减弱，直至完全转变为私人物品。

另一个能够使一个物品成为公共物品的基本特征之一就是非排他性。非排他的基本含义是很难阻止其他人的消费，尤其是难以将不付费的人排除在外，要么是不可能排他，要么是排他的代价过大。在对非排他性进行说明的同时，"搭便车者"问题是影响公共物品供给效率的关键。这也正是大卫·休谟在《人性论》中所探讨的问题。追求个体自身利益的"搭便车者"，使得具有非排他特征的物品难以生产，进而导致整个群体中每个个体的利益受损，也就是个体理性导致集体的非理性。由公共物品的非排他性导致的搭便车困境，其主要原因在于这类物品一般都有着显著的群体性公共需求特征。

一般来说，绝大部分公共物品都处于非竞争性和非排他性之间，可能具备以上两个特征，或者只有其中之一特征。一般来说，公共物品的属性并非一成不变，纯公共物品、准公共物品、私人产品之间的边界可以随着经济社会发展情况的变迁而转变。有研究者认为，明确一种物品到底是公共物品或者是私人物品，最终是由国家根据对公共利益的判断和公共财政支持能力所决定的。[1] 随着社会的发展，公共物品的形态也在不断发生改变，纯公共物品、非纯公共物品、私人物品之间一般可以通过所有权转让的方式发生变化，在一定的技术条件下，不同产品的公共物品属性可以发生转换。也就是说公共政策与制度对于公共物品属性的决定起着根本作用，影响着公共物品能在多大程度上排他，进一步地，以影响排他程度为传导，公共物品的竞争程度或者拥挤程度也能够得到有效控制。在对基础设施投资规模的影响因素进行大量实证研究后，大部分研究者都赞同政治制度和环境、政府行为和选举等对基础设施投资具有重要影响。[2] 这一特征在我国城乡二元的经济社会制度和公共政策现状下，得到了很好的诠释。

---

[1] [美] 詹姆斯·布坎南：《民主过程中的财政》，唐寿宁译，生活·读书·新知三联书店 1992 年版，第 20 页。

[2] [美] 曼瑟尔·奥尔森：《集体行动的逻辑》，陈郁等译，上海人民出版社 1995 年版，第 13 页。

三 公共物品与公共需求、公共利益

基于个体需求与公共需求的差异性分析，在需求的满足方面，个体需求的基本内涵正是个体能够通过市场得到满足的需求。而公共需求的基本内涵则是个体能够通过公共政策和制度来实现需求的满足。公共需求的满足要求公共物品的供给。问题在于，谁的需求可以称为公共需求？这里需要首先明确的问题就是公共需求的加总问题。从理论上来说，公共物品的需求通过将所有个体的需求曲线进行纵向加总来得出。而实际上，公共物品供给不足的直接表现往往是未将所有个体的需求曲线进行纵向加总，进而导致供给数量低于需求数量，也就是说，有一部分个体对公共物品的需求并未被纳入公共物品的供给逻辑之中，这既隐含着帕累托改进的空间，也表明公共政策和集体决策对于公共物品分配的影响程度。

公共物品对公共需求的满足程度，决定了公共利益的实现程度。与公共需求分析一致的是，哪些个体的利益构成了公共利益？这里需要首先明确的问题是社会福利函数。决策者选择哪种社会福利函数，就意味着哪些个体或者群体代表了公共利益。从这个角度来说，公共物品的属性除了经典理论中提到的非竞争性和非排他性等自然属性以外，还具有典型的公共属性或者社会属性。公共物品的界定并不能仅依赖于产品本身的性质和由谁来提供，如果按照萨缪尔森的分析，那么根本不存在公共产品。因此，从公共属性和社会属性或者社会契约对公共物品进行分析是必要的，它至少需要对平等、公益、人类的幸福和未来等进行考量。[①]

从这个意义上来看，以人口迁移为基本特征的城镇化，明显增加了公共物品的需求总量，也同时增加了公共物品的供给压力。在

---

① 段一：《公共产品的边界》，《当代财经》2003 年第 11 期。

对我国的新型城镇化质量进行总体评价的过程中，对公共物品供给问题的分析，既需要考虑公共物品满足公共需求的情况，也需要考虑公共物品实现公共利益的程度。在以人为本的基本理念下，前者需要衡量城镇化进程中所有个体的公共物品需求是否都被纳入到公共物品需求曲线和供给逻辑中，即农业转移人口的公共需求和城市户籍人口的公共需求；后者需要衡量城镇化进程中的所有个体是否都被公共利益的主体，即农业转移人口和城市户籍人口都是公共利益的分享主体。

第二节 公共财政理论

公共财政理论以公共部门的规模、税收及其税收负担的分布、收入管理等作为基本的问题，对不同发展阶段的现实问题解决具有基本的意义，对处于城镇化快速发展进程中的中国来说，公共财政理论对于解释城中村公共物品供给问题具有关键的意义。

一 财政与公共财政

在汉语文化博大精深的中国社会，从语义学的角度对各个专业名词进行解析有助于理解词语的本源含义，也有助于更清晰地把握词语的基本内涵，对"财政"的分析同样如此。"财"的基本含义是"财富、财物"，"政"的基本含义是"众人之事，多指国家事务"。将"财"和"政"组合为词语"财政"，有两层含义，一是"财"，强调"财"，即关于财富的国家事务，意指公共收入或者表述为"公共领域的筹资"；二是"政"，强调"政"，即财富用于国家事务，意指公共支出或者表述为"公共领域的支出"。英文"Finance"一词，源出于拉丁文Finis，意指"支付期限"；后来又转成法语，即"Finances"，意指"公共收入"；17世纪以后，表示国家一般的理财；19世纪主要用来指公共团体的理财；20世纪初，用来表示国家及其他公共团体的财政。此后，为了与"Business Finance"（商业理财）和"Corporation Finance"（公司理财）相区别，便在"Finance"前加"Public"，形成"Public Finance"，也就是汉语中的"财政"一词。①

伴随着财政的"公共性"范畴的不断发展，"公共财政"逐渐取代"君主收支"。亚当·斯密为这种理论演变做出了贡献，他将过去的"treasure"变成了"wealth"，由君主的收入转变为国民的财富。② 1776年，亚当·斯密发表《国民财富的性质和原因的研究》，他在这一著作中分析了国家财政问题，建立了比较完整的财政体系。

亚当·斯密进一步指出了各项公共支出的资金来源，即按照公共支出能够带来的全社会一般收益（全国性公共产品带来的收益）或者地方收益（地方性公共产品带来的收益）来进行区分。凡是属于为社会的一般利益而支出的，其费用来源于全社会一般的贡献，而对于那些能够为一地一州等局部地区带来利益的支出，其费用应该来源于地方收入，如果为此增加全体社会的负担，是不正当的。他同时说明了基础设施支出（市场失灵与外部性），认为如果这一支出不能由直接受益人承担，或不是由他们全部承担，那么供给不足的部分应该由全社会的一般贡献来支付。亚当·斯密关于公共支出、财政收入的论述也反映出他对政府职能的基本观点，即政府支出或者获取收入的目的应该是满足社会公众福利和一般利益。③

二 国外的公共财政理论

当代西方财政学理论在民主社会的背景下，将公法的两大原

---

① 王国清：《公共财政：财政的公共性及其发展》，《经济学家》1999年第6期。
② 汪丁丁：《财政理论：西方与中国》，《财经问题研究》2009年第1期。
③ 甘行琼：《西方财政理论变迁的政治学分析》，《财贸经济》2002年第7期。

则——合法性原则和有效性原则结合起来，创建了社会成员自由迁徙下的俱乐部产品有效提供的公共财政理论。

国外的公共财政理论有着悠久的历史，经历了不同学派的解读与研究。从古希腊时期的色诺芬，重商主义的尤斯蒂、托马斯·曼和威廉·配第，古典学派的亚当·斯密与大卫·李嘉图，德国历史学派的瓦格纳，到主张国家干预的凯恩斯、马斯格雷夫、萨缪尔森等人，都对公共财政理论的发展做出了独特的贡献，每个研究者在观点、体系等方面存在差异。

（1）古希腊时期的色诺芬。古希腊时期的色诺芬首先使用"经济"（主要指国家经济）一词，代表作之一《雅典的收入》论述了雅典增加财政收入的方法；重商主义学派对财政理论进行了较为全面的分析。

（2）重商主义的威廉·配第与官房学派的尤斯蒂。英国重商主义的代表之一威廉·配第爵士著有《赋税论》（1662），被认为是英国最早的财政学著作，主张通过征税方式为公共工程筹措资金。在《赋税论》和《政治算术》中，威廉·配第提出了赋税四原则，即公平、确定、简便和节省。

德国重商主义的代表官房学派对财政理论进行了比较详细的说明，如尤斯蒂（1755）所著的《国家经济学》将财政理论按照国家收入、国家支出、财务管理三个层面进行了分析，并提出了一些基本原则，如除非国家最高的需要，否则不可侵犯国家财产的基础；收支必须适合；经费开支以君主与臣民的最高利益为目的；支出要与收入及财产状况相符；财政事务必须建立正常秩序而正确地实行等。[1]

（3）重农学派的魁奈。重农学派课税理论的基本思想是课税不

---

[1] 叶青：《财公共福利：重商主义公共财政思想的精华》，《财政研究》2000年第9期。

当是造成人民生活贫苦的主要原因。以魁奈为代表，对赋税问题进行了分析。他认为税收的源泉是净产品，因此应该向土地所有者征税，主张直接税、反对间接税，而具体的征收数额应该与土地所有者的收入成比例。强调财富增加是税收增长的前提，在"农业生产是财富之母"的基本判断下，扶持农业的发展是获得更多税收的基础。基于此，魁奈提出了公平合理的税收原则、建议实行单一土地税制、课税不能过重、税收占国民收入的比例要适当等论断。

（4）古典学派的亚当·斯密。一般认为，西方公共财政学真正意义上的起源，是1776年亚当·斯密发表的《国民财富的性质和原因的研究》。这一著作系统地论述了关于公共支出、公共收入、政府债务等问题，被视作财政学的奠基之作。如汪丁丁教授所讲，财政理论是政府原理的一部分，财政属于政府原理。斯密的财政理论正是建立在其对政府三项基本职能的认知下，即保护社会免受外国侵略（defence，即 external peace）、建立司法机构以保护个人权利免受其他成员侵犯（tomaintain justice，即 internal peace；police）、提供制度和公共设施（finance），以防止私人企业家从中获利，并对每一个基本职能进行了分析。这正是公共支出的基本领域。

亚当·斯密在《国民财富的性质和原因的研究》中，系统地讨论了财政赋税等问题，特别是在第五篇《论君主或国家的收入》中专门讨论了国家财政问题，并建立了比较完整的财政体系，即公共支出、公共收入、公债。其中，公共支出主要包括各类君主和国家的费用，由国防费、司法经费、公共工程和公共机关的费用、维持君主尊严的费用等构成。斯密进一步指出了各项公共支出的资金来源，即按照公共支出能够带来的全社会一般收益（全国性公共产品带来的收益）或者地方收益（地方性公共产品带来的收益）来进行区分。凡是属于为社会的一般利益而支出的，其费用来源于全社会一般的贡献，而对于那些能够为一地一州等局部地区带来利益的支出，其费用应该来源于地方收入，如果为此增加全体社会的负担,是不正当的。他同时说明了基础设施支出(市场失灵与外部性),认为如果这一支出不能由直接受益人承担,或不是由他们全部承担,那么供给不足的部分应该由全社会的一般贡献来支付。斯密关于政府的费用及其收入的论述也体现了他的政府观,即政府应该以社会的一般利益为准则安排支出或取得收入,社会公众福利才是政府活动的目的和标准。这就是西方财政学说史上的"公共需要说"的早期形态。[①]

公共收入(或者一般收入)。各类公共支出费用的开支,其收入来源于两个部分,即人民的收入(各种赋税和公债)、君主或国家的收入。关于人民(个人)的私收入,斯密在第一篇《论劳动生产率增进的原因,并论劳动生产物自然而然地分配给各阶级人民的顺序》中将其划分为工资、利润和地租,赋税正是以上述3种类别作为收入的源泉。在斯密关于财政理论体系的分析中,提出了至今仍被认可和使用的赋税原则,即"优良课税"的基本法则,如平等原则(按照在国家保护下享得的收入的比例纳税,这与当时的累退制相对)、确实(赋税应该是确定的,不得随意变更)、便利(缴纳日期与方法应该予以纳税者便利)、最少征收费用(尽可能使个体缴纳额等于国家收入额)等。

关于公债,斯密反对公共债务和支付公债利息的税收的增加,这可能会导致商人和制造业主将资本投向国外,进而损害本国经济,他也认为国内债务毫无意义。以上内容基本形成了财政学的比较完整的体系[②]。

(5) 德国新历史学派的瓦格纳(Wagner)。德国新历史学派最为著名的研究成果在于该学派的追随者恩格尔通过统计分析得出的"恩格尔定律"。但是实际上,这一学派的另一位代表人物在财政理

[①] 甘行琼:《西方财政理论变迁的政治学分析》,《财贸经济》2002年第7期。
[②] 王国清:《公共财政:财政的公共性及其发展》,《经济学家》1999年第6期。

论方面也做出了重要的贡献，即德国著名经济学家瓦格纳（Wagner），他的代表性著作是《财政学体系》（1877—1901），这也使瓦格纳被视作财政学学科的建立者。瓦格纳的财政思想主要集中在以下几点：第一，他反对亚当·斯密的租税原则，并提出了新的税收原则（通常称为四项九端原则），即财政政策原则（包括税收充分原则和税收弹性原则），国民经济原则（包括税源选择原则和税种选择原则），税收公平原则（包括税收普遍原则和税收平等原则），税务行政原则（包括税收确实原则、税收便利原则、最少征收费用原则）。第二，瓦格纳首次提出以租税作为财政再分配的工具，以此降低贫富差距和收入的不平等程度。这一观点在现代社会的财政理论和实践中已经被广泛运用。第三，瓦格纳发挥了德国新历史学派注重历史统计资料研究的特征，通过对许多国家公共支出资料的实证分析，得出了一个结论，即国家活动和公共活动的范围越来越大，公共经费的支出规模也随之逐渐增加。当国民收入增长的时候，财政支出会以更大的比例增加。这就是著名的"瓦格纳法则"或者"政府活动扩张法则"，这一论断已经被现代世界的各个国家的发展实践所证实。[①]

（6）国家干预主义的凯恩斯（Keynes）、马斯格雷夫（Musgrave）。凯恩斯（Keynes）理论体系的核心是有效需求原则。20世纪30年代的经济危机带来的直接现实问题是失业。而导致失业的根本原因在于有效需求不足，因此增加就业的直接而有效的办法是增加生产进而扩大总需求。具体方式包括政府直接投资举办公共工程、中央银行扩大信用、增加私人消费以刺激生产。这其中就包括了凯恩斯提出的货币政策和财政政策，但是需要指出的是，凯恩斯提出的财政政策，并不是运用财政工具来解决就业问题，而是通过

[①] 胡寄窗主编：《西方经济学说史》，立信会计出版社1999年版，第263—267页。

政府出资兴办公共工程等增加公共财政支出方式实现的，这也正是国家干预主义的基本内容之一。

马斯格雷夫（Musgrave）是世界著名的财政学家、公共经济学家，被誉为现代财政学之父，是财政联邦主义理论的开创者。马斯格雷夫的财政理论建立在对国家职能进行分析的基础上，在凯恩斯主义的影响下，在1959年出版的《财政学原理》将国家政府的基本职能总结为资源配置、福利分配、经济稳定，并对政府如何配置资源和满足各种社会需求进行了深入的分析。在与夫人佩吉·布莱沃·马斯格雷夫（Peggy Brewer Musgrave）所著的《财政理论与实践》（*Public Finance in Theory and Practice*）中，阐述了其对于"财政"问题的基本观点，认为财政的根本问题不是资金（收入），而是涉及资源利用、收入分配和就业水平，即支出。[①]

（7）瑞典学派的维克塞尔与公共选择学派的布坎南。维克塞尔是瑞典学派的代表人物，他的主要财政思想集中体现在《财政理论研究》（1986）中。维克塞尔把税收和公共支出相结合，将公共部门的决策视作政治的和集体选择的过程，运用公共选择和立宪政府的观点对公共财政理论做出解释。在分析公共支出项目是否应该由政府提供的基本问题时，他认为首先应该通过一致同意原则对这个项目是否值得做出判断，在这一前提下讨论该项公共产品的预算支出和成本的负担方式等问题。维克塞尔与林达尔进一步发展了税收理论，认为国家付给个人的边际效用与纳税人损失的财富的边际效用应当是等价的，公共产品的净收益应由政府用税收手段重新予以分配。

詹姆斯·布坎南是公共选择学派的奠基人，同时也是著名的财

---

① 贾康、李全：《财政理论发展识踪——结合"公共财政"的点评》，《财政研究》2005年第8期。

政学家。他继承了维克塞尔的财政思想①，马斯格雷夫的观点迥异。他将公共财政与宪政理论结合起来，而宪政财政的核心是主权在民，国家与国民之间的契约就是宪法，而宪政的实施则是纳税人与国家之间基于契约平等的体现。此为公共财政的本质特征。因此，税收的收缴应该以政府提供公共物品作为基本的前提，并建立在纳税人同意的基础上。布坎南提出了政治过程中的经济人假设（认为国家代理人以私利最大化为目标），认为公共支出的增长与公共部门的扩张是官僚谋求政府预算最大化所导致的结果；在最优税率选择方面，布坎南主张实行单一税率②；他将税收和公债共同视作公共财政收入的资金来源，同时指出如果人们不能清楚地认识到政府债务与未来税收的关系，就会出现财政错觉，进而导致财政权力任意扩张③。

三 国内的公共财政理论

国内的公共财政理论以国外的公共财政理论为依托，已经具备了基本框架与实践思路。总体来说，中国的财政理论主要经历了由国家分配论、社会共同需要论、公共财政论的发展历程。

20世纪五六十年代，中国的财政理论形成了具有中国特色的国家分配论。这一理论以马克思的激进国家观作为理论基础之一得出了"财政是以国家为主体的分配"这一结论，强调财政的阶级属性。丁方和罗毅在《新财政学教程》中首次提及"国家分配"的概念，该书将"财政"定义为"国家在满足它的需要上，进行社会财富的分配和再分配的经济行为"④。1957年，许延星明确提出

---

① 甘行琼：《西方财政理论变迁的政治学分析》，《财贸经济》2002年第7期。
② 温海滢：《马斯格雷夫与布坎南的财政学观点探析》，《广东商学院学报》2002年第6期。
③ 李炜光：《从维克塞尔到布坎南：公共财政理论的蹊径演进》，《读书》2012年第4期。
④ 丁方、罗毅：《新财政学教程》，十月出版社1951年版，第3页。

"国家分配论",将财政的本质界定为"国家凭借其主权、参与社会产品和国民收入分配过程所形成的分配关系"①。

社会共同需要论是由以何振一为代表的一批专家于1980年提出的,该理论将社会共同需要作为财政的本源,是财政行为合理化与合法化的关键。

公共财政理论则是随着十四大的召开逐步形成的。1992年,十四大确立了建立社会主义市场经济的改革目标,与此同时,中国的理论界也开始了对"公共财政理论"与"国家分配论"的争论,直到1998年末召开的全国财政工作会议正式提出要建立公共财政基本框架的目标。此后,关于"公共财政"的基本概念、内涵、特征等相关方面的研究相继涌现。2003年,十六届三中全会召开,并通过了《关于完善社会主义市场经济体制若干问题的决定》,将"进一步健全和完善公共财政体制的战略目标"纳入其中。2007年,党的十七大召开,时任中共中央总书记的胡锦涛提出要"围绕推进基本公共服务均等化和主体功能区建设,完善公共财政体系"。

尽管历经多年的论争,在很多方面仍然存在争议。但是关于中国公共财政理论的基本特征已经初步达成一致,主要包括:

第一,公共性。张馨将"公共性"视作财政的本质属性,与非市场经济中的其他类型的财政相区别,并分析了中国对"公共性"从批判到接受的过程。②邓子基的观点与之相反,认为公共财政的"公共性"是与生俱来的。从国家和财政的起源和形成上看,财政一开始就是在经济上占有统治地位的集团的分配活动,并且服务于该集团的利益,集团的"集体性"或"公共性"首先赋予了财政区别于财务的"私人性"。从根本上来说,国家出于维

---

① 贾康:《关于财政理论发展源流的概要回顾及我的"公共财政"观》,《经济学动态》2008年第4期。

② 张馨:《财政的公共性与阶级性关系析疑》,《经济学动态》1999年第5期。

护政权的需要，一方面要维护社会经济的稳定，另一方面要提供公共物品。这两类活动都是整个社会层面的公共需要，因此，为这类活动提供资金支持的财政行为也就具有了公共性。基于此，邓子基教授提出了中国公共财政的基本框架，即公共收入、公共支出、预算。① 陈元春对国家财政与公共财政进行了区别分析，并将公共财政定义为公共组织为实现公共意志而公开和公平地获得公共收入，同时安排公共支出的经济行为。这一概念表明，公共财政的基本原则是国家意志服从公共意志，而公共意志体现为社会公众对公共产品和服务的需求，因此，使有限的公共资源最大限度地实现公共利益，是建立公共财政体制的核心目标。② 高培勇从公共财政满足社会公共需要的目标出发，同样将公共性视作财政的与生俱来的本质属性，并指出了财政职能涉及的社会公共需要的领域，即提供公共服务、调节收入分配、实施宏观调控。③ 何振一也认为财政本身就是一种社会职能，天然具有公共属性，并不是市场经济出现后的产物④。贾康认为公共财政的内在导向是其"公共性"，从这个角度来看，公共财政的第一个基本特征正是满足社会的公共需要。在此基础上，满足社会公共需要的方式则是提供公共物品与公共服务、并以公共选择机制为此提供决策、以预算为基本的管理制度。以上四个方面构成了公共财政的四个基本特征。⑤

第二，非竞争性。高培勇将公共财政的非竞争与社会公共需要紧密结合，财政收入是为了满足社会公共需要进行的筹资行为；财政支出是为了满足社会公共需要进行的支出行为，因此应该从竞争

---

① 邓子基：《"国家分配论"与构建公共财政的基本框架》，《当代经济》1999 年第 5 期。
② 陈元春：《公共财政的本质、目的及其基本框架》，《财政研究》2004 年第 10 期。
③ 高培勇：《公共财政：概念界说与演变脉络：兼论中国财政改革 30 年的基本轨迹》，《经济研究》2008 年第 12 期。
④ 何振一：《我的公共财政观》，《山西财政税务专科学校学报》2008 年第 1 期。
⑤ 贾康：《对公共财政的基本认识》，《税务研究》2008 年第 2 期。

性领域退出,而主要为经济社会的发展,提供制度保证和必要的公共基础设施。

第三,法制性。以满足社会公共需求为目标和出发点的公共财政,其收支行为与社会所有成员的利益密切相关。这就要求,在公共财政的收支过程中,以规范的行为保障每一个利益相关者的合法权益。高培勇从财政收支的法制化、预算化、税务部门总管等角度对公共财政的法制性进行了分析。[①] 贾康将公开、透明、完整、事前确定、严格执行、追求绩效和可问责的预算作为公共财政的基本管理制度,以此实现公共财政的目标,防止公权扭曲。[②] 张馨认为,法治化是公共财政的一个基本特征,税收是具有私人财产的社会成员之间存在公共性的一个基本表现。公共财政只有在法治的框架下进行运作,才能保障政府的活动符合私人的利益。张馨同时指出,财政法治化的首要任务是预算的法治化。[③]

四 新型城镇化与公共财政理论

在中国城镇化的进程中,人口流动速度加快,在城市社会和城市边界以内,城市常住人口总量中农业转移人口的比重逐渐增加,同时这一群体的低收入特征明显,对公共物品的需求明显。一般来说,越是处于需求层次中偏低的物品,公共物品属性越明显,其由公共财政供给的特征也越明显。因此,公共财政理论将为解决城镇化进程中的公共物品供给问题提供重要的理论支撑。在城镇化的推进过程中,公共财政对于实现城乡之间、城中村与城市其他区域之

[①] 高培勇:《公共财政:概念界说与演变脉络:兼论中国财政改革30年的基本轨迹》,《经济研究》2008年第12期。

[②] 贾康:《关于财政理论发展源流的概要回顾及我的"公共财政"观》,《经济学动态》2008年第4期。

[③] 张馨、胡志勇:《中国公共财政论30年演变之综述》,载《中国财政经济理论前沿(5)》,社会科学文献出版社2008年版,第55—97页。

间、城市人口与农业转移人口之间的公共服务与生活性公共基础设施的一体化和均等化有着基本的意义。

从其他国家和地区的实践经验来看，以公共财政为资金支撑的公共部门通常是解决农民工住房问题的首要责任主体。[1] 贾康指出，公共部门通过公共财政解决城镇化过程中的公共物品供给问题，同时对公共资源进行有效配置，其依据的基本价值取向是"公共性"，当前按照人口户籍身份和所在地域的差异，以城乡二元分立的方式提供公共物品的机制和政策都需要逐步改革，进而给予全体社会成员"国民待遇"，满足对"公共性"的追求。从这个角度来看，公共财政的第一个基本特征正是满足社会的公共需要。在此基础上，满足社会公共需要的方式则是提供公共物品与公共服务，并以公共选择机制为此提供决策，以预算为基本的管理制度。[2]

第三节 城市偏向理论

通常来看，包括中国在内的大部分发展中国家为加快工业化进程，都采取"城市偏向"政策，这也使得中央政府和地方政府在经济发展过程中，以政策为导向，形成了农村发展明显滞后于城市的城乡关系，这也能够为中国城中村公共物品稀缺提供现实解释和历史解释。

一 城市偏向理论的形成

城市偏向的基本含义是政府部门在城乡关系中更加重视城市的总体发展，与之相对的是，农村区域在资源配置、财政投入等方面

---

[1] 陈藻、杨风：《乡—城迁移人口城市聚居形态与半城市化问题——以成都市为例》，《农村经济》2014年第12期。

[2] 贾康：《对公共财政的基本认识》，《税务研究》2008年第2期。

则处于劣势地位，因此农村的发展滞后于城市发展，不仅严重损害了农村部门的利益，而且阻碍了整个国民经济的健康发展，因而是不公平且无效率的。

在主流经济提出的增长极、外溢效应、规模效应与集聚效应等思想下，城市偏向战略在各个发展中国家普遍实施，城市作为一个增长极，在资源优先配置的作用下，工业化过程快速推进，使得社会经济获得了显著的增长。然而，与此同时，城市对农村的外溢效应并没有显著发生，反而出现了城乡收入差距日益扩大、农村贫困问题突出等一系列社会问题，并且长期制约着国民经济的健康发展。

在这样的背景下，研究者开始将视线转向对城市偏向战略的批判上，城市偏向理论也就由此而生。美国经济学家迈克尔·利普顿于20世纪60年代末期首先提出了这一思想，并于1977年在 Why Poor People Stay Poor: A Study of Urban Bias in World Development 中系统地论述了城市偏向理论，他在肯定城市偏向政策有一定积极作用的同时，认为偏向城市的发展模式是不公平和低效率的，发展中国家应坚持城乡均衡化的发展战略，削弱甚至摒弃各种畸形的偏向城市战略，实现城乡间的均衡发展。[1]

二 城市偏向理论的核心内容

第一，关于产品价格的城市偏向。该理论在对城市偏向理论采取的价格扭曲进行批评的基础上，进一步提出调整政策的必要性。研究者认为城市偏向政策严重不公平性，使得农民被迫承担了不合理的重税，并且受到价格扭曲政策的剥削，已经成为导致城市阶层与农村阶层之间利益冲突的重要原因。此外，城市偏向政策效率较

---

[1] 王颂吉、白永秀：《2013 城市偏向理论研究述评》，《经济学家》2013 年第 7 期。

低，非农部门的投入产出比是农业部门的两倍，这在很大程度上抑制了社会总产出水平。基于此，主张以实现公平和提高效率为出发点，大力推动农村发展。一方面，从公平角度来看，认为农村地区拥有绝大部分贫困人口，因而应实行由城市到农村的再分配；另一方面，从效率来看，认为农村拥有绝大部分能推动经济增长的低成本生产要素，因而应将农村作为重要投资场所。①

第二，关于公共产品的城市偏向。利普顿指出，随着经济不断发展和政策调整，发展中国家的价格扭曲的城市偏向政策得以弱化，而公共服务领域的城市偏向则有日趋严重之势，城乡之间福利差距逐步拉大。公共产品的城市偏向主要体现在两个方面：一方面，在公共产品的总体供给中，占人口总量比例较小的城市人口享有较多的公共产品，占人口总量比例较大的农村人口享有较少的公共产品。这一思想直接导致农村公共产品供给的严重不足，绝对量与相对量都明显短缺。另一方面，体现在对公共产品成本的承担上，农民要额外分摊公共产品的供给成本，却不能公平地享受公共产品带来的收益。这显然已经背离了城市偏向战略关于"以城市的先发优势带动农村发展"的基本设想。

三 中国城市偏向的形成机制：政治与制度

与世界上大部分发展中国家类似，中国城市偏向政策的形成机制，有着重要的政治原因与历史原因。重工轻农、重城市而轻农村的发展战略是新中国成立初期快速工业化所必不可少的，但是体制改革的滞后使得这一城市偏向的价值取向始终没有得到根本转变，并日益成为扩大城乡收入差距、制约生活方式变迁的重要因素。

第一，历史因素。在改革开放以前，城市偏向战略的实施有着

---

① 王颂吉、白永秀：《2013 城市偏向理论研究述评》，《经济学家》2013 年第 7 期。

深刻的历史原因。新中国成立以后，发展工业尤其是重工业的需求迫切。而对于长期以来始终处于小农经济为主体的中国来说，如何能在较短时间内实现工业化和城市化，从传统农业国迅速过渡到现代工业国，进而提高国家的竞争力和影响力，以解内忧外患，是一个关系重大的政治经济问题。这首先要求控制消费、增加储蓄，以降低成本，增加投资。在这样的历史背景下，中国制定了城市偏向战略，集中力量优先发展城市和重工业，"鼓励一部分地区先富起来"，大力实现城市的工业化进程，促进中国社会经济的快速发展。而受重工业资本密集型特征的影响，要求严格限制城市部门的就业人数，[①] 因此，限制人口流动成为必然结果。在现代经济发展的初期阶段，这样的战略选择由其合理性和必然性，对于中国初期的资本积累和生产恢复进而推动经济迅速发展有着积极的作用。

在这样的背景下，以"资本排斥劳动"为特征的"重工业优先发展"总体发展战略，降低了对劳动力的吸纳能力；"变消费性城市为生产性城市"的城市发展战略，制约了对劳动力吸纳能力较强的商业等服务业的发展；农村农业无偿为城市工业发展提供资金，农业、农村发展进程缓慢，城乡对立的二元结构基本形成。[②] 蔡昉等指出中国1978年之前的城市偏向，主要是以重工业优先发展战略为主导的赶超战略所导致的，城市利益集团的政治影响力还没有成为城市偏向的主导诱因。

第二，政治因素。在改革开放以后，中国城市偏向政策得以继续推进的原因，主要体现在政治层面，即政府部门的"GDP"取向和城乡利益集团的博弈。一方面，唯GDP论。在以GDP为政绩衡量指标的总体环境下，各级政府通过各种途径导致人、财、物等生

[①] 张自然、张平、刘霞辉：《中国城市化模式、演进机制和可持续发展研究》，《经济学动态》2014年第2期。

[②] 陈甫军、景普秋：《中国新型城市化道路的理论及发展目标预测》，《经济学动态》2008年第9期。

产力要素不断向城市集聚，并在投资引导、财政支出、土地利用等政策制定方面均向城市倾斜，以实现自身的经济赶超目标。另一方面，农村集团在与城市集团进行利益博弈过程中的弱势地位。由城市人口为主要人员构成的城市行政管理阶层，在知识水平、需求表达、利益争取、信息获取等方面有着天然的优势，必然会以维护自身的既得利益为主要追求。而受制于长期以来城市偏向政策导致的教育、文明程度等不足，农村集团则处于天然的弱势地位，使得其在国家和地方政府各类公共政策的制定和决策过程中的影响力有限。在以上方面的共同作用下，中国的城市偏向政策时至今日仍然占据主导地位。蔡昉指出，农村集团因"数量悖论"而在政治投票方面丧失主动权。与此同时，政府对生产要素在城乡之间的流动进行严格控制，在1984年之前，政府以一系列的红头文件来阻止农村人口向城市的流动、转移。直至2000年，政策才开始逐渐松动。

在城市偏向的政策倾向下，中国长期以来对城市以及城市产业、城市人口的关注远远大于对农村、农业、农民的关注，户籍制度对于城市与农村居民的野蛮划分以及以此为依据的公共服务体系正是最直观的体现。在改革开放以后，中国城镇化进程快速推进，但是这一倾向并未好转，城乡差距进一步拉大。尤其对于农业转移人口来说，作为城市建设与经济发展的主要贡献者，这一群体的市民化进程缓慢，无法真正享有城市的公共产权，不能平等地成为城市公共产品的供给对象。中国近五分之一的人口仍然处于流动状态，仍然是农民身份，他们的劳动权益、社会保障权益、受教育权益等没有得到保障甚至遭到严重侵害，这就大大阻碍了农村人口向城市的转移，严重制约着我国的城市化质量。[①]

[①] 梅建明：《我国城市化的主要途径：进城农民工市民化》，《经济学动态》2007年第1期。

四　中国城市偏向的历史发展过程

在城镇化大规模推进以前，我国的城市偏向战略主要体现为工农产品的剪刀差、城乡差异的户籍制度等层面；在城镇化大规模推进以后，城市偏向政策在原有城乡关系的基础上，又进一步体现在迁移至城市的农村人口方面。

首先，工农产品的剪刀差。在计划经济时代，为支持城市重工业优先发展的战略，通过工农产成品价格"剪刀差"的方式汲取了大量农业剩余，对农村人口生活水平和生活质量提高造成了消极影响，导致农村生活方式、生产方式长期落后于城市生活方式、生产方式，也进一步成为导致当前城乡发展失衡、农村贫困问题严重等社会经济困境的历史根源。在农村地区，制定了农产品统购统销的政策，人为地压低农产品价格，同时抬高工业品价格，以工农产品之间的剪刀差方式，以农村储蓄为增加城市工业投资提供支持。这种长期存在的价格扭曲政策正是城市偏向理论的核心议题，也成为中国工农业之间、城乡之间以及城市人口和农村人口之间的一个重大政治经济问题。

除了工农产品剪刀差以外，还有学者指出了改革开放以后愈演愈烈的两种剪刀差，一种是城乡土地流转价格的"剪刀差"：在城市化过程中，政府通过土地流转，以协商转让名义把农民的土地收为己有，再以招、拍、挂方式高价出售给开发商；另一种是城乡劳动收入的"剪刀差"，即对数以亿万计在城市工作的农民工，不仅限制他们的就业领域和工种，而且还对他们实行同工不同酬，并以各种名义，剥夺他们享受基本公共服务和其子女接受义务教育的权利。[①] 这表明，城市偏向政策至今仍然在城乡发展中占据重要位置。

---

① 王桂新：《我国城市化发展的几点思考》，《人口研究》2012年第2期。

其次，城乡差异的户籍制度。中国 1958 年正式出台了区分农业户口和非农业户口的二元户籍制度，将全体国民划分为城市人口和农村人口，并严格控制农村人口向城市人口的转变。以户籍制度为代表的人口服务管理制度，它通过加强对人口流动的限制、提供公民服务的偏颇等阻碍着城镇化进程，这既是对自由与平等的背离，也无法实现对效率的追求，更是与构建和谐社会不相符。以户籍为代表的身份制（阶级身份、户籍身份[①]、职级身份）作为改革开放前的重要社会管理制度之一，有着很强的先赋性，将农村人口束缚在土地上，公共政策与制度的方式人为的维持城乡分割的状态，增加了农村人口流动的机会成本，并限制着每个社会成员获取社会资源的数量和机会，使得中国的城市化远远滞后于工业化。每个人一出生即根据其出生地获得一定的户籍身份，户籍的含金量按照以下顺序依次递减：大城市、中城市、小城市、小城镇、农村。其中，城市户口与农村户口以及蕴含在其中的市民待遇与农民待遇是最基本的差别。[②] 以 1958 年颁布的《中华人民共和国户口登记条例》为标志，中国以严格限制农村人口向城市流动为核心的户口迁移制度形成，也奠定了中国二元户籍制度的基础。出于遏制城镇人口过度膨胀、保持城镇社会稳定以及快速恢复和发展国民经济的需要，中国最终形成了以将农民禁锢在土地之上，保证农业生产稳定，控制农村人口过快流入城镇为主要目的户籍制度，[③] 与此相伴相生的是几十年来城乡居民在教育、医疗、就业、住房、社会保障等方面的严重不平等，并以恶性循环的方式愈演愈烈。可以说，中国现行的人口管理制度就是建立在城乡二元结构基础之上的户籍制

---

① 三种身份中，尤以户籍身份最难以破解。
② 郑杭生主编：《中国社会发展研究报告》，中国人民大学出版社 2010 年版，第 188—189 页。
③ 杜瑞云、段伟宇：《城镇化背景下的户籍制度改革：方向、重心与路径选择》，《当代经济管理》2012 年第 3 期。

度，即重户籍管理而轻服务提供。[①] 时至今日，依托于户籍制度的各项政治权益和社会福利并未发生根本的转变，仍然以户籍作为划分城乡人口的依据。

长期以来，对农业转移人口的称谓上也能够看出城镇化发展的价值取向，"外来人口""农民工""进城务工人员""流动人口"等歧视性称谓经常见诸报端，并经常应用于政府文件中。以"流动人口"称谓为例，将从农村进入城市的居民视为"流动人口"，是对这一群体进行的带有区别指向的"定性"，即将这一群体的离开作为假设条件（物质的转移运行是"流动"一词的基本含义），因此公共服务供给不足就成为预期的结果。因此，在深刻的制度路径依赖下，农业转移人口生活方式的变迁任重而道远，城镇化质量的有效提高，必须建立在根本的制度变革基础上。

城市偏向、城市主导下的城镇化，一方面吸引着土地、劳动力等资源连续从农村向城市转移，另一方面，无论人口还是土地，都未能在城镇化进程中有效地发挥作用，而农村人口与农村土地两者之间又有着密切的联系，尽管尚未能够从产权上赋予农村人口对土地的所有权与转让权，但是在现有的农地制度下，农村人口拥有对于土地的使用权。在长期以来形成的传统模式中，土地是农村人口的主要收入来源，承担社保与就业的双重功能。

第四节　城市中心与边缘相关理论

在城市化的推进过程中，空间层面的城市中心与城市边缘之间呈现出的动态性特征，尤为明显，并伴随着各个国家和地区城市化进程的始终。因此，通过地理、生态、经济等不同视角对城市边缘

[①] 杜智民、雷晓康等：《我国转型济时期的社会管理与创新》，中国社会科学出版社2013年版，第11—131页。

区域进行分析和探讨，是学者的研究重点。尽管最早提出"边缘"概念的是生态学的相关研究，但是在现代科学研究中，边缘理论应用最为广泛的是经济学领域。[①] 同时，一些针对城市内部居住差异的相关研究，也形成了城市中心与边缘区的相关理论。

一 中心—边缘理论

中心—边缘模式理论最早是国际关系领域的一个分析框架，后来逐渐在区域发展中得到应用。目前，核心—边缘理论已经是区域经济学中的一个基本理论，用来解释经济空间结构演变模式，由美国的区域规划专家约翰·弗里德曼（J. R. Friedman）在 *Regional Development Policy: A Case Study of Venezuela*（1966）中完整提出。该理论认为，在区域空间系统中，包括中心区和边缘区两个子系统，受资源、市场与环境等的限制，每个系统的功能、特征是有差异的。其中，中心区域一般享有更丰富的资源、更为有利的市场环境，在政治、经济、文化上处于竞争优势，进而成为区域空间系统的核心。而边缘区域由于资源的相对匮乏，发展条件较差，进而在区域空间系统中处于被支配的地位。边缘区又进一步划分为过渡区域和资源前沿区域。在这一基础上，一方面，随着经济的发展，要素进一步从边缘区向中心区集聚，中心区的优势更加明显，支配作用更强。而边缘区对生产要素的集聚能力进一步下降，边缘化趋势更为显著。另一方面，由资源和要素从边缘区向中心区集聚所导致的创新又不断地向边缘区扩散，推动边缘区的转型与发展。随着这一过程的加深，就形成了核心—边缘结构，即 center-periphery model，简称"CPM"。[②] 此后，J. R. Friedman 又在 *A General Theory of*

[①] 葛政委、曹大明：《欧美多学科视野下的"边缘"谱系》，《黑龙江民族丛刊》2013年第1期。

[②] Friedman J. R., *Regional Development Policy: A Case Study of Venezuela*. Cambridge: MIT Press, 1966, pp. 35-60.

Polarized Development（《极化发展的一般理论》）中将核心—边缘理论的应用范围和对象进行了扩展，除了在空间区域结构中存在核心区和边缘区以外，在不同的产业以及不同类型的企业之间也存在核心区和边缘区，也在经济、社会和政治层面进一步论述了中心是如何通过资本投资、变革及其传播、政治控制等要素来支配边缘区域。[①] 在实践中，这一理论在农村与城市关系、发达地区与欠发达地区关系等领域中有着广泛的应用。

此后，核心—边缘理论得到了发展。1991年，保罗·克鲁格曼（Paul Krugman）在《收益递增和经济地理》的著名文章中，通过对迪克西特（A. K. Dixit）—斯蒂格利茨（D－S）垄断竞争模型（Dixit-Stiglitz Model，简称D－S模型）[②] 的变形，提出了核心—边缘（CP）模型，把空间维度引入了经济学的主流地带。从思想来源来看，克鲁格曼的"中心—边缘"构想可以追溯至德国经济学家冯·杜能（Von Thunen）于19世纪中期提出的"城市为中心，农村为边缘"的农业区位论。CP模型的假设如下：经济由两个部门（农业部门和工业部门）、两个区域（南部区域和北部区域）构成，两个部门的生产要素是劳动力，并且农业部门劳动力不可流动，工业部门劳动力可自由流动。市场上只有一种由农业部门生产的农产品，由不同工业企业生产的差异化产品。通过分析，得出的结论主要有：在一定的假设条件下，两个区域的经济最终会内生地形成以工业化的区域为中心（Core）、农业化的区域为边缘（Periphery）的中心—边缘构架，而这一构架的形成，取决于运输成本、规模经

[①] 张桐：《基于"中心—边缘"结构视角的区域协调发展研究》，《城市发展研究》2018年第8期。

[②] Dixit-Stiglitz Model 由迪克西特（A. K. Dixit）和斯蒂格利茨（J. E. Stiglitz）在论文《垄断竞争和最优产品的多样性》（1977）中提出，载 *The American Economic Review*，June 1977，Vol. 67，No. 3。

济以及制造业在国民收入中的比重。①

二 居住差异理论

随着城市化进程的推进，不同收入水平、不同种族、不同文化背景的城市人口之间的分异日益明显，由此导致城市居住空间不断分异，早在20世纪二三十年代，芝加哥学派就运用人类生态学的方法研究了工业化国家的城市社区，并总结了城市居住空间分异的三大经典模型。由此形成了三大经典城市分异理论，即同心圆理论、扇形理论、多核心理论。

第一，Park和Burgess的同心圆理论。同心圆理论由美国学者伯吉斯（Burgess）于1923年提出。Burgess从对居住人口的类型和居住区类型的分析出发，提出了同心圆理论。他认为是向心、专业化、分离、离心、向心性离心五种力的作用使城市产生了地域差异。其间，城市各地带不断地侵入和转移，就形成了同心圆式的扩散过程。Burgess注意到CBD作为现代城市的中心，已经成为一种广泛的规律，并反过来制约城市规划和城市更新，特别是对东方传统城市中以政权为中心的城市布局提出了修正方向。②

在工业化的欧洲和北美，城市中心是中央商务区，其外围是过渡带，夹杂着大量破旧的房屋与贫民窟，居民多是低收入阶层，以及少量自我隔离的富人；第三层是个人住宅带，居住着工人阶级和不太贫困的阶层；第四层是中产阶级带；第五层是通勤带，是富人专有居住区。③ 由此形成了经典的同心圆结构。

狄更生从许多研究城市的论著中，将历史的发展与地带的结构加以综合，进一步推崇Burgess的同心圆理论，提出了三地带论，

---

① 贾宝军、叶孟理、裴成荣：《中心—边缘模型（CPM）研究述评》，《陕西理工学院学报》2006年第1期。
② 王竞梅：《上海城市空间结构演化的研究》，博士学位论文，吉林大学，2015年。
③ Park, 1925; Hall, 2002.

即城市地域结构从市中心向外发展按中央地带中间地带和外绿地带顺序排列。

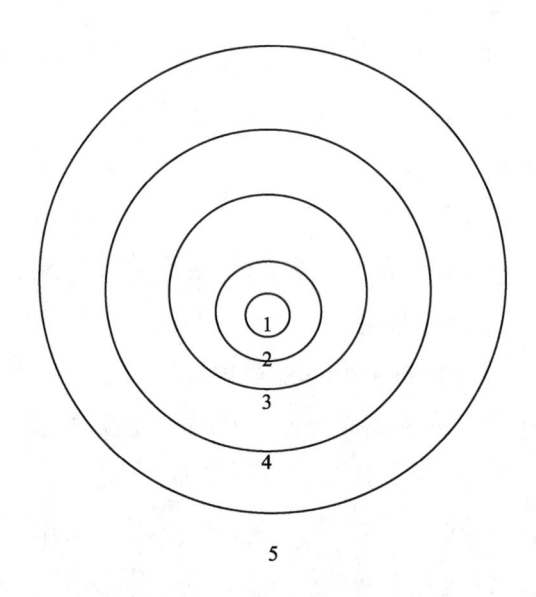

图 2—1　同心圆理论模型①

（图中标识说明：1—中心商务区，2—过渡地带，3—工人住宅区，4—高级住宅区，5—通勤人士住宅区）

第二，扇形理论和多核心理论。扇形模型和多核心模型则进一步把城市居住区分为低收入、中等收入和高收入三类，反映出低、中、高收入阶层分区居住，低收入阶层主要居住在市中心周围，中、高收入阶层居住在郊区的基本形态。霍伊特（Homer Hoyt）对美国城市的房租进行了研究，通过对城市住宅布局九种倾向的考察，认为城市土地利用呈扇形格局，其中，高租金地域是沿放射形道路呈楔形向外延伸，低收入住宅区的扇形位于高租金扇形之旁，城市是由富裕阶层决定住宅区布局形态。

---

① 田东海：《美国城市的居住差异现象分析》，《国外城市规划》1998年第2期。

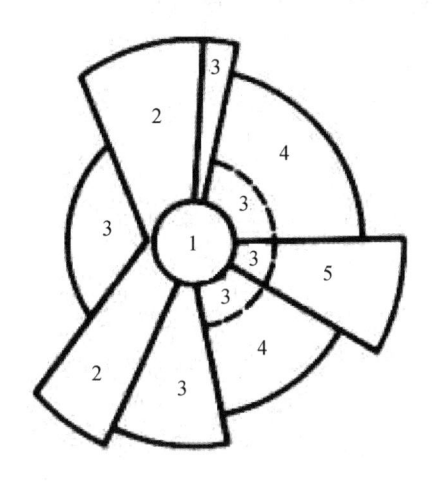

图 2—2　扇形理论模型①

（图中标识说明：1—中心商业区，2—批发商业区、轻工业区，3—低级住宅区，4—中等住宅区，5—高级住宅区）

奎因在 20 世纪 40 年代就提出：CBD 是城市的主要中心，除此之外还有其他中心，各影响一定的地域范围。哈里斯和乌尔曼在此基础上研究了各类城市的地域结构，认为城市中心的多元化和城市地域结构的分异是由四个过程作用形成的：（1）各种行业以自身利益为目标的区位过程；（2）产生集聚效益的过程；（3）各行业利益对比而发生的分离；（4）地价和房租对行业区位的作用。在此基础上，哈里斯和乌尔曼提出了多核心模式。在其模式中，CBD 仍是城市活动中心，但不一定是几何中心，常常偏向一方。面向本区市场的批发区和低污染轻工业则紧邻 CBD 布局，低级住宅区仍绕CBD 和批发区集聚，中高级住宅则集聚在另一侧，住宅区内分布着大量公共文化设施，工业则主要分布在外围远郊区域，附近有独立的住宅区。在多核心模式中，城市地价并非从中心到外围呈单纯递

---

① 田东海：《美国城市的居住差异现象分析》，《国外城市规划》1998 年第 2 期。

减趋势，而是出现几个峰值区：在早期落后的城市阶段，从中心到边缘，地价不断递减，而在多核心时代，除了CBD外，城市还有其他次中心，因此多核心模式更适合现代城市的特征。

实际上，以上各个理论之间尽管存有差异，但是都把不同收入阶层形成相对独立的居住区的居住差异作为重要的方面。

第五节 公私合作理论

对该理论的运用主要在于公共基础设施投融资模式的分析中。长期以来，无论采用计划经济体制还是市场经济体制，无论在公有制经济社会，还是在私有制经济社会，公共基础设施的建设始终被认为是公共部门的主要职能。作为古典学派的奠基人，亚当·斯密尽管反对政府干预经济，提倡自由放任，但是他同样强调，政府的主要职能之一就是建立和维护那些私人企业家不能从中获利的公共工程和机构。穆勒在《论政府的影响》中为最小政府概念进行辩护的同时，也进一步指出市政当局应该经营自然垄断部门，或者控制他们的利润率。

在我国城镇化进程中，生活类公共基础设施与生产类公共基础设施等各领域投资需求激增，传统的政府主导投资（财政投资）的发展模式在面对巨大的资金需求时显然存在客观的供给困境，同时也面临众多风险，由此也就滋生了融资需求，通过融合不同类别资本主体的资金，共同维护社会公共利益。在这一背景下，作为一种以更低成本提供更高质量公共服务与基础设施的可行方式，公私合作成为必然的选择。

一 公私合作理论的产生背景

公私合作理念与实践的提出始于英国。由于其具有实用性，在

20世纪末期在很多国家得到广泛推广应用。公私合作（Public-Private Partnerships，简称"PPP"）是实践的产物，确切地讲，是公共物品供给方式的创新，是公共基础设施投融资改革的创新。在20世纪80年代以前，公共基础设施的建设大多由公共部门承担，而在80年代末期，出于财政资金不足和管理效率低下的考虑，在英国、美国、澳大利亚等国家，越来越多的公共基础设施建设项目开始引入市场机制，公私合作机制在交通、电力、供水、废弃物处理、通信网络，以及学校和医院等领域得到了广泛应用。2004年欧盟建议在提供公共基础设施时实施不同形式的公私合作伙伴关系，并签署了多项相关建设合同。这也表明在新的经济形态下，政府与市场、社会的关系正在逐渐变迁。

可以说，公私合作理论融合了"国有化"（公）和"私有化"（私）的优势，以规避国有化或国有垄断经营模式中，重视公共利益忽略实际成本所导致的低价运营和长期亏损的弊端，以及私有化重视增加利润忽略公共利益的不足。在此基础上，寻求一种折中的方式，建立的一种新的公共事务治理方式，以实现社会公共利益和私人利益的统一，化解二者之间存在的矛盾。在这样的总体背景下，公私合作的初衷也是公私合作的优势主要体现在两个方面，一是通过私人资本的引入，减轻财政负担，从而增加公共物品供给数量；二是通过私人部门的引入，增加公共物品的供给效率。

从我国的现实来看，在城镇化不断推进的背景下，人口总量的增加和需求的刚性增长，公共基础设施建设的需求也日益增加。在当前分税制的总体背景下，公共基础设施作为地方政府的供给责任，要求充足的地方财政予以支持。根据研究者的测算，到2020年，如果政府债务控制在60%以内，中国城市基础设施建设资金缺口就达 20 万亿元，显然，财政支出无力承担。[①] 在地方财政能力有限和需求快速增长的双重影响下，我国基础设施尤其是生活性基础设施面临着建设资金巨大缺口和体制不顺的问题，如公共交通、污水与垃圾处理、供水等基础设施严重不足，公用事业效率不高、服务水平落后等问题突出，其发展程度还不能适应新型城镇化快速推进的要求，急需进一步推进相关的改革和创新，以促进城市公共基础设施的健康发展，进而实现城市中"人"的全面发展。

二　公私合作理论的内涵和基本内容

不同国家和地区根据各自的经济发展水平，对PPP的定义各不相同，但大多指私人的营利性机构与公共部门在公共服务的供给中分担风险、共享收益，并进行流程内的合作。[②] 在财政部提交的《关于2013年中央和地方预算执行情况与2014年中央和地方预算草案的报告》中，将PPP界定为政府和社会资本合作模式，鼓励社会资本参与城市基础设施等的投资和运营，以降低政府的财政支出压力并化解政府的财政风险。综观现有的研究资料，基本都将PPP界定为社会资本与公共资本的合作，并应用于公共基础设施的建设领域，以更好地实现为社会公众提供公共服务的目标。

公私合作的基本内涵是私人部门对公共服务供给的参与。具体来说，PPP的内涵主要包括以下几方面内容：一种公私正式合作提供公共服务或设施的组织方式，一种资源与收益共享、责任与风险共担的合约关系，一种充分发挥公私双方专业优势的创新途径。我国官方一般将PPP界定为政府与社会资本的合作模式，以特许经营等为主要方式，是公共服务供给机制的重大创新，即政府采取竞争

[①] 王俊豪、付金存：《公私合作制的本质特征与中国城市公用事业的政策选择》，《中国工业经济》2014年第7期。

[②] 杨艳梅：《国外垃圾处理经验及对我国的启示》，《环境保护与循环经济》2014年第4期。

性方式择优选择具有投资、运营管理能力的社会资本,双方按照平等协商原则订立合同,明确责权利关系,由社会资本提供公共服务,政府依据公共服务绩效评价结果向社会资本支付相应对价,保证社会资本获得合理收益。①

从理论上来说,公私合作首先需要明确以下问题。

第一,合作方,包括合作的发起者、参与者、消费者。一般来说,公私合作中的"公"(Public)是指公共部门,"私"(Private)是指除公共部门以外的一切主体,包括营利性企业、公民个人等。也就是说,公共部门与私人部门是公私合作的主体。其中,公共部门一般是合作的发起者,在此处特指从事公共物品生产与供给活动的公共主体。从狭义上来讲,主要包括在政府公用事业管理部门指导与监督下、由行政部门创办的国有企业。在我国特定的组织机构设置下,公共事业管理部门与财政部门、税收部门等其他行政部门共同对公共物品供给决策发挥影响和制约作用,因此广义上的"Public"将所有的公共部门包括在内。在大量关于公私合作动机的研究中,一般认为政府面临的沉重负担、资金约束、管理约束、债务约束等成为公私合作模式得以广泛推广应用的主要因素。而私人部门则在公共部门的邀约和引导下,对预期的成本与收益进行全面衡量,再做出是否加入合作秩序的决策。此外,消费者也成为公私合作框架的主体之一。公私合作的领域一般都涉及社会的公共利益,而作为公共利益的直接分享者,消费者一方面对公私合作的效率有直观的评价,另一方面也能够以自身的特征参与到公共利益的创造过程中。

第二,合作的目标。对公私合作需求迫切的领域主要是公共基础设施的建设。公共基础设施领域的公私合作,以增加公共基础设

---

① 财政部、国家发改委、中国人民银行联合发布的《关于在公共服务领域推广政府和社会资本合作模式的指导意见》(2015年5月)。

施供给数量和质量、改进供给效率、降低供给成本为基本目标，以增加社会福利和公共利益为核心目标。具体来说，一个合作框架的建立，首先以实现合作共同体的共同目标为核心（公共利益），在此基础上，实现各个合作主体的独立目标（私人利益）。在"1+1>2"（1+n>1+n）的合作框架中，以有限的资源发挥最大的作用，实现">2"是核心目标，在这一核心目标得以实现的前提下，对"2"这一共同收益进行分解，才是各个合作主体的独立目标。

第三，合作成本的分担。任何领域的合作，都有助于充分发挥各参与主体的比较优势，进而降低交易成本的基本内涵。公共部门以公共政策、公共财政等为合作的成本，这也正是公共部门的优势所在。私人部门以资金、信息、技术、管理等为合作的成本，这也正是私人部门的优势所在。"扬长避短"的同时"取长补短"，是合作得以进行的前提。此外，公私合作各方除了要承担各自的独立成本以外，还要承担合作后的共同成本，即合作风险与不合作风险。其中，合作风险主要指金融风险、政治风险、绩效风险、收益风险、市场风险等；而不合作风险主要指承担合作方的违约风险。

第四，合作收益的分享。共建要求共享，公私合作是公共收益与私人收益的实现载体，是建立在风险共担基础上的收益分享。在合作各方对合作成本共同分担的基础上，以各方对总体收益的贡献度为依据，对总体收益进行分配。对共同创造的收益的分享是合作得以持续的根本。在公私合作的模式下，可以分享的收益构成主要包括由社会公众分享的公共收益、由合作共同体创造的共同收益、各合作主体的独立收益，对收益的分享是合作共赢的基础。正是公私合作伙伴机制的收益分享机制，使其成为解决城镇化过程中基础设施、公用事业、公共服务资金难题的有效途径，进而实现政府、企业、公众的共赢，缓解公共财政支出压力，拓宽了企业的发展空间，提高企业收益率，增加公共产品供给效率，实现社会总体层面的帕累托改进。

总体来说，在当前国际形势复杂多变、国内经济步入新常态的背景下，以"十三五"规划提出的共建共享为准则，在城市公共基础设施建设领域，全面引入公私合作模式，是推进健康、高效、可持续的新型城镇化的有效途径。

第三章

城中村公共物品的基本概念与逻辑分析

公共物品是影响社会福利水平的主要因素。而作为维持人类最低生活的基本条件，生活性公共基础设施是公共物品的基本组成部分，是住房的最低构成条件，是制约城中村常住人口的居住质量、进而影响社会福利水平的基本要素。

在我国城镇化的进程中，城中村常住人口的主体是农业转移人口，这一群体是现阶段提高城镇化质量的重要对象，因此能否充分、均等地消费和使用生活性公共基础设施，是影响这一群体生活方式由农村型向城市型变迁的基本原因，也影响社会福利水平的高低。本章将对"城中村""生活性公共基础设施"等关键概念进行深入解析，同时对城中村的空间特征和生活性公共基础设施的稀缺性进行逻辑分析，并以此为基础和前提，展开本书后续的研究内容。

第一节 城中村：产生、人口构成与低成本住房

城中村聚居了大量的农业转移人口，其中既包括本地农村户籍

人口，也包括迁移来的农村户籍人口，但是城中村面临着生产资源和生活资源等各类资源稀缺的基本困境。作为市场配置结果的生产资源的稀缺与作为政府配置结果的生活资源的稀缺，是城中村的常态。而随着城镇化的推进，市场配置结果不断优化，常住人口数量较多的城中村的商品经济得到了快速的发展，但是政府对生活资源的配置并未得到有效合理的优化，公共物品供给不足的趋势随着常住人口数量增加而不断加剧。以生活性公共基础设施为代表的公共物品在城市不同区域的配置差异，使不同区位的居民在公共物品的获得机会以及获得数量方面存有差异。

一 城中村的产生

根据日本地理学家山鹿城次的研究，城市化的过程伴随着地域的变换，即从具有离心趋向的城市平面膨胀到具有反离心趋势的城市立体增高。以此思路进行分析，在20世纪90年代以前，我国并没有真正意义上的城中村，也就是说并未形成城与村之间"你中有我、我中有你"的交互状态，隔绝式、分立式发展一直是城市与农村关系的常态。20世纪90年代以后，随着城市化的推进，城市水平方向的膨胀过程加快，我国的农村村落数量急剧减少，从1995年的740150个到2014年的585451个，减少了154699个。与此同时，城市扩张进程不断加快，尤其是在1978年以后，城镇化得到了恢复和快速的发展，城市的边界向外延伸的速度显著加快。在20世纪90年代中后期，随着中国城市边界蔓延和郊区化进程不断加速，在城乡二元的土地制度下，城市边缘区的农村土地被大量征用，划入城市范围，边缘区原有农村聚落（主要是大面积耕地）为城建用地所包围或纳入城建用地范围。在这一过程中，土地城镇化的速度远大于人口城镇化的速度。从2004年到2014年，城市建设用地面积由30781.28平方公里增加到49982.74平方公里，增加了

10842.28平方公里，增长了62.38%，而同期城市人口增长了38%。城市建设用地增长弹性系数达到1.64，已经高于国际公认的标准即1.12。这表明虽然有更多的农村区域被纳入城市范围，但是庞大的农业转移人口群体还没有实现真正意义上的城镇化。与此同时，城市面积的扩大却是建立在将农村居民点以外的农村区域（主要是耕地）纳入城市边界的基础上，也就是对于农村居民点的对策，征用补偿的经济成本高低成为决定性因素。在这一过程中，往往基于成本考虑，这些居民点（宅基地）被绕开，即只征地、不征房，农村居民点以一种孤独的姿态立于城市边界以内，成为"城市中的农村"。[1]

表3—1　　　城市扩张基本情况（2008—2014年）　　　单位：km²

	2014	2013	2012	2011	2010	2009	2008
城区面积	184098.59	183416.05	183039.42	183618.02	178691.73	175463.61	178110.28
建成区面积	49772.63	47855.28	45565.76	43603.23	40058.01	38107.26	36295.30
城市建设用地面积	49982.74	47108.50	45750.67	41860.6	39758.42	38726.92	39140.46
征用土地面积	1475.88	1831.57	2161.48	1841.72	1641.57	1504.69	1344.58

可以说，城中村就是城市用地由外部不断地对农村聚落进行包围的结果，[2] 而城市生活性公共基础设施建设体系的排斥导致城中村的"农村特征"愈加不合时宜。尽管中国的城中村与国际通用含义上的贫民窟特征有很多类似的部分，但是城中村的产生和贫民窟的产生存在着明显的差异。"拥挤的地区"是贫民窟的初始含义，

---

[1] 魏立华、闫小培：《中国经济发达地区城市非正式移民聚居区——城中村的形成与演进——以珠江三角洲诸城市为例》，《管理世界》2005年第8期。

[2] 黎云、陈洋、李郇：《封闭与开放：城中村空间解析——以广州市车陂村为例》，《城市问题》2007年第7期。

大量移民进入城市以实现就业进而获得收入的目标，也因此造成住房供给难以满足需求，于是大量低质量、高密度的住房由投机商人快速建成，此外土地所有者也将已有住房按照房间（而不是单元）分租出去，以获得高额租金。而在此过程中，城市服务并不会有所扩展，同量的设施被越来越多的人共同使用，而原来居民逐渐搬离。随着人均使用量日益降低，贫民窟逐渐形成。[1] 时至今日，贫民窟问题始终是包括联合国人居署、世界银行等世界性组织的关注焦点，以贫民窟为代表的城市贫困、基础服务不足等城市发展问题仍然严重制约世界经济、社会发展。

在中国，几乎所有的城市都存在规模不等的城中村。尽管不同视角、不同学科对城中村的界定各有不同，但是从非户籍常住人口的角度来看，城中村显然是低生活成本空间，并且以一个区别于城市正规低成本住宅区域居住条件的概念而存在。而从城中村户籍人口的角度来看，城中村的房屋是一种获得稳定收入（房租）的途径。从这个角度来说，城中村得以存续的关键在于城中村房屋供给者与房屋需求者之间利益的一致性，而导致这一现状的根本原因正是城市政府与城中村的反复博弈，双方博弈的筹码则是由农村迁移至城市的低收入人口（见图3—1）。在第一轮博弈中，城中村得以产生，并以城中村户籍人口利益受损为博弈结果，由此推进新一轮博弈的进行；在第二轮博弈中，为改变利益受损的现状，城中村户籍人口以农业转移人口对低成本住房的需求为利益改进途径，对住房进行扩建与分租，最大限度地获取租金收益。针对这一问题，地方政府受财力限制难以承担城中村改造的成本，小产权房、低成本私建数量激增，政府治理难度进一步增加，推动双方间的继续博弈。而农业转移人口的居住环境进一步恶化；在第三轮博弈中，地

---

[1] 联合国人居署编著：《贫民窟的挑战——全球人类住区报告2003》，于静等译，中国建筑工业出版社2006年版，第77—79页。

方政府通过土地出让的方式引入开发商,由其向城中村户籍人口支付拆迁安置成本,并获得商业盈利机会。在这一轮博弈中,地方政府、开发商、城中村户籍人口都获得了利益的改进。而居住在其中的农业转移人口难以承担改造后的高住房成本,只能重新在未改造的城中村寻求落脚之地。而未改造的城中村将与地方政府开启新的博弈循环。

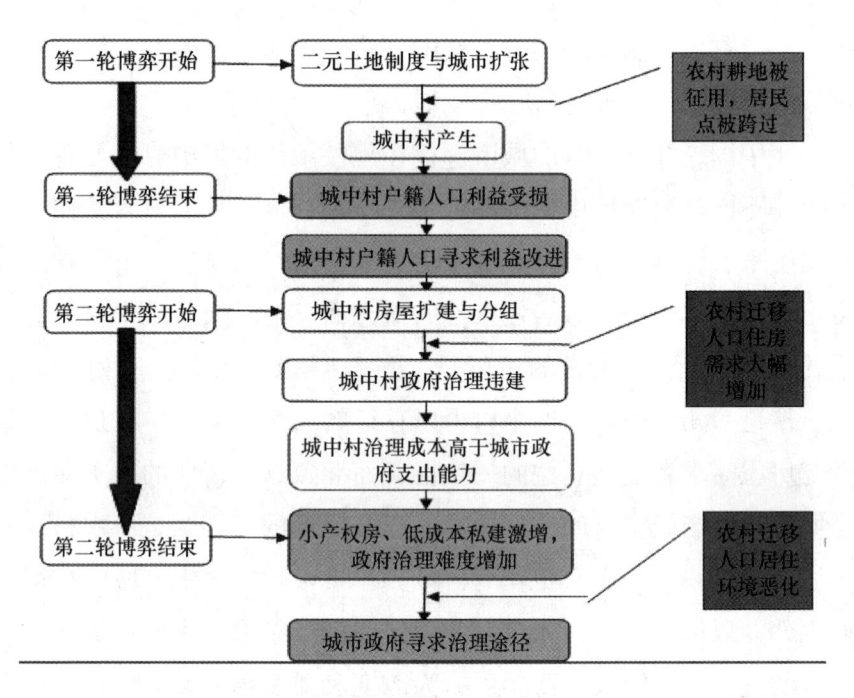

图3—1 城中村与地方政府博弈图

二 城中村的人口构成

总体来说,城中村常住人口可以分为户籍人口和非户籍人口两大类别[1],其中非户籍人口以农村迁移至城市的人口即农业转移人

---

[1] 城中村非户籍人口范畴中,除了由农村迁移至城市的人口以外,还包括应届毕业生等群体。生活性公共基础设施供给不足的负面影响涉及每一个城中村常住人口,本文重点考虑农业转移人口。

口为主。

（一）城中村户籍人口

城中村户籍人口是没有发生地理位置的转移但被纳入城市建成区的农村人口[①]，既有获得合理土地征占转让收益的需求，也存在居住条件改善、生活水平提高的需求。[②] 在城镇化进程中越来越多的城中村被纳入城市建成区范围内，大多数具有本地户籍的城中村人口在改建、改造过程中已经通过自建房、返迁房等方式拥有了属于自己的住房，相对于农村迁移至此的人口来说，这一群体有着另一层身份，即房东。受土地政策和城镇化政策的双重影响，城中村的特殊性体现在房屋上，原有村民大量加盖房屋，以获取房租，是城镇化级差地租的直接获益者。大部分城中村户籍人口将非户籍人口视作外来者，有着心理上的优越地位与优越感，相比较而言，这一群体面临的生活性公共基础设施处境要优于租住在城中村的非户籍人口，但是生活性公共基础设施的总量不足也同样显著地降低了城中村户籍人口的收益。

（二）城中村非户籍人口

城中村常住人口除了户籍人口以外，则是数倍甚至数十倍于户籍人口的非户籍人口，其中又以进城务工的农业转移人口为主，对这一群体的称谓有农民工、流动人口、进城务工人员等，主要是从劳动者的视角出发的，实际上，除了劳动年龄人口，越来越多的劳动年龄农村人口呈现出与子女共同迁移的方式，而老年农村人口迁移的较少。[③] 也就是说，由农村迁移至城市的人口主要由劳动年龄

[①] 即使有部分城中村的户籍人口实现了由农村户籍向城市户籍的转变，但是大多还停留在"种田无地、上班无岗"的状态。

[②] 任宗哲：《关于新型城镇化的几点思考：深化经济体制改革，实现城乡一体化发展——陕西省社会科学界第六届学术年会经济分会场论文集》，2012年。

[③] 根据国家统计局发布的全国农民工监测报告，举家外出的农民工数量逐渐增加，2010至2014年分别为3071万人、3279万人、3375万人、3525万人、3578万人。

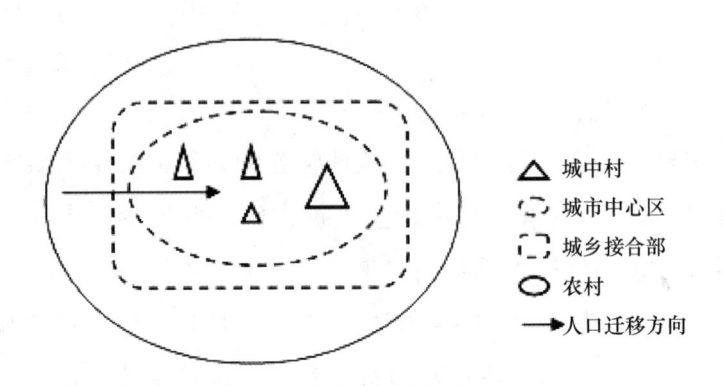

△ 城中村
⃝ 城市中心区
□ 城乡接合部
○ 农村
→ 人口迁移方向

图 3—2　城镇化进程中的区域划分特征

人口和学龄期人口构成。需要注意的是，农村劳动年龄人口并不是如同城市人口按照实际年龄进行划分，以确定是否进入退休时期，相反，而是以是否具有劳动能力来确定的。进一步地，劳动年龄人口内部可以根据年龄划分为 16—20 岁人口、21—30 岁人口、31—40 岁人口、41—50 岁人口、50 岁以上人口，2014 年分别占总量的 3.5%、30.2%、22.8%、26.4%、17.1%。[①]

以家庭为单位迁移至城市的人口，存在对独立居住空间的需求，因此主要居住在城中村等居住成本较低且能够单独居住的区域，而以个体为单位迁移至城市的人口主要以居住成本为决策依据，除了城中村以外，在城市中心区的住宅小区以群居方式分担成本也是一种选择。但是，在较长的一段时间内，城中村由于房租低于中心城区，大量从农村转移出来的人口仍将流向这一区域，这既是个体理性选择的结果，也是这一区域充当"落脚城市"功能的客观表现。

三　城中村住房与低成本住房

低成本居住区是城市化进程中的一个必然存在。在中国，承担农业转移人口城市落脚地功能的重要区域是城中村。无论是户籍人口还是

[①] 数据来源于《2014 年全国农民工监测报告》。

非户籍人口，这种低成本区域的重要作用都不可替代。从根本意义上来说，城市是人的产物。在拉力与推力共同作用的城市化进程中，传统管理制度的松动，为收入水平较低、生活方式较为落后的农村人口提供了通过转移至城市的第二、第三产业，以提高收入水平的可能。而迁移至城市以后，受到消费能力和消费观念的限制（关键是消费能力），农业转移人口一般将低成本生活区作为安身立命之所，这符合以成本收益最大化为决策前提的理性人假设。但是，作为城市边界以内、城市公共物品供给不足的区域，城中村生活性公共基础设施的稀缺现状与其实际发挥的"低成本居住区"功能不相符合。

（一）低成本住房的基本特征：可支付、适足

从理论上来说，低成本住房包括两个基本含义，一是可支付，二是适足。对于低收入人口来说，具有可支付性的住房同时要具有适足性，才能维持基本生活。

从可支付角度来说，对于低成本住房的需求者来说，是否可支付是个体决策的依据。可支付衡量的是低收入群体对于住房租金的承担能力，以满足低收入群体住房需求为目标的城市可支付住房的供给，对于缩小贫困差距、降低收入不平等程度有着关键的意义。从适足角度来说：适足性衡量的是低成本住房的居住条件，具有适足性的低成本住房能够满足人维持基本生活条件的需求，适足性较差的低成本住房往往会恶化居住者的生活处境。对于低成本住房的需求者来说，是否适足是由可支付住房所配置的生活性公共基础设施决定的，通常取决于公共决策。原因在于生活性公共基础设施的空间配置决策，往往是由公共部门决定的，尤其是在低成本居住区，如果公共部门的投资引导和政策支持不足，私人部门的投资意愿往往较低。因此，公共部门对于低成本居住区的生活性公共基础设施的配置结果，往往直观地反映出低收入群体的福利在社会总体福利函数中所占的权重。

从根本上来说，住房的适足程度同样影响可支付能力。配置生活性公共基础设施的适足住房，将会降低居住者的居住成本，从而产生收入效应；而生活性公共基础设施稀缺的、非适足住房，将会增加居住者的居住成本，从而进一步减少低收入群体的可支配收入。

（二）城中村住房特征一：可支付

自农村进城的农业转移人口，构成了城中村住房的主要需求者，或者说是城市低成本住房的主要需求者。当前收支水平和未来的收支预期限制了这一群体对居住地点的选择。有人指出，尽管中国并没有完善的公共低成本住房体系，但是之所以没有出现类似贫民窟的城市边缘区域，原因就在于农业转移人口主要都居住在城中村。[①] 从中国长期二元分立、人口市民化进程缓慢的现状来看，对于农业转移人口来说，居住地的决策依据一般以两个层面加以衡量，即居住成本和选择可行性。在中国当前的城乡二元制度下，以低成本为特征的城中村住房难以在公共领域找到有效且合理的替代品，城市保障性住房对户籍的规定限制了农业转移人口的选择可行性。同时，农业转移人口收入水平是影响居住成本支付能力的关键。

表 3—2　　　　　　　农业转移人口居住选择域

	高成本支出	低成本支出	
		选择可行性高	选择可行性低
私人领域	自购商品房、中高档社区租房	城中村、城乡接合部等城市边缘区住房	
公共领域			保障性住房[②]

[①] Wang Y P, Wang Y, Wu J., 2010, "Housing migrant workers in rapidly urbanizing regions: a study of the Chinese model in Shenzhen", *Housing Studies* 1, pp. 83 – 100.

[②] 实际上，作为公共物品供给的保障性住房选址大多比较偏远，同样存在生活性公共基础设施不足的问题。自 2011 年以来，国内各地陆续推出的保障性住房由于所处地段区位不佳、租金较高和准入门槛过严等因素，已部分出现弃购、弃租和闲置等现象。

具体来说,第一,从成本支出项来看。由房价和收入所决定的住房可支付能力,是影响农业转移人口选择城市商品房租购的关键因素。自购性商品房是农业转移人口高成本支出的居住选项。受住房需求增加、住房建设成本增加等多方因素的影响,城市商品性住房的价格不断高涨。从国外经验看,合理的房价一般应是房屋开发的全部成本加上5%—10%的开发利润。但是,目前中国房地产开发的利润大都远远超过这个水平。[①]

正如联合国人居署报告所言,在世界上的所有国家中,住房都正在逐渐成为一种越来越贵的商品,个人或者家庭需要为此承担的成本支出不断增加。1997年至2004年,西班牙的住房平均价格上升了131个百分点,英国147个百分点,爱尔兰179个百分点,澳大利亚113个百分点,法国90个百分点,美国65个百分点。[②] 在此基础上,城市中心区域或者中高档社区房屋租金也以较快的速度增长。此外,房价收入比也明显地反映出城市住房对于农村迁移人口的"高成本"特征,根据表3—3和图3—3显示,对于农村迁移人口来说,房价收入比始终居高不下。而这一比例在西方发达国家约为2∶1—7∶1。

因此,在级差地租和比较收益规律的作用下,私人领域即城中村、城乡接合部等区域,以及公共领域即城市供给的保障性住房,构成了农业转移人口的居住选择域。换言之,城中村的重要功能正是提供低成本的住房。从中国城市人口空间分布的实际情况来看,转移到城市的农业人口通常选择租金相对较低、由城郊农民在宅基地上修建的经营性住房,即通常所说的城中村住房。但是,需要指出的是,在大规模的城中村改造运动中,几乎所有改造后的城中村

---

① 张道航:《提升中低收入人群住房消费能力——路径探索与国外经验借鉴》,《岭南学刊》2010年第1期。

② 联合国人类住区规划署编著:《全球人类住区报告2005:为城市低收入人群的住房筹措资金》,住建部计划财务与外事司组织编译,中国建筑工业出版社2005年版。

表3—3　　农村居民收入与城市房价对比

年份	农村居民家庭平均每人纯收入（元）	乡村地区平均家庭户规模（人）①	每户农村家庭年总收入（元）	城市人均住房面积（m²）②	单位面积住宅平均销售价格（元）	城市每户住房总价（元）	房价收入比③
2012	7916.6	3.19	25253.95	32.9	5429.93	562730.80	22.28
2011	6977.3	3.20	22327.36	32.6	4993.17	520887.50	23.33
2010	5919.0	3.34	19769.46	31.6	4725.00	498695.4	25.23
2009	5153.2	3.29	16954.03	30	4459.00	440103.3	25.96
2008	4760.6	3.36	15995.62	28.3	3576.00	340034.69	21.26
2007	4140.4	3.29	13521.92	28	3645.18	335793.98	24.83
2006	3587.0	3.29	11801.23	27.1	3119.25	287109.21	23.57
2005	3254.9	3.27	10643.52	26.1	2936.96	250660.73	23.55

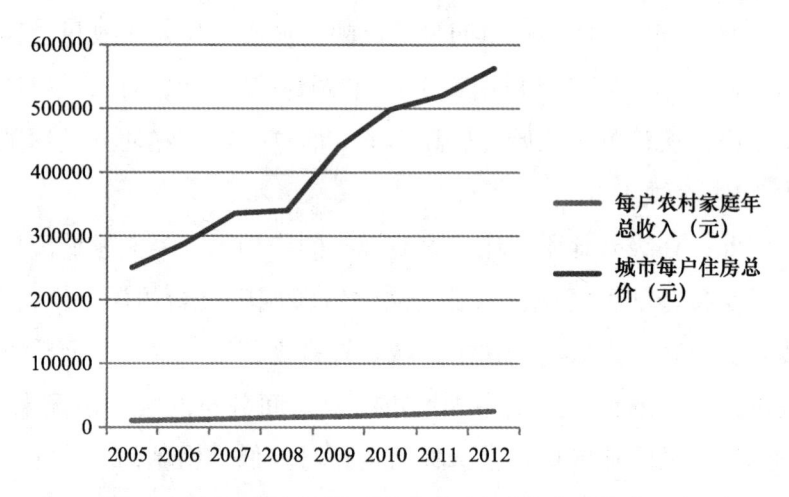

图3—3　每户农村家庭年收入与城市每户住房总价对比图

---

① 数据来源于《中国人口和就业统计年鉴》。
② 数据来源于《中国城市年鉴》。
③ 房价收入比的计算：房价收入比＝每户住房总价÷每户家庭年总收入。其中，每户住房总价＝人均住房面积×每户家庭平均人口数×单位面积住宅平均销售价格；每户家庭年总收入＝每户家庭平均人口数×家庭人均全部年收入。

都变成了商品房小区和商业开发区，基本上丧失了"低房租"的特征。第二，从不同选项的可替代性来看。具有低成本支出特征的居住选择域，并不必然会成为农业转移人口的实际居住选择。在公共领域，城市保障性住房的户籍规定使其难以在农业转移人口低成本居住选择域中具有替代性，也就是说，对于农业转移人口来说，城市保障性住房不能成为城中村住房的替代品。政府用于低价住宅的公共投资极其有限，这与政府所应发挥的作用并不匹配。从表3—4来看，以2014年为例，根据国家统计局的数据，当年租房居住的人口数量在1亿人以上，是农业转移人口总数的36.9%，而当年各类保障性安居住房建成数量仅为511万套，按照农村家庭平均规模为3.56人计算①，保障性住房仅能容纳1819万人，也就是说，申请低价住房者远远超过了所能提供的低价住房数量。即使保障性住房申请政策完全对农业转移人口放开，不考虑户籍的限制因素，也仅有18%。

表3—4　　　农业转移人口租赁住房比例以及保障性住房数量

年份	农业转移人口数量（万人）	举家迁移比例（%）	增速（%）	租房居住比例及数量（%/万人）②	各类保障性安居工程住房建成数量（万套）	保障性安居住房容纳人口数量（万人）③
2015	27747		1.3	37	772	
2014	27395	21.27	1.9	36.9/10108	511	1819
2013	26894	21.22	2.4	36.7/9870	544	1713
2012	26261	20.66	3.9	33.2/8718	601	1917
2011	25278	20.67	4.4	33.6/8493	432	1382
2010	24223	20.03	5.4	34/8235	370	1235
2009	14533	20.41	3.5	34.6/5028		

① 数据来源：原国家卫计委发布的《中国家庭发展报告（2015年）》。
② 独立租赁比例加合租比例。
③ 由"农村地区家庭户规模乘以各类保障性安居工程住房建成数量"计算得出。

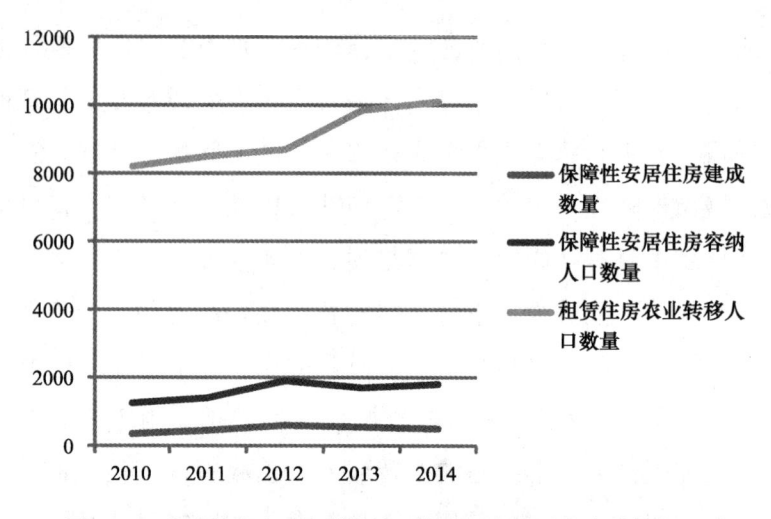

图3—4　农业转移人口租赁住房比例以及保障性住房总体情况

在公共领域低成本住房严重不足的客观背景下，私人领域的低成本住房（即城中村住房），私营市场上的低价住房必然受到农业转移人口的青睐，在农业转移人口低成本居住选择域中就具有明显的唯一性，并且将呈现稳定的刚性需求。通过对中国目前农业转移人口居住现状的考察，这一群体大多居住在农村社区或城中村，居住边缘化趋势非常显著。深圳市几乎一半以上的外来人口住在城中村；在上海和重庆，50%以上的农业转移人口租住在"城中村"和城乡接合部的住房；在湖南，70%以上居住在城乡接合部和郊区的住房；在北京，农业转移人口居住近郊和远郊区住房的比例分别为61.9%和28.8%。[①] 根据清华大学郑思齐等针对北京城中村的调查，农民工在城中村居民中所占比重约为85%。尽管城中村已经成为农业转移人口等低收入群体的主要居住选择，但是随着城市更新改造进程的加快，城市可支付的低成本住房的数量减少，这一群体正逐渐成为城中村改造的最大利益受损群体。闫小培等指出，"城

[①] 方蔚琼：《我国农民工城镇住房保障研究》，博士学位论文，福建师范大学，2015年。

中村"已经成为当前解决外来人口居住问题的重要支撑，因此，无论采取哪种改造或者更新模式，保留出租屋市场，既满足村民收益，又满足农业转移人口居住需求，并尽可能为其提供舒适、廉价的住房是城中村"拆迁"前必须解决的问题。[①]

表 3—5　　　　农民工收入、城市各项消费价格指数情况

年份	农民工人均月收入及其增长率（元/%）	城镇就业人员月均工资及其增长率（元/%）	住房租金类居民消费价格指数（城市）	食品类居民消费价格指数（城市）	市区公共交通类消费价格指数（城市）
2014	2864/9.8	4697/9.5	103.2	103.3	101.1
2013	2609/13.9	4290/10.1	104.0	104.6	100.6
2012	2290/11.8	3897/11.9	102.7	105.1	101.2
2011	2049/21.2	3483/14.4	105.4	111.6	101.2
2010	1690/19.3	3045/13.3	105	107.1	100.3
2009	1417/5.7	2687/11.6	101.6	101.0	100.4
2008	1340	2408	103.5	114.5	99.8

（三）城中村住房特征二：非适足

低成本住房是配置生活性公共基础设施的低成本住房。城中村虽然是低房屋租金的区域，容纳了数量庞大的农业转移人口，但是却并没有合理配置生活性公共基础设施，导致适足性差，并不是真正意义上的低成本居住区。

级差房租是由房屋之间提供的生活质量的差别决定的，基本的影响因素是房屋所处的空间位置、生活性公共基础设施的供给程度。分别来看，越是生活性公共基础设施不足的房屋，租金越低。在整个城市中，从生活性公共基础设施不完善到完善，形成了生活

[①] 闫小培、魏立华、周锐波：《快速城市化地区城乡关系协调研究——以广州市城中村改造为例》，《规划研究》2004 年第 3 期。

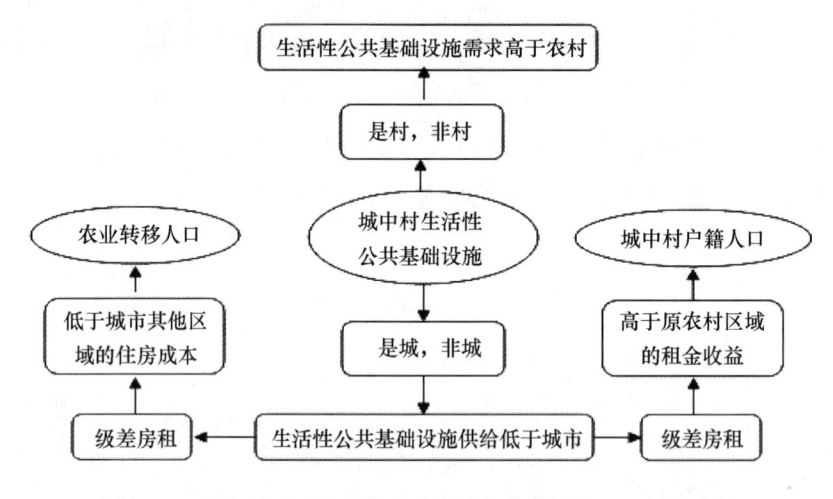

图3—5 城中村生活性公共基础设施与农业转移人口居住选择

质量由低到高的级差，这也是房租由低到高的级差；处于城市中心区域的房屋租金大于处于城中村的房屋租金。在整个城市中，房屋所处的空间位置到城市中心区的距离由远到近，形成了房租由低到高的级差。但是将这两个因素组合在一起，并不必然导致一致的结果。

表3—6总结了4种不同的组合情况所导致的级差房租的特征。第一类和第二类级差房租影响因素的组合结果表明，房屋的空间位置所起的决定性作用正在逐步降低。受生活性公共基础设施完善程度的影响，城市中心区的房租并不必然呈现出高房租的特征，而城市的边缘区域也不必然呈现出低房租的特征。而第三类和第四类的级差房租影响因素的组合结果表明，生活性公共基础设施完善的区域的房租高于生活性公共基础设施不完善的区域的房租，而不受房屋所处的空间位置的影响。这反映出，一方面，随着城市病的加剧，城市中心区域的房屋相比于过去舒适度与便捷度明显下降，越来越多的中高收入群体倾向于居住在环境优良、生活便捷的城市空间中的边缘区域。另一方面，即使处于城市的中心区域，但是生活性公共基础设施供给不足的房屋的租金仍然较低，也就是说生活环

境与生活条件正在逐渐取代空间位置对于房屋租金的决定作用,越来越多的环境良好、设施齐全、远离闹市区的房屋受到中高收入群体的偏好。这也就说明,生活性公共基础设施不足导致的低成本,成为包括农业转移人口在内的低收入群体选择城中村作为落脚地的关键原因。

表3—6　　　　　　　　城市的级差房租差异

第一类级差房租	房租特征		第二类级差房租	房租特征	
	高房租	低房租		高房租	低房租
空间位置	中心区	中心区	空间位置	边缘区	边缘区
生活性公共基础设施完善程度	完善	不完善	生活性公共基础完善程度	完善	不完善
第三类级差房租	房租特征		第四类级差房租	房租特征	
	高房租	低房租		低房租	低房租
生活性公共基础设施完善程度	完善	不完善	生活性公共基础设施完善程度	不完善	不完善
空间位置	中心区	边缘区	空间位置	中心区	边缘区

对于低收入人口来说,可支付的住房适足度较低,如城中村,正是生活性公共基础设施的匮乏降低了适足程度;而适足的住房不可支付,如一般的居住小区,租赁价格与购买价格是相对于收入水平而言的,对于低收入的群体来说,城市的高房价、正规社区房屋的高租金降低了可支付性。而且农业转移人口属于人群划分中的边缘群体,长期处于农村生活性公共基础设施匮乏的总体环境中,既缺乏表达生活性公共基础设施需求的渠道,同时也缺少表达生活性公共基础设施需求的权利。总体来看,可负担的、正规的住房数量不足,成为农业转移人口选择城中村这一非正式居住点以满足其住

房需求的根本原因。

四 本书关于城中村的前提和假设条件

第一，城中村实际承担低成本居住区功能。城中村在为农业转移人口提供低成本住房方面发挥了重要的作用，尤其在公共领域低成本住房供给总量严重不足的背景下，这一功能尤为重要。作为低成本居住区，对于农业转移人口的居住选择来说，城中村有着独特的优势。这种优势一方面表现在，城中村大多地处城市腹地，或者说，紧邻城市的核心发展区，生活便利程度较高，在这一区位优势下，与城市核心区的高居住成本相比，城中村低成本的比较优势尤为突出。这也正是导致城中村人口密度较高的关键原因。另一方面表现在，城中村虽然地处城市腹地，但是在行政管理、生活方式等方面与农村地区之间的差距明显小于城市核心区与农村地区之间的差距，这从客观层面上和主观层面上降低了农业转移人口融入城市经济、社会、文化的难度。因此，城中村问题并不是一个相对独立的村组改造问题，而是与我国城镇化进程密切相关、与人口城镇化实现程度紧密联系的全局性问题。

第二，城中村是"城市"俱乐部的成员。俱乐部物品对于其成员来说具有非竞争性和非排他性，可以有效地实现对非俱乐部成员的排他，但是对其成员的消费则不具有竞争性。[1] 问题的关键在于将谁视作俱乐部成员？这就决定了生活性公共基础设施对哪些群体具有非排他性，将哪些群体排除在外。失去耕地的城中村，俨然不再是传统意义上的农村社区，尤其是在承担城市低成本居住区功能以后，城中村及其常住人口作为"城市"这一俱乐部成员的身份，是一种既定的事实。也就是说，城市生活性公共基础设施对于包括

---

[1] 雷晓康：《公共物品提供模式的理论分析》，博士学位论文，西北大学，2003 年。

城中村在内的所有城市区域都应具有非排他性和非竞争性。

第三，本书所描述的城中村特指未拆迁、改造以前的城中村。实际上，改造以后的城中村在配置生活性公共基础设施使其具备"适足"特性的同时，降低了"可支付性"，已经不属于本书对城中村功能即"低成本居住区"的范畴。

第四，本书对城中村的分析，主要指那些具备更新条件的城中村，即对其生活性公共基础设施的改造从技术上是可行的。

第二节　城中村的边缘性与公共物品的稀缺性

如前所述，"城中村"正是"中心与边缘"的概念，即"城中的村"。其中，"城"为"中心"，"村"为边缘。从本书的研究视角来看，与中心的"城"相比，边缘的"村"是"城中村"概念的核心，呈现出的经济学特征是以生活性公共基础设施相对稀缺为基本表现的公共物品相对稀缺。

一　基本概念：边缘与稀缺

对于任何一种作为整体而存在的事物来说，都存在两类基本的组成部分，即中心和边缘。"边缘"在汉语中的基本意义是"临界""沿边"，表示物体周围的部分。蕴含着两个基本的内容：一是"边缘"隶属于物体本身，即"边缘"是"整体"的一部分。二是"边缘"是在整个物体的范围中，距离中心最远的区域。边缘区的概念在区域经济的研究中应用较多。从以上两个角度来看，"边缘"是一个与"中心（或者核心）"共同存在的词汇。

同时，对于"边缘"的内涵还可以有不同学科、不同视角的解读。从空间地理学的角度来看，边缘是指地处外围、远离中心；从社会学的角度来说，边缘代表着弱势与被排斥；从经济学的角度来说，边缘往往表明资源的相对稀缺；从政治学的角度来说，边缘与权利的缺失相关。在此基础上形成的"城市边缘区"的概念也反映出类似的含义。最初对城市边缘进行解释的视角是地理学视角。1936年，德国地理学家赫伯特·路易最早提出城市边缘区（Stadtrandzonen）概念。① 在此基础上，普里奥进一步从经济学的意义出发提出了农村—城市边缘带的概念，用以表示城市区域增长边缘上的复杂的过渡地带。

中国学术研究语义中所讲的城市边缘区，通常是指在整个城市空间范围以内、处于边缘位置的特定空间。但是，随着城市化进程的加快，城市水平方向的扩张逐渐增加，随着交通工具与公路建设的发展，空间位置上的"边缘"含义逐渐淡化，而经济学视角的"边缘"含义凸显。基于此，本书从公共经济学的视角以及本书的研究对象出发，认为城市边缘区是城市边界以内，公共物品相对稀缺的区域，并首先表现为生活性公共基础设施的不足。空间位置上的城市边缘，并不必然是生活性公共基础设施稀缺的区域；但是生活性公共基础设施不足的区域，往往处于城市生活性公共基础设施供给半径以外，因此，无论空间位置处于何处，都应该称之为城市的边缘区域。实际上，最早的城市边缘区一般都是与"不卫生""不舒服"联系在一起的。由作为公共物品的生活性公共基础设施的稀缺导致的经济上的"边缘化"，成为边缘区域居住人口社会意义上的"边缘化"的基本原因。

二 城市边缘区的基本特征

总体来说，城市边缘区存在以下几个基本特征。

---

① 张建明、许学强：《城乡边缘带研究的回顾与展望》，《人文地理》1997年第3期。

一是相对性与动态性。城市边缘区并不是一个绝对的概念，要素在边缘区和中心区的自由流动，既推动了城市社会的现代化进程，也进一步推动了的中心化过程。城市边缘区的前身是农村地区，目标是逐步成为城市的核心区域。关键在于，这一区域生活性公共基础设施的边缘化过程漫长或者短暂，这取决于影响政策制定者供给决策的城镇化发展逻辑。如果城镇化的发展逻辑是将农业转移人口（前身是农村人口，目标是逐步成为真正的城市人口）生活方式的城市变迁作为基本的内容和目标，则会形成较高的生活性公共基础设施供给意愿。如果城镇化的发展逻辑仍然是以城市人口的福利为优先考虑，在有限的财政支出总量下，则对于农业转移人口聚居的城市边缘区域的公共供给意愿难以有效提高。

地理或者空间位置上的城市边缘区域一般都会随着城镇化的推进、城市边界的扩大而变化，是一个动态的概念。而从经济学角度定义的城市边缘区域，虽然同样是动态的概念，但是与前者有着明显的不同。这种差异首先表现在，前者会随着时间的推移或者随着规划范围的扩大而不断向外延伸，而后者的动态结果则主要表现为"延续"或者"消失"。这主要表现在国内各大城市的拆迁运动。

二是差异性，表现为外部的差异性和内部的差异性。差异是一种普遍的存在。外部差异性主要表现为，在城市的不同的边缘区域，也体现出不同的生活性公共基础设施差异。一般来说，作为城市经济增长点或者潜在的经济增长点的城市边缘区，其生活性公共基础设施的供给会优于其他边缘区域，并以纳入城市规划的方式为体现出来。此外，外部差异性还以其与城市中心区域的差异呈现。通常来说，城市中心区域的生活性公共基础设施供给量都会明显多于城市边缘区域，有着更为整洁的卫生环境、更加通达的公共交通网络、更加优越的居住条件。

内部差异性主要表现为，在以生活性公共基础设施稀缺为特征的城市边缘区内部,以城市边缘群体身份租住的农业转移人口与以被征地农民身份居住的户籍人口相比,显然,两个群体在分享稀缺的生活性公共基础设施过程中,还会存在更深层次的差异。

三 城市边缘区的形成机制

一般来说,城市边缘区的形成可以分为四种类型:

第一种是由城市要素自中心区域向外扩散形成的边缘区域,是由内向外的边缘化过程,由生产性要素与生活性要素扩散共同主导,是城市发起的主动边缘化行动。公共部门以城市规划和公共政策等途径引导城市中心区域的各类要素向边缘区域集聚,随着城市人口增加而产生的拥挤、环境污染等问题降低了城市中心区域的凝聚力,进而导致城市人口由中心区域向边缘区域迁移、交通工具普及程度提高等,从而在多重因素的共同作用下,形成了城市的边缘区域。如大量涌现的卫星城市、技术郊区等功能明确的城市新区域,已经成为许多国家大都市区外围区域新的城市形态。[1] 这类区域一般汇集了城市的优势资源和要素,是城市经济发展的重要组成部分,为城市GDP的增长做出了重要贡献。在这一类区域工作和居住的人口大多能够分享生活性公共基础设施所带来的便捷性与舒适性。在我国,这种类型的城市边缘区域主要体现为高新技术开发区等。

第二种是农村要素自发向城市区域集中的过程,是由外(农村)向内(城市)的过程,以生产性要素集聚为主导,是农村发起的主动边缘化运动。在城市经济规模扩大的总体背景下,城镇化带来的经济、社会等多方面的影响,使得城市周边的农村地区占据区位优势,各类要素倾向于向城市集聚,并根据城市对产品的需求

---

[1] 荣玥芳、郭思维、张云峰:《城市边缘区研究综述》,《城市规划学刊》2011年第4期。

自发调整供给结构。这些地区行业结构调整灵活，经济体规模小，多以农民的小本经营为主，自发的生产性投资占据主体，逐渐演变成为城市的边缘区域。在这一过程中，各类要素的流通速度逐渐加快，城市边缘区域的经济得以发展，受城市文明的影响更深。一般这类区域在经济发展上处于临近农村地区的中心，即"农村的中心区域和城市的边缘区域"。这类自发形成的城市边缘区域，总体规划水平较低。一方面，由于地处农村地区，但是农村规划难以满足这类区域体现出来的城市边缘特征。另一方面，这类区域虽然是城市的边缘区，但是在总体规划上并没有纳入城市生活性公共基础设施的服务半径内。以生活性公共基础设施为例，相关的环境卫生设施配套不足，随着经济活跃度的增加带来的人口流动性的增加，以及人口生活水平的提高，生活垃圾产生量一般都远远大于其他农村地区，但是生活垃圾清运和处理及时性较低，人口的居住环境较差。

第三种是由于城市边界的扩大进而形成的边缘区域，即行政区划推动的城镇化[①]，是另一种城市发起的主动边缘化行动，通常不存在明显的生产性要素集聚。与第一种类型中的城市要素由内向外的迁移有所差异的是，城市边界的扩大并不必然会产生城市优势要素的转移，城市边界的扩大速度一般都远远低于城市生活性公共基础设施的扩张过程。出于多种因素的考虑，公共部门越来越倾向于扩大城市建成区的面积，城市的边界不断向近郊以及远郊的农村区域延伸，原有的农村区域进而演变成城市的边缘区域，城市的要素逐渐增加，农村要素逐渐减少。在我国，这种类型的城市边缘区域主要体现为城乡接合部。

第四种是非空间意义上的边缘区域。以上三种类型的共同特征

---

① 曹宗平:《内在动因、外在条件与"逆城市化"潜流》,《改革》2016 年第 1 期。

都体现为地理位置上的边缘区域。但是从经济学的意义来看,"边缘"的基本含义是"稀缺"。除了上述三种地理位置上的城市边缘区域以外,还存在另一种类型的城市边缘区域,其特征主要表现为地理位置上处于城市的非边缘区域,但在总体发展方面却落后于城市的中心区域,生产性要素与生活性要素集聚程度都比较低。

四 城中村：公共物品稀缺的城市"边缘"区

城中村不仅是空间概念,更是经济概念。第一,从空间概念来看,城中村的空间特征表现为"非边缘性"。在城镇化的总体背景下,城中村的空间意义最初主要是"城市边界以内",是城市的一个组成部分,与城乡接合部的概念基本是一致的。但是,随着城市向外扩张的步伐逐渐加大,城乡接合部与城中村的差别日益明显。在市场经济的驱动下,这种城市的蔓延往往呈现出斑块式跳跃发展,跳跃式发展使得遗留下的传统聚落逐步被城市形态所包围,最终沦为城中村。[①] 因此,城中村在空间层面更接近城市的中心区,而城乡接合部则更接近农村。这从表述上也能够发现差异,"城中村"可以扩展为"城市中的农村",而"城乡接合部"则是城市与农村接壤的区域。从空间层面对"城中村"与"城乡接合部"进行对比分析,能够发现,后者的城市"边缘性"更为显著,而"城中村"的空间含义则呈现出"非边缘性"。与此同时,我国还存在另外一类城市边缘区域,即开发区,通常这类新近规划出来的区域都地处郊区,占地面积比较大,在城市空间范畴中也属于城市的边缘。

第二,从经济概念来看。空间层面的边缘化特征,实际上并不能作为公共物品是否稀缺的依据。从本书梳理的两类城市边缘区域

[①] 张若曦等:《厦门边缘社区转型中的共治机制研究——以曾厝垵为例》,《城市发展研究》2016年第9期。

来看，城乡接合部的公共物品稀缺程度明显要高于开发区，基于招商引资、形成当地经济新增长极的考虑，开发区一般配套设施齐全，公共物品供给相对较为充足。而另一方面，城中村虽然已经呈现出空间的"非边缘性"，但是仍然面临公共物品稀缺的困境，这类区域的设施条件及卫生环境均明显落后，被认为是城市发展过程中的异质形态，即"边缘社区"，具体体现为"流动人口聚居地"或"城市里的乡村"等现象。[①] 而相对于城中村来说，城市原有区域同样是城市边界以内的"非边缘"区域，但是其公共物品的供给却是充足的。

这也就表明，从空间视角来说，城中村是城市"非边缘区"，但是从经济学角度来说，城中村实际上却是城市内部公共物品稀缺的"边缘区"，与其他区域在可达性、生活环境质量等方面都存在差异，同时还具有社会经济地位差异的社会标签作用。

表3—7　　　　　城市不同区域的公共物品供给特征

		城市边界	
		边缘区域	非边缘区域
公共物品供给量	稀缺	城乡接合部	城中村
	充足	开发区	城市原有区域

第三节　城中村的公共物品：生活性公共基础设施

《雅典宪章》将"居住"界定为城市规划的首要目的，也是城市的首要功能。而城市的生活性公共基础设施构成了维持城市居住

[①] 张若曦等：《厦门边缘社区转型中的共治机制研究——以曾厝垵为例》，《城市发展研究》2016年第9期。

功能的基本物质条件,是支持社会正常运行的基础和前提。不同的社会发展阶段、不同地域的人口,对生活性公共基础设施的需求存有差异,随着城镇化进程的不断加快,居住在城市的人口总量增加,这种异化趋势逐渐明显。同时,这一需求差异又是建立在供给差异的基础上。

一 公共基础设施与生活性公共基础设施

第一,公共基础设施的一般概念。基础设施又称"基础结构",最初的词语构成是从拉丁文"infra"和"structure"发源的。关于基础设施的含义,主流经济学始终关注其对于经济发展的重要性。19世纪40年代末,开始有经济学家把"基础设施"一词引入经济发展和社会再生产的研究中,通常用来描述那些为生产活动提供了一般性支持条件的行业,后来开始出现于很多经济学论著中,突破了传统的工程术语含义(即"下面、底下"和"结构、建筑物",主要指建筑物、构筑物的下部结构),进而演变成为一个重要的经济学术语。

一般认为,最早对基础设施进行系统阐述的经济学家Rosenstein-Rodan,作为发展经济学的先驱人物,他将基础设施界定为社会的先行资本,认为在社会的总体投资构成中,应将其划分为"社会先行资本"和"私人资本"两大类别,其中社会先行资本主要是公共基础设施,将交通运输、电力、通信等所有基础工业都包含在内,这些产业是社会经济发展的前提,因此对这些领域的投资和支持必须先于直接的生产性投资。[①] 因此,"先行"的基本含义是基础设施要先于其他的生产建设投资。罗斯托的观点与此相似,同样将基础设施定义为社会先行资本。这一定义主要是从促进生产和

---

① 李森圣:《基础设施投资、城乡收入差距与城镇化研究》,博士学位论文,重庆大学,2015年。

经济发展的角度出发，以生产性为基本特征。而赫希曼以社会间接资本界定基础设施，指出广泛意义上的社会间接资本可将所有的公共服务纳入其中，而狭义的社会间接资本主要指港口设备、公路、水利、发电等基础设施。舒尔茨和贝克尔将基础设施划分为核心基础设施和人文基础设施两个类别，不同性质的基础设施对于不同类型的生产要素有着差异化的作用。前者可以增加土地资本等要素的生产力，后者可以增加劳动力要素的生产力。Von Hirshhausen（2002）则把基础设施定义为：经济代理机构可用的所有物质、制度和人文能力的总和，并根据这一定义将基础设施划分为三大类别，即物质基础设施、人文基础设施、制度基础设施。中国的《财经大辞典》中，对基础设施这一条目的解释是：为直接的生产过程提供服务和一般性共同条件的、各种经济部门的总称，主要包括交通、邮电、通信、仓储、城市公用事业等，用水、用电、用气都属于这一范畴。①《现代西方经济学辞典》直接用"社会分摊成本"的概念代替"基础设施"，用来指投在水坝、电站、交通、通信、供水、教育、卫生、金融机构、公共服务等国民经济的基础建设方面的资本累积量，具有投资数量大和不可分性两个典型特征。②1994年世界银行报告《为发展提供基础设施》中，对基础设施进行了分类，即经济性基础设施和社会性基础设施。其中，经济性基础设施进一步划分为公用事业、公共工程和其他交通部门等类别。该报告指出凡是能够为城市生产和生活提供支持或服务的、通用的、带有基本条件和公共服务性质的用于保证城市存在和发展的各类设施，都可以纳入城市公共基础设施的范畴。从这个角度对基础设施的界定，将基础设施的生活性或者发展性考虑进来，是一个富

---

① 王晓腾：《我国基础设施公私合作制研究》，博士学位论文，财政部财政科学研究所，2015年版。

② 胡代光、高鸿业：《现代西方经济学辞典》，中国社会科学出版社1996年版，第419—420页。

有价值的进步。此后对基础设施的研究，一般都采取广义上的概念，在重视基础设施对经济增长发挥积极意义的同时，同样关注基础设施对人的全面发展的重要作用。联合国人居署也对基础设施进行了定义，即"由物质性的人工构筑物和组织结构组成的相互联系的网络，为生活在建成环境中的居民提供基本的服务"，在此基础上，基础设施服务是为人类提供的有益服务，如饮用和清洁、热和光、环境卫生等。[1]

第二，公共基础设施的分类。1994年的世界银行发展报告将公共基础设施划分为两大类别，经济基础设施、社会基础设施。其中，经济基础设施进一步划分为生活性公共基础设施和生产性基础设施。一般来说，广义的公共基础设施将经济性、社会性的公共基础设施都纳入其中，将会产生两个方面的作用，即促进经济增长和保护低收入人口的利益。城市的健康发展和人民生活水平的切实提高正是建立在上述两类基础设施共同发挥作用基础上。蒋时节也从功能的角度将公共基础设施划分为生产性基础设施和生活性基础设施。

（1）生产性公共基础设施与经济发展：生产性基础设施，是能够为众多生产者提供服务的各项公共事业、公共工程，主要包括用于促进生产的交通运输设施、能源供给设施、物质供应设施、邮电通信设施等。生产性基础设施与经济增长密切相关，一般来说，生产性基础设施与经济产出同步增长。从各国的实际经验来看，基础设施存量增长1%，GDP就会同步增长1%。在城镇化的过程中，工业化为城镇化的健康推进提供了重要的基础，而另一方面，充足、可靠的生产性公共基础设施又为工业化提供基础和前提条件，城镇化、工业化、生产性公共基础设施与经济增长密切相关。

---

[1] 联合国人居署编著：《致力于绿色经济的城市模式：城市基础设施优化》，刘冰、周玉斌译著，同济大学出版社2013年版，第PXIV页。

Rosenstein-Rodan 在《东欧和东南欧国家的工业化问题》中指出，在社会总投资中，基础设施投资比重通常要占 30%—35%，其产生的规模经济效益不但能够降低企业成本，提高企业获利能力，同时还将促进全社会对其创造的外部利益的分享，进而提高整个社会的获利能力。[1]

（2）生活性公共基础设施与人民生活：生活性基础设施，是能够为所有居民生活提供的各项公共事业、公共设施，主要包括水、电、公共交通、卫生设施与排污等。在传统的基础设施的概念下，在当代社会，生活性公共基础设施逐渐成为实现"人的全面发展"、推进人的生活方式变迁的基本途径和手段。实践表明，低收入者居住的地区，当前和未来的发展程度与生活性公共基础设施的提供密切相关。生活性公共基础设施对于改善低收入者的生活环境非常重要，清洁的卫生设施、城市公共交通服务半径的扩展，为包括低收入者在内的所有收入组别人口都带来了显著的环境效益，其中，低收入人口是生活性公共基础设施服务的直接受益者，原因在于，这一群体大多居住在卫生环境较差、生活条件较差的区域。[2]

二 生活性公共基础设施的类别

生活性公共基础设施与人的生活密切相关，是人类生活的基本条件。人的生活方式的变迁与人对生活性公共基础设施的需求变迁是一致的。生活方式由落后向文明的变迁对应的是生活性公共基础设施需求量由多到少、需求种类由单一向复杂、需求结构由一致向多样的变化。

---

[1] 邓淑连：《政府与基础设施的发展》，博士学位论文，上海财经大学，2001年。
[2] 世界银行：《1994年世界发展报告：为发展提供基础设施》，毛晓威等译，中国财政经济出版社1994年版，第4页。

第一，生活方式与生活性公共基础设施。从某种意义上来讲，人类的生存方式可以划分为生产方式与生活方式两大类别。生产方式的发展导致生活方式的进步，生活方式的变迁也要求生产方式的变革。尽管生产方式、生产力在人类生存中起着决定性的作用，但是人类的发展过程归根结底是生活方式由落后向文明的变迁过程。从经验分析来看，人口由农村向城市的迁移，有助于实现农村人口生活方式由较为落后的农村方式向更加文明的城市方式变迁，进而促进整个社会文明程度的提高。从理论层面来看，生活方式是人类的各层次需求（公共需求与私人需求）得到满足（实现）的方式。韦伯进一步通过消费方式认识生活方式，认为特定的生活方式表现为所消费商品的特定规律。尽管凡勃伦以及后来的研究者都以私人消费品为主要分析内容，但是实际上，公共品的消费方式对于社会群体的划分有着更重要的意义，这在中国有着现实的表现。原因在于，在我国公共物品的消费方式对应的是公共福利方式，更重要的是获取公共福利的权利。

基于以上论述以及本书的研究视角，对生活性公共基础设施做出进一步解释：凡是能够为城市人口生活方式变迁提供支持或服务的、通用的、带有基本条件和公共服务性质的各类设施，都可以纳入城市生活性公共基础设施的范畴。进一步地，人类生活的基本构成为衣、食、住、行、乐，其中属于公共范畴的主要包括住、行等领域，因此本书将以改进"住、行"方式为目标的公共基础设施视为生活性公共基础设施。

以"住"为例，作为生活方式的基本形式，住宅条件与居住环境是最基本的生存要求。从人类诞生至今，经历了从树居到穴居，从逐水草而居到定居，在这一过程中始终在寻找适合自己生存和生活的场所，直到城市出现之后，人类居住和生活条件才有了质的改善。① 恩格斯在《家庭、私有制和国家的起源》中关于蒙昧时代、野蛮时代、文明时代的人类史分析，以摩尔根的分期法为基础，论述了居住方式的发展历程。以蒙昧时代为例，人类的居住方式主要受到生产力的制约，并以生活资料与生产资料为具体表现。在低级阶段，由于缺乏必要的工具，人类最初居住的地方是森林（部分住在树上），以躲避猛兽攻击，并以果实、坚果、根为食物；在中级阶段，以用火和食用鱼类为标志，人类居住方式发生改变，不再受气候和地域的限制，可以散布于地面上；在高级阶段，弓箭的发明进一步决定了居住方式，即形成了"定居而成村落的某些萌芽"。随着生产方式的进步，生产力逐步提高，人类进入野蛮时代，并以"动物的驯养、繁殖和植物的种植"为特有标志（畜牧业和种植业分离），生活方式也发生了明显的变化，"住的房屋是用土坯或石头造成的，类似城堡"，人口也迅速增长，"稠密的聚居在不大的地域内"。

作为公共需求的组成部分，农业转移人口的生活性公共基础设施需求也呈现出递进式的特征。根据前述对生活方式所做的分析，以"住、行"为代表的生活类公共基础设施，是当前保障农业转移人口最低生活条件的基本内容，即第一层次的公共品。可以说，农业转移人口享有的生活性公共基础设施既是实现其生活方式转变的基本要素，也是城镇化质量体系的基本内容，既关系着新型城镇化的持续健康推进，也是农业转移人口城市公共产权的关键。当前农业转移人口的最低公共需求，实际上正是城市原住人口正在消费的公共物品，以对城市原住人口生活方式为目标，以及与其进行的对比，催生了农业转移人口的生活性公共基础设施需求。

第二，当前生活性公共基础设施的需求类别。结合当前农业转

---

① 林广：《城市的基本功能是什么？论刘易斯·芒德福城市研究的遗产》，《都市文化研究》2014年第2期。

移人口的城市生活需求，本书总结出与城中村常住人口相关性较高、尚未满足的生活性公共基础设施需求：第一，居住条件与能源供应系统。主要包括管道煤气、天然气、供热等。第二，居住环境与环境卫生系统。主要包括环境卫生设施、排污系统、固体废弃物的收集和处理系统。第三，出行方式与公共交通系统。主要包括城市公共交通系统。本书的生活性公共基础设施，具体由以下类别构成：

1. 基本的居住条件与能源供应系统。主要包括管道煤气、天然气、供水、供电、供热等。居住条件的改善是农村生活与城市生活的首要差异，是衡量人的生活方式变迁程度的基本依据。因此，尽快完善城中村等农业转移人口居住地区的住房条件，降低居住成本，同时增加舒适性，是实现人口城镇化的基本路径。

2. 优化的居住环境与环境卫生系统。主要包括环境卫生公共基础设施，包括垃圾分类、堆放、清运、无害化处理等环节。城市任何区域环境的优化，都有助于整体环境的改善。在此背景下，积极推进垃圾分类，并大力加强城中村垃圾清运，是治理脏乱的必要路径，也是提高城镇化质量的基本要求。

3. 高效的出行方式与公共交通系统。主要包括公共交通路线与公共交通工具的增加。农业转移人口对于公共交通基础设施的需求集中表现在便捷性与出行成本（尤其是经济成本）两个方面，因此应逐步将城中村纳入公共交通规划，增加农业转移人口对公共交通的使用机会，实现公共交通由理论上的非排他向事实上的非排他转变。

三　生活性公共基础设施的特征

第一，基础性。人类社会的生存和发展，建立在对各类生产与生活资源使用的基础之上。生活性公共基础设施构成了每个社会成员维持生活的基本条件。生活性公共基础设施提供的产品和服务是人口生产以及再生产的投入品，其提供的产品和服务的价格也构成了人的居住成本与生活成本。要实现健康的生活，必须要有清洁的水和卫生设施、便捷的公共交通等，这些设施对人的生活质量有着很高的感应度，是任何区域、任何收入组别人口维持基本生活的"共同条件"。生活性公共基础设施要满足人的生活，而人的生活是其他一切社会活动的基础，在生活性公共基础设施满足了人的需求以后，作为一切创造力与生产力源泉的"人"才能创造以及再创造财富。

第二，先行性。生活性公共基础设施的基础性决定了生活性公共基础设施的先行性。先行性的基本含义是"前提"，即生活性公共基础设施是实现人的基本生活的前提条件。"兵马未动，粮草先行"，是汉语语境下对"先行"的形象解释，Rosenstein-Rodan（1943）首先在《东欧和东南欧国家的工业化问题》中提出了"社会先行资本"的概念，后来用这一概念代指基础设施的先行性特征。我国经济学家张培刚也持类似的观点。作为基础设施的一个类别，生活性公共基础设施也呈现出"先行性"。与此同时，先行性的基本要求在于建设的超前性，随着城市化的发展，农业转移人口的大量迁入，只有超前建设生活性公共基础设施才能满足未来的人口总量增加导致的需求增加。[1]

第三，无差异的需求。基础性与先行性构成了对生活性公共基础设施需求的普遍性。每个个体都对生活性公共基础设施有着基本无差异的需求，无论个体处于哪一个收入组别中、居住在什么样的社区、处于什么样的区域都对基本的生活条件有着一致的需求。生存需求始终是任何个体、任何群体的第一要务。在公共物品的所有

---

[1] 蒋时节：《基础设施投资与城市化进程的关系研究》，博士学位论文，重庆大学，2005年。

类别中，越是处于低层次，其需求的无差异性越明显。而作为公共物品需求层次中的最低层次，生活性公共基础设施的需求同样呈现出无差异性的特征。而对于需求差异性的生活性公共基础设施，实现农业转移人口与其他城市人口在使用数量和质量方面的均等，是其基本要求。

四 生活性公共基础设施的一般属性与公共物品属性

作为物品或者对象的生活性公共基础设施具有双重属性，既包括其作为物品的一般属性（自然属性），也包括其作为公共物品的特殊属性，对其进行的属性分析，有助于抓住问题的本质和关键。

（一）生活性公共基础设施的一般属性分析

生活性公共基础设施向使用者提供某种具体的服务，具有物品的一般属性，主要体现在使用层面的收费性和生产层面的自然垄断性两个方面。

首先，生活性公共基础设施使用的收费性。生活性公共基础设施为由所有人组成的社会整体进行生产，但是在实际的使用过程中，大部分生活性公共基础设施往往是以个体直接消费而非间接消费为特征，一方面是弥补成本，另一方面在于显示偏好，以期避免低效率和过度使用，并通过个体的获益实现社会整体收益的增加。正是由于这种公共性往往包含在个体直接消费性中（或者直接称为个人性），使得个体需要以缴费的方式支付一部分成本。[①] 以生活垃圾处理为例，可对生活性公共基础设施的收费性做出说明。生活垃圾处理的流程包括垃圾分类、垃圾堆放、垃圾清扫、垃圾清运、垃圾的无害化处理等，从我国的现状来看，以家庭为单位承担基本的垃圾清理费用，以月为计数单位定额计征，一般每月、每户的垃圾

[①] 个人承担一部分成本，而其他部分，则由公共财政承担。

清理费用在五元、十元不等①。但是，个体或家庭承担的部分在整个生活垃圾处理流程需要支付的总成本中所占比例较小。

其次，生活性公共基础设施生产的自然垄断性。构成生活性公共基础设施自然垄断性的两个关键特征是生活性公共基础设施的规模性和不可分割性。一方面，生活性公共基础设施的规模性。一般来说，规模经济是生活性公共基础设施的典型特征，即随着生产规模的进一步扩大，其平均单位成本呈现下降的趋势。也就是说，生活性公共基础设施服务半径与供给范围越大，其平均成本越低。因此，传统的自然垄断理论认为，以自然垄断的形式实现生活性公共基础设施的供给，既能够改变多家竞争性企业分别进行生产导致的平均成本上升、社会总成本较高的困境，也有助于提高由于生活性公共基础设施供给增加所带来的社会福利。② 在社会总成本下降与社会总福利上升的双重改进下，生活性公共基础设施的自然垄断也就成为一种帕累托改进。生活性公共基础设施自然垄断性的另一方面表现为不可分割性。在供给层面，生活性公共基础设施一般作为一个整体而存在；在需求层面，主要指生活性公共基础设施在使用上的不可拆分，只能由所有人共同使用。

(二) 生活性公共基础设施的公共物品属性分析

公共物品是满足人类公共需求的客体，不同的经济社会条件对公共物品的需求存在差异，也就是说，公共物品的供给将根据所处的经济、社会、使用者收入水平等相关约束条件，按照从低到高的顺序依次进入社会成员的消费序列，低层次的、与维持基本生活相关的公共需求优先被满足。因此，将生活性公共基础设施称为公共物品，从根本上来说，是以其满足社会成员公共需求、为所有社会

---

① 十元为山东省的收费标准。
② 现代的自然垄断理论在此基础上进一步指出，只要单一企业供给公共基础设施的总成本低于多个企业分别供给的成本之和，不管单一企业的平均成本上升还是下降，都是自然垄断。

成员提供最低生活条件所具有的公共属性，而不是一般属性为判断标准的。由生活性公共基础设施对即定使用者和潜在使用者的影响，来判断其公共性，因为他们影响了人的行为和利益，而这种影响呈现出典型的非个体性，"反映的是一种社会和价值关系"[①]。

第一，公共属性：非竞争性和区域内的非排他性。生活性公共基础设施的首要特性为"公共"，而"公共"意味着非排他，即个体在相应的范围内共享收益，在客观上要求占人口绝大多数的人口对其拥有收益权。从经济学的角度来看，"公共"意味着非竞争性、非排他性，具有外部经济。生活性公共基础设施是一种特殊的物品，在国民经济中处于基础地位，其公共物品属性非常显著，即大部分生活性公共基础设施具有典型的公共物品属性。从国家层面来讲，即是社会公众普遍享有的收益。

一方面，生活性公共基础设施的公共属性体现在区域内的非排他性。非排他性是公共物品的一个典型特征，其基本含义是很难阻止其他人的消费，尤其是难以将不付费的人排除在外，要么是不可能排他，要么是排他的代价过大。换言之，每个人都有对公共物品的使用与消费权，不能只供某些人使用而将其他人的使用与消费权排除在外。作为社会公众组成部分的"每个人"都是这类物品使用的主要受益者，因此，在衡量公共物品排他程度时，往往将社会成员的受益程度列为重要的评价标准。此外，大多数公共物品的非排他性，并不是由于这类物品排他成本高，而是由于社会所有成员对其有着免费的或者低支付水平的公共需求。从一般意义上来讲，享受有尊严的基本生活的权利应该与个体的支付能力无关。[②]

一般来说，区域内配置的生活性公共基础设施对于居住在该区

[①] 张正军：《公共管理论域中的公共性问题——语义分析基础上的哲学阐释》，《江海学刊》2009年第3期。

[②] 联合国开发计划署编著：《2014年人类发展报告：促进人类持续进步，降低脆弱性，增强抗逆力》，2014年，第5页。

域内的所有人口都呈现出非排他性，其他区域的人口则被排除在外，即具有俱乐部物品的特征。在俱乐部范围（城市区域）以内，本书所界定的生活性公共基础设施类别，对该俱乐部（区域）的人口呈现出来的竞争程度和排他程度应该是一致的。居民生活在哪个区域，则应该使用哪个区域的生活性公共基础设施。可将一个城市视作一个公共物品供给与消费的俱乐部，政府及公共财政要为这个俱乐部以内居住在不同区域、不同利益集团、不同收入组别的人口提供一致的公共物品，这也正是我国今年提出的"均等化"的核心含义。城中村属于城市俱乐部的成员，俱乐部物品的非排他性同样适用于城中村居住人口。而事实上，城中村人口对于生活性公共基础设施的使用成本和使用数量与同处于"城市"这一俱乐部中的其他人口有着明显的差异。

进一步从城中村常住人口来说，城市公共物品对城中村的供给，不应该由于客观因素的差别而减少，从而使城市公共物品对城中村常住人口具有非排他性。尤其是在公共物品谱系中越是处于最低层次的公共物品类别，如满足最低生活条件的生活性公共基础设施，其非排他性越是重要。根据马斯洛的需求理论，当前农业转移人口[①]的公共需求呈现出递进式的特征（见表3—8）。其中第一层次的公共物品应首先满足农业转移人口的最低需求，使其达到最低的生活条件。从理论上来讲，低级层次需求得到满足后，更高层次需求才会占据主要地位[②]。任何收入水平、居住在任何区域的人口对于最低层次公共物品的需求是一致的，原因就在于这一需求是人

[①] 本书的农业转移人口主要指处于城市边缘区域的城中村人口、城乡接合部人口和自农村迁移至城市、居住在边缘区域的人口。下同。

[②] 从中国的现状来看，则存在明显的跳跃。对农业转移人口的社会保障需求、教育需求的关注与重视不存在误区，但是在公共基础设施需求尚未得到有效满足的前提下，第二、三层次的需求满足程度就会降低，既影响了农业转移人口的城镇生活质量，也从总体上降低了我国城镇化的质量。

口维持基本生活所必需的条件。① 这既是公共物品的供给初衷，也是公共物品要实现的最低目标，即"托底"，以保障人民群众最低生活保障层面的需求得以满足。因此，城中村公共物品供给应纳入城市规划体系、包括在城市公共物品供给制度以内，以充分地体现非排他性。

表3—8　　　　　　　　公共物品的需求层次

公共物品需求层次	需求类别	主要内容
第一层次	最低需求	水电燃气、垃圾处理、公共交通等生活类
第二层次	基本需求	社会保障、公共安全等
第三层次	发展需求	教育等

生活性公共基础设施建成以后，由全社会共享基础设施和服务，对每个成员开放，允许他们自由进入、平等分享并获取平均利益，一般不能将不想为此类服务付费的人和不希望为此类服务付费的人排除出去。以生活垃圾处理为例，作为城市的生活性公共基础设施，生活垃圾处理设施在一定的程度上具有非排他性，即生活垃圾处理设施中除了居民支付的生活垃圾清理费用以外，一般具有非排他性。也就是说，个体支付一定的费用（生活垃圾清理费），可以享有生活垃圾处理设施带来的各种好处，如空气质量的上升，进而使得生活质量得到提高。但是个体不能排斥或者阻碍其他主体同时享有生活垃圾处理的成果，所有人都能够从中获得效用的增加，即使是其他没有承担成本的人照样也可以享受污染治理带来的好处。

另一方面，生活性公共基础设施的公共属性体现在非竞争性。城市的生活性公共基础设施如水、电、气等已经基本建成，没有必

---

① 最低层次的公共需求具有普遍性，较高层次的公共需求具有差异性。

要排斥城市中任何人对它的消费。当然，这种非竞争性是以不存在拥挤成本为前提的。如果存在拥挤成本，随着使用者数量增加，将会导致供给的边际成本增加，从而非竞争性减弱。但是，对于以满足人口最低生活需求这一目标的公共物品，应随着城市常住人口数量的增加而逐步提高供给水平，这是降低拥挤、使其呈现非竞争性的关键。

以生活垃圾无害化处理为例，一般来说，生活垃圾日处理能力存在饱和上限。在饱和上限范围内，生活垃圾产生数量（清运数量）的增加不会引起治理设施生产成本的增加，增加一个生活垃圾产生者所引起的社会边际成本为零。当超过饱和上限时，增加一个生活垃圾产生者就会产生"拥挤"，区域内的每个人所获得的效用就开始减少，即生活垃圾无害化处理在消费上开始产生竞争性。从这个意义上讲，生活垃圾无害化处理在一定的范围内具有非竞争性。[1] 这也能够看出，对于具有较强的正外部性（拥挤产生之前）和负外部性（拥挤产生之后）的生活性公共基础设施来说，增加供给以降低竞争性，是必然的路径。

第二，公共属性与公共收益。生活性公共基础设施的公共属性要求这类物品在配置的过程中要维护公共利益，增进社会福利，使得居民不受居住区域、户籍身份、收入水平等要素的限制，就能分享生活性公共基础设施带来的公共收益。公共收益是生活性公共基础设施公共属性的基础。在收益的谱系中，包括个体直接收益、共同收益、公共收益。其中，公共收益是与个体收益同时存在的一个概念，二者相辅相成，是个体作为社会人获取的公共收益，是一种共享性收益。也就是说，不能排除他人使用的收益就是公共收益，公共收益能为全体公民分享。

---

[1] 张信芳、黎瑞波：《中国污染治理设施的公共物品属性分析及市场化融资的建议》，《环境科学与管理》2013年第3期。

一方面，个体在社会中获得的全部收益中，包括公共收益。任何一种类型的收益最终都会转化为个体可获得的收益（包括有形收益和无形收益），即个体是所有收益的最终获得者。另一方面，公共收益是个体或者其他类型的收益的前提和基础，公共利益能为个体寻求自己的私人利益提供社会制度和物质的基础。[①] 对公共收益的分析首先要明确个体作为社会人获取公共收益的基础。社会人在财富创造过程中所产生的公共需求是对公共收益进行分配的根源，每一个体都通过对社会事务的关注来表达自身的公共需求，并进一步以持续关注的方式对具体的分配情况进行监督。

第三，生活性公共基础设施的公共属性与公共收益。

包括城镇化在内的社会发展的最终目标在于，实现所有人口的公共收益，[②] 提高社会总体福利水平。能够为人口提供基本生活条件的公共基础设施，本身就是一种基本的公共收益。这种公共利益正是生活性公共基础设施公共属性的具体化，能够直接或间接地为所有公民所共享，其基本特征是非竞争性和非排他性。因此，增加生活性公共基础设施的公共收益是全面推进"有质量的城镇化"的必然选择，也是有效提高农业转移人口社会福利的基本路径。

一方面，大部分城市生活性公共基础设施都具有非竞争性和非排他性。生活性公共基础设施所具有的公共性，决定了在对基础设施产品效益进行评价时，主要采取社会整体效益、环境效益等相关指标。对社会公众而言，生活性公共基础设施用以满足生存和生活的基本需求，如照明、饮水、取暖等；对企事业单位而言，生活性公共基础设施所提供的产品或服务用以满足生产运营的基本需求；对整个社会而言，生活性公共基础设施用以满足社会经济和社会各

[①] 詹世友：《公共领域·公共利益·公共性》，《社会科学》2005年第7期。
[②] 张成福、李丹婷：《公共利益与公共治理》，《中国人民大学学报》2012年第2期。

项活动的基本需求。① 另一方面，城中村生活性公共基础设施是包括农业转移人口在内的城中村常住人口扩大个体收益的基本条件。公共利益可被用来为私人利益的追求提供基本的公共设施和普遍分享的价值。② 从这一角度来说，完善的城市生活性公共基础设施对于绿色、便捷、卫生、舒适的人居环境发挥着基础性作用，也就有助于使用者从公共领域中实现个体收益的增加。从相反的角度来看，由于城市生活性公共基础设施供给不足导致的公共出行方式不合理、生活条件较差、居住环境较差等问题，显然将会明显降低个体的收益。

---

① 詹世友：《公共领域·公共利益·公共性》，《社会科学》2005年第7期。
② 王晓腾：《我国基础设施公私合作制研究》，博士学位论文，财政部财政科学研究所，2015年。

第 四 章

城中村公共物品成本收益分析框架

所有的社会现象都源于个体的行为以及群体的合作，在这些社会活动中，人们基于他们预期的收益和成本做出选择。进一步地，这种选择建立在以下基础上："人们把什么东西看作收益和成本，以及把什么样的价值观与成本和收益联系起来。"[①] 收益是对于相关者的收益，成本是相关者需要付出的代价。虽然不同的个体确实可能有着差异的观点，但是对于经济学所言的"好东西"，尤其是满足基本生活需要的"好东西"，社会显然已经达成了基本一致的价值观。但是，即使面对同一种类型的物品，并不是所有的个体都能够获得是否使用的选择能力以及选择权利，这一方面是由于物品的稀缺性，另一方面则是使用者歧视导致的"使用同一种稀缺物品付出不同的使用代价"。基于此，本章在对成本收益进行基本分析的基础上，进一步以城中村生活性公共基础设施为例，分析其成本构成及成本分担、收益构成与收益分配。

第一节 成本与收益

成本与收益反映的是投入与产出的对比关系。[②] 公共物品、私

[①] 詹世友：《公共领域·公共利益·公共性》，《社会科学》2005 年第 7 期。
[②] [美] 保罗·海恩、彼得·勃特克、大卫·普雷契特科：《经济学的思维方式（第 11 版）》，马昕、陈宇译，世界图书出版公司 2008 年版，第 5 页。

人物品都同时存在生产者与使用者，但是公共物品的生产者和使用者与私人物品的生产者和使用者对于成本、收益的界定有着明显的差异。

一 成本与收益的基本概念

第一，成本。传统的企业理论将成本视为企业对所购买的生产要素的货币支出，并且所有的成本都是可以按照市场价格进行计算的。但是作为经济学的基本概念，成本的范畴更为广泛，机会成本、显性成本、隐性成本等都被纳入成本的内涵中。在经济社会中，资源是相对稀缺的，无论是由公共组织还是私人组织进行的经济社会活动，都要为此活动的顺利推进投入所必需的资源或者代价，以获得相应的产出。其中，投入的资源（无论是否能够用货币进行度量），即是成本；获得的好处，即是收益（无论是否能够用货币进行度量）。正是由于资源的稀缺性以及为此承担的成本，要求必须对资源进行合理配置和有效利用，也就是说，在经济社会活动过程中，要以一定产出下的成本最小化为基本准则，充分发挥并提高资源的利用效率。从成本的视角考虑，经济活动运行的基本条件是在一定收益水平上，如何实现成本的最小化。因此，在理性人的假设下，所有的经济活动、社会活动的决策依据都是在成本分析的基础上做出的。

胡代光和高鸿业编著的《现代西方经济学词典》对成本一词做出如下解释：即厂商用于生产商品或劳务的生产要素的价值，有时也以"择一成本"和"机会成本"代替，即为获得某一商品或劳务而必须放弃的其他商品或劳务的产量或市场价值。也就是说，成本一方面表现为，为获得某种物品或服务所付出的代价；另一方面表现为，由于获得物品或服务而不能获得其他物品和服务所付出的代价，即汉语中的"得此失彼"之意。① 戴维·皮尔斯主编的《现代经济学词典》对成本的界定是：人们为了获得某种物品所必须放弃的东西的量度，当然这种获得途径可以是购买、交换或是生产。这也正是通常经济学术语中的"机会成本"概念，用以代替"成本"概念。他同时对私人成本和社会成本进行了描述，认为经济学家有时把一种物品或活动对消费者或生产者的私人成本同强加给整个社会的社会成本区别开来。② 曼昆提出的经济学原理之一是"某种东西的成本是为了得到它所放弃的东西"，也就是机会成本的概念。③

西方经济学家对于成本问题的研究涉及各个方面，如机会成本、沉没成本、显性成本与隐性成本、直接成本与经济成本、长期成本与短期成本等。鉴于成本内涵的广泛性，本书从成本承担者的角度将其划分为三大类别：一是使用成本，即个体使用生活性公共基础设施需要支付的费用，一般以付费的形式承担。二是生产成本，即为供给生活性公共基础设施需要支出的部分，主要包括公共组织成本（财政支出）与私人组织成本（社会投资）。三是机会成本，即生活性公共基础设施供给不足使各个主体承担的成本。

第二，收益。《现代西方经济学辞典》将"收益"（revenue）界定为"企业或其他经济主体在某个经营期间内通过交售或生产货物，提供劳务或从事构成该企业（经济主体）不断进行的主要经营活动的其他业务所形成的现金流入或其他资产的增加与负债的清偿。④"《现代经济学辞典》则认为，收益（earnings）是效益的获

---

① 胡代光、高鸿业主编：《现代西方经济学辞典》，中国社会科学出版社 1996 年版，第 56 页。

② ［英］戴维·W. 皮尔斯：《现代经济学辞典》，上海译文出版社 1983 年版，第 117 页。

③ ［美］曼昆：《经济学原理微观经济学分册》，梁小民、梁砾译，北京大学出版社 2009 年版，第 5 页。

④ 胡代光、高鸿业主编：《现代西方经济学辞典》，中国社会科学出版社 1996 年版，第 70 页。

得，主要包括两个方面的内容，一是用来描述人类工作的报酬，即对投入的劳动这一生产要素的报酬；二是用来描述企业的收入。[①]

亚当·斯密将"收益"界定为"那部分不侵蚀资本的可予消费的数额"，即收益是财富的增加；欧文·费雪在《资本与收益的性质》一书中对收益进行了分类，即精神受益、实际收益、货币收益。当前主流经济学的研究对象主要是实际收益，即物质财富的增加；林德赫尔将收益解释为资本在不同时期的增值，视收益为利息；希克斯则认为收益是在期末、期初保持同等富裕程度的前提下，一个人可以在该时期消费的最大金额。从汉语语义学上来讲，"益"指好处或利益，与"害"相对。进一步分析"利益"被谁"收"到？（见图4—1）就可以对"收益"一词做出基本的界定，即各个主体得到的利益，获益主体包括个体、组织（企业组织与非政府组织）、国家（公共部门）[②]。

第三，收益与福利的关系。个体的收益有着广泛而深刻的内涵，可以进一步划分为三大类别：[③] 一是直接收益。国家或者社会的财富在经过一系列的分配过程之后，一部分转化为个体的直接收益。个体直接收益是指作为独立人的个体所获取的劳动收益，是一种独占性收入，以个体对社会财富的贡献度为衡量依据所获得的收益，是个体凭借自身具备的生产要素与生产能力所实现的货币净流入，是可以用货币进行衡量的收入。如扣除各种税费的工资（纯收入）。经济学的成本收益分析为个体以贡献度为基础获得劳动收益提供了基础。个体贡献度的衡量依据主要是其拥有的市场性生产要素。个体的劳动技能、时间投入、知识水平等都是财富产生的基础，基于投入获得相应的报酬是基本的经济准则。在这一过程中，

[①] ［英］戴维·W. 皮尔斯：《现代经济学辞典》，上海译文出版社1983年版，第166页。
[②] 朱松梅、雷晓康：《财富分配理论新论》，《理论导刊》2016年第2期。
[③] 席恒、雷晓康：《合作收益与公共管理：一个分析框架及其应用》，《中国行政管理》2009年第1期。

```
                    获得收益的主体
          ┌────────────┼────────────┐
         个体          组织          国家
       ┌──┼──┐       ┌──┴──┐      ┌──┼──┐
```

个体作为独立人的直接收益 / 个体作为组织人的共同收益 / 个体作为社会人的公共收益 / 公共性生产要素获得的公共收益 / 市场性生产要素获得的直接收益 / 个体获得的总收益 / 组织获得的总收益 / 主权国家获得的总收益

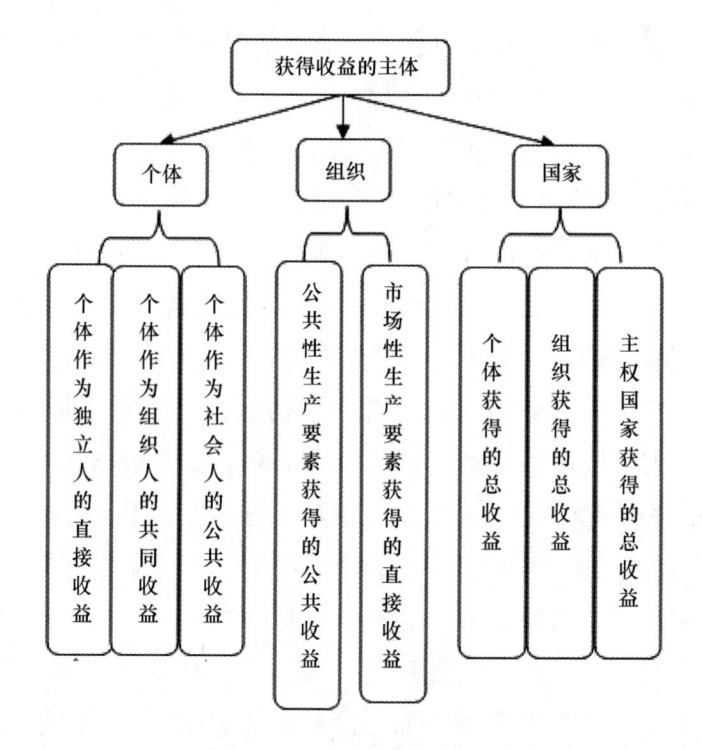

图 4—1　不同主体的收益构成

注：1. 公共性生产要素：公共性生产要素是指进行社会生产经营活动时所需要的公共资源，是维系经济秩序和社会制度必须具备的重要因素。主要包括公共政策、社会制度等，是财富的重要组成部分。2. 市场性生产要素：市场性生产要素是可在市场上交易的生产要素，以获取私人收益。主流经济学认为，财富是由一系列能够直接生产产品（有形）或服务（无形）的要素在经过合理的组合后创造的，这些要素包括土地、资本、技术、劳动、知识、管理等，可将其统称为资源。

个体之间所拥有的市场性生产要素的差异，会导致不同的贡献度，进而成为差异化的个体收益的产生基础。在这一过程中，需要注意的是，如何保障个体获得应得的直接收益，避免应得未得的问题，是应该优先解决的，这既关乎经济效率的实现，也影响财富的再创造。因此，市场分配的有效程度对于个体直接收益的获得有着关键的影响。

二是共同收益。个体作为组织人获取的共同收益，即是个体凭借自身具备的组织成员身份而获得的收益,是一种分享性收益,是与其他成员共同分享的收益。共同收益是以个体对组织财富的参与度为衡量依据所获得的收益。组织人共同收益的获得,是其分享组织发展成果的表现。如各类组织的年终奖设置。个体以参与度作为获取共同收益的依据,是建立在合作收益的基础上的。组织内部不同个体之间的合作方式,对组织财富的创造有着重要的影响。具体来说,个体以组织人而不是独立人的身份参与经济活动,核心在于预期通过组织作为载体,与组织内成员进行合作,充分发挥各自比较优势,以实现组织创造的总财富大于单独个体创造的财富之和的目标。假设存在互补个体 A 与 B,个体 A 能够独自创造 T_a 的财富,B 能够独自创造 T_b 的财富,而 A 和 B 以组合的形式开展经济业务能够创造 T_c 的财富,$T_c > T_a + T_b$。其中 $T_c - (T_a + T_b)$ 即为应该重新分配给 A 和 B 的共同收益。对于共同收益的分配要解决以下关键问题,即如何保障组织人获得合理而不是过高或过低的共同收益,换言之,组织人以各自承担的合作成本作为分享共同收益的基础,此合作成本即为参与度。

三是公共收益。第三层次是个体作为社会人获取的公共收益,是一种共享性收益。公共收益是以个体(生产要素所有者)对社会财富的关注度为衡量依据所获得的收益。如退休人员对发展成果的共享,其以定期提高的养老金为内容,并不对制度内的个体进行区分。对公共收益的分析首先要明确社会人获取公共收益的基础。社会人在财富创造过程中所产生的公共需求是对公共收益进行分配的根源,每一个体都通过对社会事务的关注来表达自身的公共需求,并进一步以持续关注的方式对具体的分配情况进行监督。第一,无论是独立人还是组织人,都需要在安全的环境、产权的保护、法律的制约下开展财富的生产。第二,从独立人的社会属性来看,要想避免贫困者日益贫困、富裕者愈加富裕的马太效应,首先应该保证每个独立人拥有创造财富的机会,在机会与能力的共同作用下,独立人之间的差异化所得是公平的,也是有效率的。其中,以公民身份获取自公共教育的知识、获取自公共卫生的健康、获取自公共法规的机会与权利、获取自公共政策的信息等,都为独立人提供了创造财富的机会。第三,从组织人的社会属性来看,公平的交易秩序、自然的市场体系、一致的制度规则等是每个组织人所必需的基本条件,能否通过公共收益的分配实现以上各类公共需求的有效满足,是判断当前以及预期财富总量的依据。[1]

不同于收益的获得主体存在显著的广泛性,福利的获得主体一般指"个体",根本原因在于福利往往是集体内部对收益进行再分配的结果,其对象只能是具象的"人"。社会福利的改善最终要落实到个人福利的改善上。从这个角度来说,福利的责任主体主要包括两种,即不同类型的组织、由不同层级政府构成的国家,个体以组织成员身份获得组织福利、以国家公民身份获得公共福利。其中,组织福利的主体范围是每一位组织成员;公共福利的主体范围是每一位国家成员。也就是说,公共福利是个体基于国家这一共同体成员即国家公民身份获得的公共收益,并且是国家收益的重要组成部分。在公共福利概念基础上的社会福利,正是社会所有成员获得的公共福利。因此,以改善所有社会成员福利为出发点的生活性公共基础设施投资,将由于农业转移人口社会福利的优先改善而初步实现其目标。

二 成本收益分析与最优资源配置

从成本收益视角对"最优资源配置"的分析,可以从三个方面进行:一是公共资源分配者的"最优",即公共收益(社会福利)

---

[1] 朱松梅、雷晓康:《财富分配理论新论》,《理论导刊》2016年第2期。

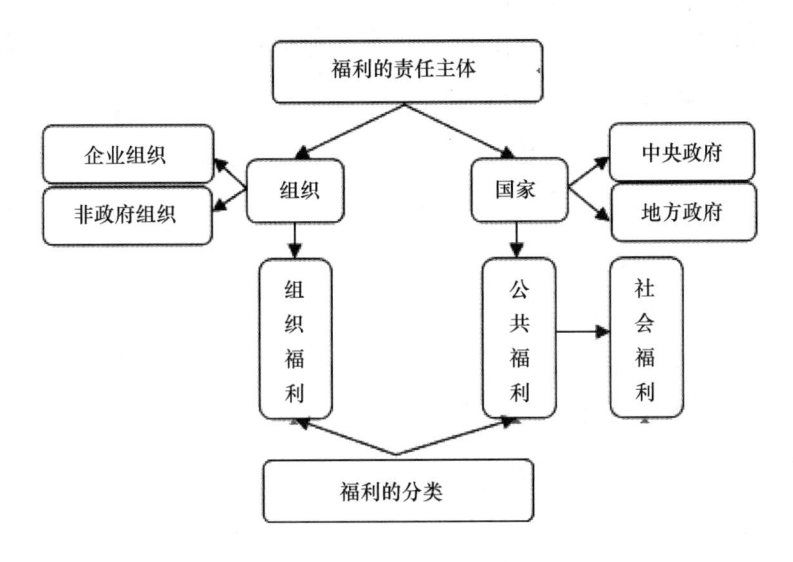

图 4—2　福利的类型及其责任主体

最大化。生产资源与生活资源的分配者对于"收益最大化"的界定是有差异的。生产资源的分配者以经济利益最大化为基本目标，生活资源（如生活性公共基础设施）的分配者以社会利益最大化为基本目标。一般来说，生活资源的分配者主要是公共部门，已经形成共识的是，公共部门应该服务于公共利益或者说是社会总体利益。从这个角度来说，增加城中村生活性公共基础设施的供给，将会产生显著的社会利益，并集中表现在居住在这一区域的人口获得的基本生活条件改善、生活环境优化等方面，这对于整体意义上的城市可持续发展与城镇化推进、社会总体福利水平的提高有着重要的作用。二是资源使用者的"最优"，即成本最小化。公共领域的资源使用者的成本主要包括使用成本以及不能公平使用这些资源所承担的机会成本。从使用成本来看，个体在消费或者使用的过程中为此支付费用，以分担生产成本；从机会成本来看，不能获得公共领域资源使用机会的个体，为了达到同样的使用水平，或者将承担更高的使用成本，或者接受现实，成为这类资源的排他对象，进而导致福利水平的降低。从这个角度来，最优的配置显然是生活性公共基础设施的供给在居住在城市中心区域的人口和居住在城中村的人口之间实现均衡配置。三是资源转化者（服务供给者）的"最优"，即私人经济收益的最大化。公共资源往往不会全部直接转化为实际的产品和服务，常常通过各种途径和方式，将生产环节分工给具有生产能力、以追求私人经济收益最大化为目标的组织。资本对利润的追逐，是经济组织维持长久生命力的根本，在公共基础设施领域，在技术要素、管理要素等既定的前提下，增加使用者以获得销售收入是实现经济组织经济收益最大化的基本途径。

三 公共物品与私人物品的成本—收益分析

《现代西方经济学辞典》将"成本—收益分析"解释为对于某一特定决策行动所带来的所有成本和收益进行细致的评价。[①]《现代经济学词典》认为成本收益分析是对政府部门投资项目做出评价的一种概念结构，将所有的收益和成本考虑在内，不管这些成本和收益是由谁来承受。从这个意义上来说，成本收益分析是功利主义的。在评价分析的过程中，收益往往不能用货币来衡量，而成本则按照此项目的实际货币成本来衡量。严格来说，成本收益分析中所有产出和投入的价格都应该用影子价格来衡量。[②]曼昆在《经济学原理》中，将成本—收益分析界定为"比较提供一种公共物品的社会成本与社会收益的研究"，其目标是估算公共项目对于作为一个整体而言的社会的总成本和总收益。同时他也指出，成本收益分析在具体应用中的困难，尤其是对于那些可以免费使用的公共物品，不具有用来判断公共物品价值的价格。因此，某一个项目得出的成

[①] 胡代光、高鸿业主编：《现代西方经济学辞典》，中国社会科学出版社1996年版，第65页。

[②] ［英］戴维·W.皮尔斯：《现代经济学辞典》，上海译文出版社1983年版，第118页。

本和收益的结论最多只是近似而已。[①]

成本收益分析广泛应用于公共项目和私人项目的决策分析中，这一分析方法有着基本的普遍适用性。但是，在公与私两种不同的领域，成本收益分析的应用差异明显。公共物品或公共项目的成本收益分析与私人物品的成本收益分析相比有着特殊性。主要表现在：公共支出关系到社会资源的有效配置、收入分配等，因此难以用投入和收益的对比进行衡量；公共物品具有典型的非竞争性和非排他性，因此公共支出也具有典型的非营利性，也就是说，尽管成本收益分析影响着公共决策，但是更侧重的是社会收益。[②]

具体来说：

第一，私人物品供给与公共物品供给的成本收益分析一致性。

无论是公共领域还是私人领域的物品（有形物品与无形物品）供给，都以一定的投入为必要条件，即成本是任何类型物品供给的前提。在公共物品与私人物品的生产过程中，两个领域对成本的界定都是一致的。

公共物品与私人物品供给的成本分析都涉及不同类别的成本，私人物品领域可能存在的成本，在公共物品领域同样存在。除了一般的货币性成本以外，经济学还将外部性问题视作重要的成本之一。对于私人物品的供给来说，可能会对第三方产生负面的影响，即负外部性，因此在生产的过程中，通过谈判、监管、补偿等手段对这种负外部性予以消除或消减。而在公共物品的生产过程中，一般更多地关注其正外部性，从外部收益而非外部成本的角度对相关问题进行分析。但是实际上，公共物品的负外部性同样存在。简单而言，公共物品的供给可以是一个帕累托改进的过程，但是并不会

[①] ［美］曼昆：《经济学原理微观经济学分册》，梁小民、梁砾译，北京大学出版社2009年版，第231页。

[②] 赵鸣骥：《政府农业支出成本收益分析》，博士学位论文，东北财经大学，2004年。

达到帕累托最优的状态，原因一方面在于必然会存在对某种公共物品供给不满意、但是又必须接受的个体或者群体，这本身是一种外部成本；另一方面在于公共物品供给不足，导致一部分成员由于不能合理使用这类物品而产生机会成本。

第二，私人物品供给与公共物品供给的成本收益分析差异。私人项目的成本—收益分析与公共项目的成本—收益分析的根本区别在于，前者的核心是，对于支出者来说，其在投入过程中获得的收益能否弥补成本，即谁投入谁获益，不投入则不获益。而公共项目的成本收益分析与此相反，往往是以不参与直接生产的使用者的收益为主要依据。

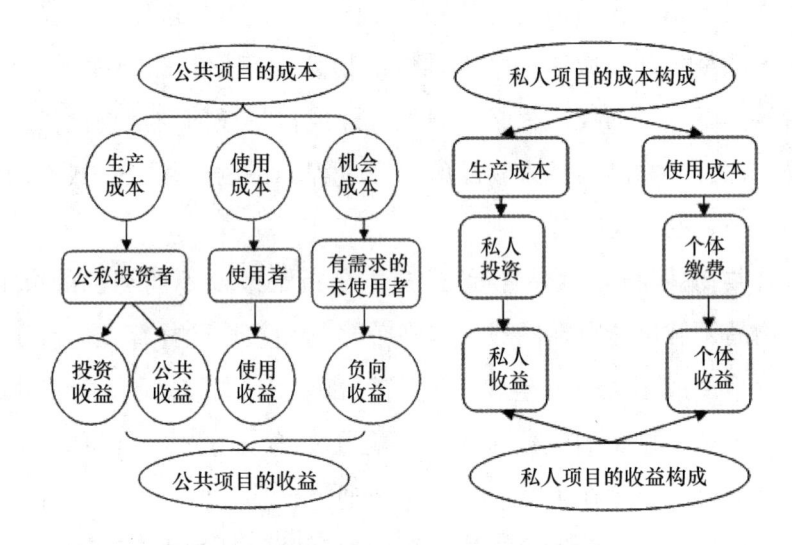

图4—3 公共物品与私人物品的成本收益差异

差异一：收益界定的差异性。

对于私人物品的投资来说，经济性投入的主要目标是获得经济性收益，即生产者剩余。在私人部门中，影响投资决策的关键在于，预期的经济性收益能否在弥补经济性投入的前提下实现效益最大化。假设 A 企业正在对一个项目的两个方案进行决策分析，在其他条件一致的情况下,如果第一种方案的收益成本比率明显大于第二种方案,也就意味着第一种方案的盈利能力更优,因此会在决策中胜出,这正是私人部门的效率原则,即付出的成本至少要获得相应的产出。这也能够从私人部门用于私人物品供给的资本来源找到解释,私人部门的资本源于过去的私人财富的积累,因此,其逐利性有着天然的合理性。

而对于公共物品的投资来说,投入的核心目标是获得非经济性收益,其对于经济性产出的追求要明显弱于前者。公共物品供给的主导者是公共部门,无论采取直接生产还是间接生产的方式,公共部门都以公共财政的方式分担全部或者部分成本。而公共财政的来源正是社会公众,由社会公众承担的税收是公共财政的组成部分。取之于民用之于民是税收的基本原则,因此以公共财政为成本来源的公共物品供给,其核心追求正是社会效益的最大化,而不是经济效益的最大化。

差异二:成本与收益的对等程度差异。

一般来说,在私人物品供给的成本—收益分析中,参与主体对成本的承担与对收益的获得基本上是一致的。在更普遍的意义上,获得的收益大于承担的成本,以实现利润的获得(生产者剩余),是从生产者视角出发的私人物品供给的成本收益最大化原则。而对于消费者来说,为了获得私人物品而付出的价格,大于等于对该私人物品的主观评价,以实现效益的获得(消费者剩余),是从消费者视角出发的私人物品消费的成本收益最大化原则。

而在公共物品供给的成本收益分析中,收益的分享者与其承担的成本并不完全对等。作为公共物品的直接消费者,个体(社会公众)从公共物品的消费中获得的收益源自个体承担的成本部分和公共部门的承担的成本部分。也就是说,公共部门承担的成本对于利益的追求,是以社会成员获得利益为目标的,即公共部门收益的组成部分正是个体收益。与此同时，有需求的未使用者所承担的机会成本，以及由此导致的负向收益，也是影响公共项目决策的关键因素。因此，由个体组成的全体社会成员的收益的最大化（正向收益与负向收益之和）才是公共部门供给决策的成本—收益准则。

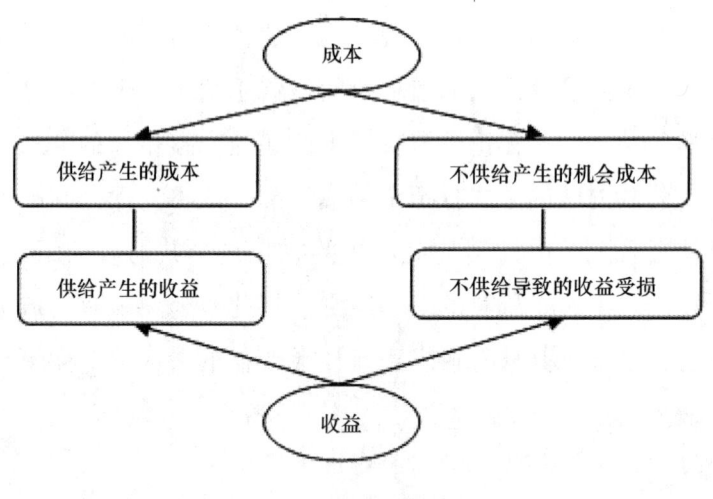

图4—4　成本收益基本构架

第二节　成本构成与成本分担

城中村公共物品的供给，建立在各个相关主体对成本进行公平合理分担的基础上，这既包括供给过程中的生产成本的合理分担，也包括使用过程中的使用成本的公平支付，以及由于公共物品供给不足导致的机会成本的降低。在城中村生活性公共基础设施投入的生产成本中，公共部门、私人部门、城中村户籍人口（房东）将共同分担，其中拥有房东身份的城中村户籍人口将为房屋内部设施的改善承担一部分投入责任，用于室内设施与室外生活性公共基础设施的对接，这一部分属于具有私人住房产权的所有者获取租金收益的基本前提，综观各个城市的做法，通常会对提供室内设施的房东予以一定的财政补贴。

一 生产成本及其承担主体

城中村生活性公共基础设施的生产成本主要指用于城中村生活性公共基础设施改造过程中投入的各项成本总和，包括有形成本和无形成本。

（1）生产成本类型

①有形成本

第一，城中村天然气改造的成本。通过综合评估，确定具备天然气改造技术条件的城中村，进行天然气管道铺设等工程。城中村天然气改造用于城中村所有常住人口的生活能源替代，清洁能源的使用既是关乎城市可持续发展的基本途径，也是降低生活能源成本的基本方式。

第二，城中村水电改造成本。城中村水电改造的成本，主要用于改善非户籍常住人口的用水用电价格明显过高、导致总体生活成本增加的现状。这是扭转城中村市场无序状态的基本途径，尤其是居民承担的水电价格是财政补贴以后的价格，如果城中村户籍人口以水电价格差的方式从以农业转移人口为主的低收入群体中获取经济利益，尤其是这已经成为各大城市的普遍问题，显然会引起更大的福利损失。因此，亟须投入适当的人力、财力和物力去纠正这种无序状态。

第三，城中村供暖改造成本。城中村供暖改造成本是指用于改变城中村人口以煤、电等自供暖方式投入的成本。

②无形成本

城中村生活性公共基础设施的改造，在投入有形成本的同时，还需要投入无形成本：

第一，与城中村户籍人口的利益矛盾。城中村生活性公共基础设施的改造，尤其是水电基础设施的改造将会对城中村户籍人口的既得利益造成影响，尽管这一既得利益本身是一种不正规获利，但是由此可能导致与城中村户籍人口的矛盾与冲突，以及不合作的行为，是可能存在的无形成本。

第二，财政压力。城中村生活性公共基础设施的改造投入，需要耗费相应的人力、财力、物力，这些主要来自公共财政。在城镇化的进程中，农业转移人口进入城市以后，各领域的相关投资都呈现出急剧增长的趋势，这些都需要政府增加公共财政投入，进而增加地方政府的公共财政压力。

第三，土地财政收入的减少。城中村生活性公共基础设施的改造前提，正是城中村的存续，这也就意味着政府必须调整对于城中村的策略，由过去的"拆迁以获取土地转让金"，转向"城中村生活性公共基础设施供给"。

（2）成本承担主体

①公共部门。基于前文对生活性公共基础设施的分类及属性分析，生活性公共基础设施具有较强的社会福利效应，与社会公众的利益有着密切相关性。同时，生活性公共基础设施存在的外部性、自然垄断性等缺陷也使得政府干预成为必要。因此，生活性公共基础设施的投资主体一般是国家，通过公共财政投入实现国家或区域内生活性公共基础设施的均衡配置。成功国家和地区的经验也表明，以民众和政府之间基本社会契约的形式，面向全部人口扩大社会服务是政府应有的主要责任。实际上，无论是政府直接提供公共物品，或者通过市场提供，都体现政府对资源配置和收入分配的哲

学，政府的行为与辖区内人口的个体需求和群体需求密切相关，[①]由此也与个体收益和公共收益密切相关。

第一，公共财政。土地增值税、固定资产投资方向调节税、城市维护建设税等几个主要税种是城市公共基础设施建设的税收来源。1979年以前，我国的公共基础设施供给成本主要由国家财政无偿划拨。而在1980年以后，除了国家财政直接划拨以外，逐渐有更多的间接手段为公共基础设施建设筹集资金。第二，银行贷款。政策性银行的开发性贷款和商业银行的商业贷款是两种主要的形式。其中关键的环节在于对贷款本息的偿还，一方面采取使用者付费的形式偿还；另一方面，收费不足以偿还的部分，以地方财政预算进行偿还。也就是说，主要采取的是以地方财政为担保、由使用者直接承担归还贷款的责任。在这一过程中，地方政府的主要职责一方面在于将拟建项目交由城市建设投资公司，由其作为借款人申请贷款；另一方面在于偿还贷款的兜底责任。第三，地方政府债券对公共基础设施供给成本的承担。从根本上解决政府用于生活性公共基础设施建设的资金来源问题，可行的路径在于发行地方债，使地方财政有一个可持续的融资工具。[②] 除第一种方式外，其余方式是以公共部门承担偿还责任的方式分担城中村生活性公共基础设施的改造成本。

②私人部门

通过不同方式筹集资金以解决城中村生活性公共基础设施改造问题，从某种程度上来说，是一种对公共部门"承担全部合适以及可负担住房的能力有限"的承认与应对。除了公共部门以公共财政方式承担的生活性公共基础设施投资改造成本以外，私人部门资本

---

① 任宗哲：《中国地方政府职能、组织、行为研究——一种经济学视角》，博士学位论文，西北大学，2002年。

② 任宗哲：《关于新型城镇化的几点思考：深化经济体制改革，实现城乡一体化发展》，《陕西省社会科学界第六届学术年会经济分会场论文集》，2012年。

正在逐步发挥关键性的作用。私人部门资本主要指民营企业的流动资本和家庭的金融资本。在中国的公共政策文件中，也被称为"民间资本""社会资本"。一般来说，私人部门投资的引入，一方面出于缓解政府失灵的考虑，另一方面出于缓解政府财政压力的考虑。政府失灵主要表现在各级地方政府对于土地财政的过度依赖以及由此对城中村非户籍常住人口住房权益的漠视。而私人部门资本的加入对于处在经济新常态下财政收入能力逐步放缓的地方政府来说，将明显减少政府的财政支出压力，进而减缓政府征税的压力，并且将有限的财政收入用于教育、医疗、住房、社保等关系民生、需要财政直接投入的领域，提高社会福利水平。这在宏观意义上有利于降低总体税赋，进而促进经济增长。无论是应对政府失灵还是缓解财政压力，关键都在于私人投资的引入，这在满足经济学关于提高经济效率原则的同时，也有利于私人资本和公共资本的生产和使用效率的提高。[①]

此外，由于生活性公共基础设施往往需要住户内部设施的配套，因此在城中村改造过程中，城中村住户还需要承担一部分室内配套设施的改造成本。

二 使用成本及其承担主体

作为生活性公共基础设施使用者的个体以缴费的形式承担使用成本。可以认为，个体承担的使用成本是对总投入成本进行的补偿，也就是说，个体对生活性公共基础设施承担的缴费既是个体的使用成本，同时也是生活性公共基础设施生产者的收益，用以弥补私人部门和公共部门的投资成本。

根据本书对生活性公共基础设施的分类，个体承担的使用成本

[①] 严成樑、龚六堂：《基础设施投资应向民间资本开放吗》，《经济科学》2014年第6期。

具体包括以下方面：由个体支付的燃气价格、水、电价格和采暖价格。其中，个体承担的液化石油气使用成本由液化石油气的家庭用量乘以单位液化石油气价格得出；个体承担的天然气使用成本由天然气的家庭用量乘以单位天然气价格得出；个体承担的用水成本由生活用水使用量乘以单位水价得出；个体承担的用电成本由生活用电使用量乘以单位电价得出；个体承担的供热成本由供热面积乘以单位采暖价格得出；个体承担的垃圾处理成本主要由生活垃圾清理费构成。

表4—1　　　　　生活性公共基础设施的个体使用成本

类别	液化石油气	天然气	供水	供电	供热	垃圾处理
	家庭用量	家庭用量	生活用水	人均用电	住宅供热面积	垃圾清理
计算公式	单位煤气价格*使用量	单位天然气价格*使用量	单位水价*使用量	单位电价*使用量	单位供热价格*供热面积	垃圾清理费

三　机会成本及其承担主体

城中村生活性公共基础设施的机会成本是指城中村生活性公共基础设施稀缺（供给不足与供给差异）导致的成本。机会成本的一般含义是人们为了得到某一种产品或服务而必须放弃的另一种产品或服务，即将"被放弃的"称为"机会成本"。Baul A. Samuelson 和 William D. Nordhaus 将机会成本界定为"错过了最有价值的物品或劳务的价值"以及"失去的选择"。[①] 这种放弃是由于选择而蒙受的损失，即未选取的可能性的价值。公共领域和私人领域在各类活动之间做出的所谓理性选择，基本是以机会成本作为权衡、决策的依

---

① ［美］保罗·萨缪尔森、威廉·诺德豪斯：《微观经济学（第18版）》，萧琛译，人民邮电出版社2008年版，第120—121页。

据。对一项公共项目（而非私人项目）进行成本收益评估的目的在于，确定其产品的均衡社会价值，或者说确定其产品的社会机会成本，也就是说，要评估个人为了边际的增加其对项目产品的消费而情愿做出的牺牲，或者从另一个角度来说，要评估如果该项目不实施，每个公共项目的消费者所蒙受的损失。[1] 从这个角度来说，机会成本的概念应该将"获得机会"纳入其中。综合来看，城中村生活性公共基础设施的机会成本的界定，即生活性公共基础设施不均衡配置所蒙受的损失，实际上是一种典型的政府失灵，往往是公共选择的结果。

这种需求大于供给的不均衡状态在以下情况中的不足尤为明显：物品种类归属于需求层次中的最低层。一般来说，呈现出市场失灵特征的生活性公共基础设施，是其作为公共物品提供的主要依据，因为也就成为公共部门的政策目标，进而由各项公共政策，如财政政策、区域发展政策等来予以实现，并通过公共项目的财政支出安排体现出来。也就是说，生活性公共基础设施在城市不同区域的配置决策是公共政策选择的结果，在决策权重中占比大的一方将会获得支持。

因此，对城中村生活性公共基础设施进行机会成本分析的关键在于，评估个体尤其是处于城中村的人口，在城中村生活性公共基础设施供给不足的背景下所导致的损失。从这一角度来说，生活性公共基础设施稀缺导致的机会成本是显而易见的。

（1）个体的机会成本

第一，生活质量低下。生活性公共基础设施是个体（家庭）维持最低生活的前提条件，生活质量的最低衡量标准正是基本的生活条件、不危害健康的卫生环境等。而生活性公共基础设施的稀缺将会显著地降低个体的生活质量。第二，生活成本支出的增加。生活

---

[1] ［法］克洛德·热叙阿、克里斯蒂昂·拉布鲁斯等主编：《经济学词典（修订版）》，李玉平、郭庆岚等译，社会科学文献出版社2013年版，第138—139页。

性公共基础设施供给不足在导致生活质量下降的同时，还会带来生活成本的增加。这主要是收入效应的作用。

（2）公共部门的机会成本

积极推进健康、可持续、以人为本的新型城镇化是当前以及未来一段时间内公共部门的重要职责，这一目标的实现必然建立在农业转移人口生活条件的改善、生活质量的提高，进而实现生活方式由农村型向城市型变迁的基础上。但是，当前城中村生活性公共基础设施的供给现状明显已经成为制约城镇化质量提高的基本因素。进一步来说，城镇化质量的低下，既不利于城镇化的进一步推进，也不利于中国当前面临的经济社会新常态。从长远来看，长期处于恶劣生活条件下的低收入群体，还将增加社会的不稳定风险。这在各个层面、各个领域都降低了公共收益和社会福利的可获得性，增加了公共部门的机会成本。

（3）私人部门的机会成本

当前城中村以"拆"为主、而不是增加生活性公共基础设施供给的改造模式，导致原本居住于城中村的非户籍常住人口因为低成本住房的不足，同时无力支付改造后的城中村住房成本，而"流回"农村。正是这种劳动力的流失，导致城市企业的"用工荒、用工难"，增加了企业的劳动力成本。

第三节　收益构成与收益分配

具有典型公共物品特征的生活性公共基础设施将产生多方面的收益，既包括直接的经济收益，也包括公共收益。[①] 前者可以用货币进行衡量，后者则难以用货币衡量。而公共收益往往是公共基础

[①] 雷晓康、席恒：《和谐社会的动力机制：合作收益的达成与再生产》，《中国软科学》2009年第2期。

设施的关键收益，原因就在于公共基础设施的供给准则正是增加社会总体福利，而社会总体福利的增加与否，往往是一种主观感受，难以用货币进行衡量。

一　生产者收益：私人部门的直接收益

私人部门的直接收益是指私人部门在城中村生活性公共基础设施的投资中所获得的直接收益。作为城中村生活性公共基础设施改造的投入主体之一，私人部门以获取直接收益（经济收益）以实现资本收益最大化为核心目标。私人部门的直接收益即经济利益，以产品或服务的实际销售量乘以价格得出。

第一，私人部门的直接收益取决于所提供设施与服务的实际销售量。消费者数量及其消费的物品和服务的数量是影响销售收入的基本要素，因此，生活性公共基础设施的覆盖范围以及可获得性，从根本上决定了使用人口的数量和可能的获利空间。

第二，私人部门的直接收益同时取决于所提供设施与服务的价格。由于生活性公共基础设施的公共物品属性，私人部门提供的产品或服务采取的定价方式不同于私人物品的定价方式，其售价往往低于市场价格。一般来说，公共物品的定价往往是按照平均成本定价，而不是边际成本定价，也就是说使用者支付的使用价格一般都低于基于效率原则、以边际成本为依据制定的价格，二者之间的差距往往由公共财政予以补贴。由公共部门承担的对实际生产者的财政补贴，用以弥补其产品和服务定价低于市场定价的差额。中国当前基础设施领域自然垄断性强，政府对其进行价格管制以确保其社会目标的实现，往往通过价格补贴以弥补生产者成本。例如，居民生活用水、用电、天然气的价格都是财政补贴后的价格。从公共基础设施项目存在的公共性和私人性的双重属性来看，理想的"定价"模式是私人部门"盈利但不暴利"。① 其中，公共基础设施项目投资主体的私人构成决定其存在盈利需求，以满足私人资本对私人利润的追求。公共性属性则限制了公共基础设施项目的暴利可能，满足公共资本对公共收益的追求。为保证生活性公共基础设施的持续提供，往往通过财政补贴的方式弥补使用者支付的实际价格和市场价格的差额。②

二 生产者收益：公共部门的直接收益和公共收益

公共部门在城中村生活性公共基础设施的改造中获得的收益包括直接收益和公共收益。

（1）直接收益

低成本住房投资的降低。尽管当前地方政府并未供给充足的保障性住房，难以满足城镇化进程中对低成本住房的需求，但是不可否认的是，供给低成本住房是政府的职责之一。因此，在当前的财政约束下，通过增加城中村生活性公共基础设施的供给，保障城中村的低成本居住区功能，以有效弥补公共低成本住房投资不足的困境，这是既能够增加城市低成本住房供给、同时缓解财政压力的有效途径。

（2）公共收益

第一，社会总体福利水平的提高。城中村生活性公共基础设施的完善为城中村常住人口提供了基本的物质条件和公共服务，明显改善这一事实上的低成本居住区的生活质量，有助于增加社会总体福利水平。

---

① 张平：《地方基础设施建设引入公私合作模式的困境及突破路径》，《经济纵横》2015年第4期。
② 由公共部门直接投资的公共基础设施的经济收益主要体现为个体付费对成本的弥补程度。由公私部门合作投资的公共基础设施的经济收益主要体现为个体付费和财政补贴对成本的弥补程度。

第二，加快新型城镇化进程。新型城镇化的核心内容是"人口的城镇化"，初入城市、收入水平较低的农业转移人口在城市能够获得的低成本住房，是人口市民化的基本前提。预期低成本住房的可获得性，将有效地增加农村人口的迁移意愿，从而有效地推进城镇化。

第三，缩小收入差距。实证分析表明，城中村生活性公共基础设施的改善，将会降低城中村常住人口中的非户籍人口的生活性公共基础设施使用成本和机会成本，从而增加实际可支配收入，收入边际效应明显。这对于进一步改善贫困、缩小收入差距有着积极的意义。

第四，改善城市投资环境。低成本住房有效解决城市劳动人口的居住问题，将为企业提供更为稳定、充足的劳动力资源，减少企业用于员工居住的成本，从而改善总体投资环境。在短期内拉动内需，也能够为长期经济增长塑造动力。

三 使用者收益：个体的直接收益和公共收益

使用者收益是城中村生活公共基础设施得到改善后，使用者从中获得的收益，既包括有形的直接收益，也包括无形的公共收益。

（1）个体的直接收益：有形收益

第一，居住成本的降低和生活质量的改善。尽管以货币衡量的居民收入差异主要是市场分配的结果，但居民消费还同时有赖于政府提供的公共物品，通过对部分私人物品的替代，从而减少居民消费支出。城市生活性公共基础设施在城市边界以内不同空间的合理及平衡配置，将使居民在进行住房区位选择的时候，不需要过多考虑是否处于生活性公共基础设施服务半径以内，这就有助于更好地降低居住在城中村的低收入人口的居住成本,[①] 完善的生活设施和卫生条件也将有效地改善生活环境。

第二,真正成为财政补贴的获益者。生活性公共基础设施的使用者价格往往包含了财政补贴,越低的使用者价格,包含越高的财政补贴,通过这种方式降低生活性公共基础设施的使用成本,是国际通行的做法。当个体成为城中村生活性公共基础设施的使用者,也就表明个体成为财政补贴的获益者。反之亦然。这对于城中村常住人口来说,尤其是其中的非户籍农业转移人口尤为重要,这一群体在生活性公共基础设施的改善下才能获得其作为国家公民的基本权益,公共财政的公共性才能真正得以体现。

(2) 个体的公共收益:无形收益

第一,生活方式的变迁。在中国长期的城乡二元结构的影响下,城乡生活方式的差异也表现为生活性公共基础设施的差异。城中村生活性公共基础设施由农村属性向城市属性的转变,将积极地推动城中村的生活方式由农村向城市变迁。

第二,人力资本的提升。城中村生活性公共基础设施的改善,推动城中村常住人口更便捷地使用城市各类生产资源与生活资源,更方便地获取城市的各类信息和机会,进而实现有效的人力资本积累,同时间接提升后代受教育和人力资本提升的可能,降低贫困传递的可能。

---

① 郑思齐、曹洋:《居住与就业空间关系的决定机理和影响因素——对北京市通勤时间和通勤流量的实证研究》,《城市发展研究》2009 年第 6 期。

第五章

城中村公共物品供给困境及形成原因

城中村作为农业转移人口的"城市落脚地",但是以"拆"为主导的价值取向,导致城中村并未有效发挥这一功能。根据哈丁的公有地悲剧理论,人性都有向外扩张的欲望,公共利益往往最先受到侵害。在城镇化进程中,城市扩张速度显著加快,但是城市公共物品供给现状堪忧,既存在供给总量不足的问题,也存在供给不均的问题。尽管城中村住房弥补了城市公共低成本住房的缺口,但是以生活性公共基础设施为主的公共物品的稀缺,极大弱化了城中村住房作为低成本住房的功能,城中村常住人口的公共利益显著受损。本章将梳理中国当前的城中村公共物品现状及其负面影响、形成原因,并运用模糊综合评价方法,以西部某市为例,确定该市城中村生活性公共基础设施"城市属性"或者"农村属性"的隶属程度。

第一节 城中村公共物品供给困境

在中国长期以来城乡分立的发展模式下,城中村公共物品仍然按照传统的农村方式的需求进行供给,显然会导致公共物品供给数量的不足，从而与城市公共物品供给差异显著。

一 供给总量不足

随着城市化进程的加快，城中村常住人口数量数倍甚至数十倍于城中村户籍人口，城中村承载着低成本居住区功能，对于城市的公共问题解决大有裨益，理应增加相应的生活性公共基础设施。但是长期以来，城中村生活性公共基础设施供给严重不足，已经成为制约以农业转移人口为主体的城中村常住人口改善生活条件、提高生活质量、实现生活方式变迁的重要方面，影响着社会福利水平的提高。大部分城中村存在邮政网络、电信设施、道路、商业街区环境绿化和垃圾处理等生活性公共基础设施滞后于总体城市建设的问题，既造成非户籍常住人口难以有效使用，也进一步降低了城中村户籍人口福利水平，最终使城中村人均生活性公共基础设施使用量明显降低。一份针对北京的调研指出，仍有部分区域尚未完成道路硬化、垃圾封闭存放、旱厕改水厕等生活性公共基础设施的建设与改造，污水管网建设普遍严重滞后。[1]

（一）基本生活设施不足

住房条件是农村人口迁居城市得以生存的最重要的基础条件，是农业转移人口生活方式变迁的物质维度。城中村具有"落脚城市"的功能，但是生活环境与条件欠佳，在社区关系上一般多游离于城市原住居民之外，形成城市社区中的"孤岛"，存在房屋内部设施和外部设施不足的特征。尽管从城市范围来看，农业转移人口聚居的城中村实际上处于城市的边界以内，但是在城市获得快速发展的同时，城中村基本生活条件的配置并无明显改进。一项针对西安市的实地调研也证实了这一结论，根据研究者对城中村的实地调

---

[1] 刘玉、冯健、孙楠：《快速城镇化背景下城乡接合部发展特征与机制——以北京市海淀区为例》，《地理研究》2009年第2期。

研，1237份调研问卷结果显示，能正常供水的占91.6%，正常供电的占95.5%，但是普遍没有供暖设施，该比例占到87.1%。总体来说，农业转移人口生活设施不完善、周边环境差，而且居住区在空间形态、外观形象和内部功能方面同所在城市存在着强烈反差。[①] 生活性公共基础设施的供给不足，决定了农业转移人口在城市能够获得的基本生活条件，决定这一群体以"村落化"而非"城市化"方式进行生活，进一步固化了农业转移人口的传统农村生活观念，降低定居意愿。处于生活性公共基础设施供给不足的城中村，农业转移人口将不可避免地成为"边缘人口"。对于未迁移至城市的农村人口起着负面的信息传递作用，制约着城镇化的可持续发展。

表5—1　　　　　　　城市生活性公共基础设施总体情况

年份	城市人口总量（万人）	城市人口年增长比（%）	城市生活用供水总量（亿吨）	城市生活用供水人均量	城市生活用供水人均量增长比（%）	城市人均日生活用水量（升）	城市人均日生活用水量增长比（%）
2004	54283		233.46	0.00430		210.82	
2005	56212	3.55%	243.74	0.00434	0.82%	204.07	-3.20%
2006	58288	3.69%	222.03	0.00381	-12.15%	188.32	-7.72%
2007	60633	4.02%	226.37	0.00373	-1.99%	178.39	-5.27%
2008	62403	2.92%	228.2	0.00366	-2.05%	178.19	-0.11%
2009	64512	3.38%	233.41	0.00362	-1.06%	176.58	-0.90%
2010	66978	3.82%	238.75	0.00356	-1.48%	171.43	-2.92%
2011	69079	3.14%	247.65	0.00359	0.57%	170.94	-0.29%
2012	71182	3.04%	257.25	0.00361	0.81%	171.79	0.50%
2013	73111	2.71%	267.65	0.00366	1.30%	173.51	1.00%
2014	74916	2.47%	275.69	0.00368	0.52%	173.73	0.13%
2015	77116	2.94%	287.27	0.00373	1.23%	174.46	0.42%

---

① 何军、王胜利：《西安市区农民工居住问题研究》，《理论导刊》2011年第5期。

具体来说：

在水电等基本生活条件方面。在大部分地区，供居民使用的水、电设施在城市的各个区域差别都不大，农业转移人口无论在城市还是农村都基本能够获得同等的使用权，因此在供给数量上不具有明显的比较意义。与其他生活性公共基础设施相比，尽管城中村水、电等管道设施的普及程度较高，但是在该区域居住的非户籍人口通常按照房东定价进行付费，且这一价格普遍较高，因此水、电费在城中村非户籍人口生活总支出中所占的比例偏高。[①] 当前主流的研究观点认为，农业转移人口在城市的生活成本一般通过以下公式计算得出：城镇居民人均消费支出—农村居民人均消费支出，其中扣除住房支出。如果农业转移人口在城镇对生活性公共基础设施的消费支出是建立在均等的定价（如单位水价、单位电价）的基础上，这一公式可用。问题在于，根据国家统计局公布的《2015年全国农民工监测报告》显示，在务工地自购住房的农民工比例仅为1.3%，37%的农民工通过合租或者独自租住的方式居住，出于成本的考虑，这部分人口中绝大部分居住在城中村等城市边缘区，如重庆市53.6%的农民工居住在出租屋，武汉市67.7%的农民工居住在出租屋，嘉兴市82.6%的农民工居住在出租屋，[②] 承担的单位水价、单位电价远远高于城市居民，其人均生活消费支出远远高于统计数据。这一问题在深圳、西安、广州、郑州等地都已经成为极为普遍的社会问题。

在供热方面。农业转移人口当前的取暖方式主要延续农村自供热方式，自搭炉具（或不搭）等供暖设施，尚未被纳入城市集中供热范围以内。以北方地区为例，冬季供暖是影响生活质量的重要部

[①] 马静：《我国城乡接合部公共服务供给的现实问题与财政对策——基于山东省的调研分析》，《财政研究》2013年第3期。

[②] 国务院发展研究中心课题组：《农民工市民化进程的总体态势与战略取向》，《改革》2011年第5期。

分。城中村一般是城市市政供暖范围以外的区域，户籍人口虽然进行了房屋的改造，但是受成本以及房屋设计的局限，未将供热设施予以改善。因此，无论是城中村户籍人口还是非户籍人口，基本都按照传统方式进行取暖。

表5—2　　　　　　　　中国历年集中供热情况

年份	居住用地面积（平方公里）	住宅用地面积（居住用地面积×70%）	住宅集中供热面积（万平方米）	住宅集中供热面积占住宅用地面积比例（5）
2008	5006.80	3504.76	215073.2	61.37
2009	5192.63	3634.84	245631.6	67.58
2010	5493.51	3845.46	272503.4	70.86
2011	5175.27	3610.09	244219	67.65
2012	5947.23	4163.06	338674	81.35
2013	6095.62	4266.93	381828	89.49

说明：1. 不包括北京市数据。2. 2011数据年不包括青海。3. 居住用地面积指城市和县人民政府所在地镇内的居住用地面积。

鉴于中国对采暖地区和非采暖地区进行了划分，本书对供热相关问题的现实分析，主要以采暖地区为对象。根据国家的相关规定，采暖地区主要包括北京、天津、河北、山西、内蒙古、辽宁、吉林、黑龙江、山东、河南、陕西、甘肃、宁夏、新疆、青海等地区。由于人均住房建筑面积数据不完整，因此用居住用地面积代替，居住面积为以上15个省市区的总和。在此基础上，以居住用地面积的70%作为居住用地面积，将其与集中供热面积进行对比分析。根据住建部发布的统计年鉴数据，本书对中国城市地区的集中供热情况进行了分析。通过数据能够发现，中国近年采暖地区的城市的集中供热情况有了明显的改善。但是绝大部分城中村仍然处于集中供热范围以外。

在燃气方面。城中村燃气普及率低，大多未通天然气，仍然以电、煤、煤气等作为炊饮方式，煤球炉、煤气罐等的使用频率仍然偏高。传统的炊饮方式对于家庭住户来说，具有投资成本低、使用成本高的特征，如煤气可以以个人或家庭为单位即买即用，无须任何前期投资，但是污染大、具有一定毒性，使用价格偏高。而作为清洁能源，天然气使用成本低、污染小，但是管道铺设等投资成本高，一般以公共投资或者企业投资为主。与此同时，受城市内部区域规划的影响，城中村这一农业转移人口聚居地区一般都在短期或者长期拆迁规划中，以沉没成本为特征的天然气管道铺设也就被划在城市生活性公共基础设施投资范围之外。根据住建部的统计数据，中国天然气普及率2012年刚刚超过50%。截至2013年，中国城市天然气普及率仅为54.9%，也就是说还有近一半的城市人口仍然采用传统方式生活，如煤气、液化石油气、电、煤炉等方式。进一步地说，目前能够使用天然气的城市区域主要是城市的中心区域。在城中村，农业转移人口以比天然气使用成本更高的货币代价和污染代价生活。

表5—3　全国历年城市供水、燃气、供热情况（2002—2013年）

年份	用水人口（万人）	天然气普及率	集中供热面积（万平方米）	建成区面积（平方千米）	城市人口数（万人）
2004	30339.7	16.48%	216266	30406.2	34147.4
2005	32723.4	19.78%	252056	32520.7	35923.7
2006	32304.1	22.32%	265853	33659.8	37272.8
2007	34766.5	27.50%	300591	35469.7	37051.3
2008	35086.7	32.89%	348948	36295.3	36988.3
2009	36214.2	38.60%	379574	38107.3	37674.3
2010	38156.7	43.13%	435668	40058.0	39468.8
2011	39691.3	46.52%	473784	43603.2	40902.4

续表

年份	用水人口（万人）	天然气普及率	集中供热面积（万平方米）	建成区面积（平方千米）	城市人口数（万人）
2012	41026.5	50.22%	518368	45565.8	42226.8
2013	42261.4	54.90%	571677	47855.3	43318.2

说明：1. 以天然气使用人口作为分析基础的原因在于，天然气的普及程度是公共行为，而煤气更大程度上是市场行为。2. 城市人口总数自2006年为城区人口和城区暂时人口总数。

（二）环境卫生基础设施不足

一般来说，生活垃圾的处理经过分类、堆放、清扫、清运、处理等流程，各个环节呈现递进的关系。在生活垃圾产生以后，由垃圾制造者进行简单分类，并就近堆放到垃圾存放点，如垃圾箱等；卫生工作人员对负责区域进行清扫，并将公共区域生活垃圾（如道路垃圾）集中到垃圾存放点；再由垃圾清运车辆将堆放点垃圾运往垃圾处理厂（场）进行无害化处理。在这个过程中，与人口实际生活密切相关的基础设施是居住地点垃圾箱的配置、清扫人员的配备。与此同时，垃圾分类知识的传播也至关重要。因此，广义的垃圾处理服务应将有形的环境卫生公共基础设施和无形的服务以及管理纳入其中，并对实际工作进行全面衡量。具体来说，与农村生活垃圾随意堆放、垃圾分类推进困难、无害化处理比例较低等垃圾处理方式相比，城中村常住人口的居住环境有着一定程度的改善，但仍然存在不足。

垃圾分类。在垃圾分类整体推进缓慢的基础上，城中村基本没有相关知识的宣传。根据对西部某市农业转移人口的实地调研，大部分人对于垃圾分类知识了解甚少，"没有听说过"的选择者占90%以上。而城中村管理部门也基本没有做过相应的宣传指导，垃圾分类沦为空谈。

垃圾堆放。城中村缺乏基本的垃圾存储设施，垃圾箱配备严重不足，随地乱扔垃圾、生活垃圾随处堆放的现象普遍，是导致生活环境较差的重要原因之一。一般来说，垃圾堆放的整洁程度与垃圾箱等基本设施的完善程度密切相关，在常住人口数量逐步增加的同时，地方政府并未按照比例在人口聚居区域适时增加垃圾存储设施，并且马太效应明显，城中村往往成为城市脏乱差的代名词。

垃圾清运。垃圾清运工作的有效开展主要由清扫与清运环节构成。清扫环节主要由卫生保洁人员的数量衡量。总体来说，城中村区域卫生保洁人员配备不足，公共区域卫生环境难以保证；而清运环节主要以清运的及时性、清运过程的密闭性进行衡量。从现状来看，一方面，城中村生活垃圾堆放时间普遍较长，垃圾清运不及时，导致公共卫生隐患巨大，是造成脏乱差的重要原因之一。另一方面，垃圾清运设施车辆陈旧，故障率高，更新维修频率较低，部分垃圾转运车辆密闭性差，导致垃圾散落现象严重，对周边卫生环境影响较大，加剧环境污染。[1]

垃圾处理。在垃圾处理能力能够保证的前提下，垃圾处理量从某种程度上取决于垃圾清运量，农业转移人口居住点的垃圾清运不够及时，无害化处理也就无从谈起。在一份针对城中村居住环境的调研中，不满意现有居住环境的原因中，排在前四位的依次是：随地乱扔垃圾（44.3%）、空气质量较差（34.6%）、垃圾清扫不及时（33.1%）和街道脏乱（33.1%），这进一步说明了农业转移人口垃圾处理方式的简单化。[2] 在一份针对山东省城乡接合部居住人口的抽样调研报告中现实，公共卫生状况是当地城乡接合部最突出的问题之一。从具体数据来看，调研者中23.98%的人口认为公共卫生设施严重不足，35.09%的人口认为卫生状况较差，34.50%的

---

[1] 杨艳梅：《国外垃圾处理经验及对我国的启示》，《环境保护与循环经济》2014年第4期。

[2] 曾贱吉、欧晓明：《农民工公共卫生状况调查——以珠三角地区为例》，《城市问题》2014年第11期。

人口认为生活垃圾或污物清扫不及时，乱堆乱放现象严重，无人打扫，更没有设置专门的垃圾清理站点，使整体居住环境较差。[1]

表5—4　　　　全国历年市容环境卫生情况（2006—2013年）

年份	生活垃圾清运量（万吨）	生活垃圾处理量（万吨）	生活垃圾处理能力（万吨）	处理能力与处理量之差（万吨）	生活垃圾处理空置比（%）
2006	14841	7873	9418.752	1545.752	16.41
2007	15215	9438	10194.7785	756.7785	7.42
2008	15438	10307	11503.0845	1196.0845	10.40
2009	15734	11220	12998.745	1778.745	13.68
2010	15805	12318	14147.6555	1829.6555	12.93
2011	16395	13090	14932.8435	1842.8435	12.34
2012	17081	14490	16288.78	1798.782	11.04
2013	17239	15394	17968.95	2574.95	14.33

尽管国家统计局公布的城市活垃圾无害化处理率已经超过90%，但是对于城中村的居住人口来说，更加重要的问题在于生活垃圾的清运。一般来说，生活垃圾无害化处理率反映的是生活垃圾清运量与生活垃圾无害化处理量的关系比例。从住建部发布的统计数据来看，中国生活垃圾处理能力一直大于实际的生活垃圾处理量，这表明在现有的投资总量下，尚未实现规模收益。2006年至2013年，基本上每年的生活垃圾处理空置率都在10%以上，2013年达到14.33%。而另一方面，城中村的居住人口却始终面临着垃圾围村、垃圾清运不及时等各类环境卫生问题。在生活垃圾处理能力高于生活垃圾处理量的前提下，中国城中村环境卫生状况恶劣的关键因素在于生活垃圾的清运量。垃圾清运不及时与生活垃圾处理

---

[1] 马静：《我国城乡接合部公共服务供给的现实问题与财政对策——基于山东省的调研分析》，《财政研究》2013年第3期。

的空置率表明，我国生活垃圾处理既面临收益困境，也面临成本困境。

（三）公共交通基础设施不足

城中村出行条件一方面体现在道路层次。根据对西部某市城中村的调研，这一区域内部道路狭窄，大多数道路不足4米，道路两边多被摊贩占地经营此外，道路损坏严重，路面不平，加之排水设施不完善导致的积水严重，导致居住在这一区域的人口出行不便。另一方面体现在公共交通工具层次。公共交通工具的不完善对于处于地理位置层面的城市边缘区域的影响尤为明显，使得这一区域的农业转移人口至少要承担两种成本：一是城市交通拥堵成本（时间成本）。有研究表明，城市的拥堵正是城市的公共基础设施未能够跟上人的发展步伐所致。在城镇化进程迅速加快的背景下，城市边界逐渐扩大，公共交通基础设施却并未有效增加供给。农业转移人口一般选择居住在成本较低的城中村，而就业大多选择工作机会较多的城市中心区域，两者之间的地理距离表明农业转移人口要承担城市的交通拥堵，出行时耗长。二是经济成本。与城市中的其他群体相比，农业转移人口对公共交通工具的依赖性更强。城中村大多是城市规划的弱点，公共交通路线以及公交车辆配置不足，换乘成为必然选择，这在增加出行时间的同时，也增加了成本支出。

表5—5　　　　　　　　城市公共交通工具基本情况

年份	城市人口总量（万人）	城市人口增长量（万人）	城市人口年增长比（％）	每万人拥有公共交通车辆（标台）	每万人拥有公共交通车辆增量（标台）	每万人拥有公共交通车辆增长率（％）
2005	56212	1929	3.55	8.62	0.21	2.497
2006	58288	2076	3.69	9.05	0.43	4.988

续表

年份	城市人口总量（万人）	城市人口增长量（万人）	城市人口年增长比（%）	每万人拥有公共交通车辆（标台）	每万人拥有公共交通车辆增量（标台）	每万人拥有公共交通车辆增长率（%）
2007	60633	2345	4.02	10.23	1.18	13.039
2008	62403	1770	2.92	11.13	0.9	8.798
2009	64512	2109	3.38	11.12	0.01	-0.090
2010	66978	2466	3.82	11.2	0.8	0.719
2011	69079	2101	3.14	11.81	0.61	5.446
2012	71182	2103	3.04	12.15	0.34	2.879
2013	73111	1929	2.71	12.78	0.63	5.185
2014	74916	1805	2.47	12.99	0.21	1.643
2015	77116	2200	2.94	13.29	0.3	2.309

以上海为例，根据国家统计局上海调研总队的调查研究，以上海市的外来农民工为对象，针对出行方式等方面进行了相关的调研。结果显示，这一群体的主要出行方式包括以下两种："骑自行车或助动车"和"步行"。选择"公交车"的人口比例仅占调研人数的14.32%；"乘轨道交通"的人口比例仅占调研人数的3.73%。总体来说，出于出行成本和出行时间的考虑，上海的农民工的出行方式以"步行"或"骑车"为主，并没有大量采用乘公交或轨道等公共交通方式。[①]

二 供给差异明显

公共收益分配是否均等，往往是衡量社会福利的重要尺度。与生活性公共基础设施供给绝对量不足同时存在的另一个困境是，城

[①] 程名望、史清华、张帅：《农民工大量占用城市公共资源了吗——基于上海市1446个调查样本的实证分析》，《经济理论与经济管理》2012年第8期。

中村常住人口享有的生活性公共基础设施的相对量的不足，即均等程度较低，这显然降低了社会福利水平。作为公共物品的一个类别，生活性公共基础设施是满足人的基本需求的前提条件，其配置的公平程度也是社会公平的基本内容。

表5—6　生活性公共基础设施对农业转移人口的排他性与竞争性

公共基础设施类别	与农业转移人口生活方式相关度	对农业转移人口的排他性	对农业转移人口的竞争性
居住条件			
供电	强	非排他	非竞争
供水	强	非排他	非竞争
天然气	强	部分排他	部分竞争
居住环境			
环境卫生设施	强	部分排他	部分竞争
出行方式			
公共交通	强	非排他	竞争

对于以农业转移人口为主体的城中村常住人口来说，受城乡二元结构的深刻影响，尽管这一群体已经长期生活在城市边界以内，但是仍然无法享受与城市居民均等的待遇。一方面表现在与城市户籍人口相比较而言的生活性公共基础设施的消费权利差异。农业转移人口始终以"低人一等"的姿态在城市生活，在生活性公共基础设施的消费与使用上，与城镇人口有着显著的差异，尽管两个群体有着同等的消费城市生活性公共基础设施的权利。从中国的现实情况来看，比较常见的状态是，以城市户籍居民为主体的城市中心区域人口享受着优越的市政设施、整洁的卫生环境、便捷的公共交通与更宽敞平坦的道路等生活性公共基础设施，而以农业转移人口为主体的城中村常住人口却距此甚远；另一方面表现在其对城市综合发展的贡献与从城市获得的公共收益不对等。农业转移人口为城镇

化做出了巨大的贡献，对于城镇化的推进、城市产业结构调整、消费拉动内需等都有着关键的意义，但是却未能充分地享有城市的生活性公共基础设施。

（一）基本生活设施的供给差异

基本生活设施的差异主要表现在天然气、供暖等能源供应领域的差异。主要表现在农业转移人口与城市原住人口之间。当前，城镇居民使用的能源种类多以天然气为主，天然气成本低、清洁卫生、安全性较好，大部分城市居民小区已经具备天然气、暖气等基本生活设施，与城中村常住人口以煤炉、电等有较大的不同。当前制约城市燃气普及率提高的关键正是农业转移人口。在供热方面，大部分城市居民小区热力管网都已经齐备，这与农业转移人口的煤炉、电热毯等方式有极大区别。

（二）环境卫生基础设施的供给差异

大部分城中村的环境卫生都以脏乱差为基本特征，其环境卫生设施并未与城市环卫系统衔接，未设置垃圾处理点，垃圾桶与公厕的数量也过少，缺乏基本的垃圾清运设施、保洁人员不足等，垃圾围堵的现象较为常见，存在较大的公共卫生隐患。而另一方面，城镇人口却是迥异的生活方式，在城市居住小区的楼宇内部、外部保持定时的保洁清扫与垃圾清运，污水处理设施也较为健全。在获得经改善卫生设施（指具有最基本的处理排泄物设施）的人口所占的比例这一数据中，中国为74%，低于中等收入国家的平均值，毫无疑问，农业转移人口而非城镇人口的环境卫生设施的现状拉低了这一数据。

（三）公共交通基础设施的供给差异

一般来说，公共交通不具有排他的可能，也就是说每个人都能在付费的前提下、公平使用公共交通工具。因此，本书的差异化主要指公共交通的便捷性差异，这种差异突出表现在距离城市中心区域地理位置较远的城乡接合部地区。受公共交通工具的服务范围与普及程度的限制，与城市中心区主要采用公共交通工具不同的是，自行车、电动车仍然是城中村人口尤其是非户籍常住人口的主要交通工具。有研究者以武汉市为例，分析了城市基础设施建设在不同区域的不均衡现状。研究指出，武汉市的近郊区外缘、都市区内沿部分区位的交通等设施严重滞后，远远不能满足快速城镇化发展过程中大量聚居于这部分区域的居民生活需求，使中心城区与近郊区外缘和都市区内沿居民的生活性公共基础设施形成了明显的差异。①

第二节　城中村公共物品供给困境的负面影响

Stigler提出的"领导人法则"指出，低收入群体从公共物品供给中获得的收益有限，主要受益者往往是中高收入者。Grand（1982）对英国进行的分析，证实了这一原则，即相对于职业型家庭、中产阶级等群体，穷人获得的公共物品和服务较少。世界银行也指出，尽管公共物品供给对降低贫困和推进城镇化的作用已被证实，但是从发展中国家的实际情况来看，这些区域的低收入人口仍然难以从公共物品和服务供给中获得实惠。中国城市公共物品也呈现出收益分配的"领导人法则"，城市户籍人口、城中村户籍人口、城中村非户籍人口从中获得的收益依次减少。

作为公共物品的一个类别，本书所指的生活性公共基础设施以满足人的最低生活需求为目标，而最低生活需求正处于需求层次中的最低层次，换言之，生活状况的优劣，主要取决于各类物品满足需求的程度，其中既包括公共物品也包括私人物品。由于公共物品

---

① 窦小华：《武汉市居民居住空间结构研究》，博士学位论文，华中师范大学，2011年。

往往以满足人的最低生活需求为目标,基于此,可以说,作为公共物品组成部分的生活性公共基础设施,是影响人口生活状况的基本原因。

一般来说,生活性公共基础设施在城市不同区域之间的差距将会产生至少两个方面的效应:生活质量的差距(从中获得的收益的差距)、基本生活成本差异导致的可支配收入的差距。在城市内部,城市生活性公共基础设施的收益在不同群体之间的分配存在着显著的差异,尤其是农业转移人口群体,在他们居住地的本质上、在发起有利可图的城市建设项目的能力和抵抗增长机器对居住功能侵蚀的能力上,表现尤为明显。而城市的增长政策还在继续加剧这种依托城市空间不平等基础上的社会群体不平等。[①] 城市生活性公共基础设施的总体收益分配结果表明,城中村等城市边缘区域、农业转移人口等低收入群体的生活性公共基础设施仍然呈现出高需求与低供给的特征,需求高的群体成为收益低的群体,这表明迫切需要更为有效的供给,才能使社会福利水平趋向最大化。

一 使用者收益降低

(一)直接收益的降低

城中村生活性公共基础设施供给不足与供给差异导致使用者直接收益受损,基本生活成本支出由此增加,并通过收入效应挤出其他物品的消费。换言之,与从中获得的收益相比,使用者承担了更高的使用成本与机会成本,成本或者收益不能充分地内部化。

通过可逆性检验能够发现这一困境导致的负面影响。如果说是社会普遍认可社会福利、公共利益应该是均等分配的,那么必须要满足以下两个条件,其一是获得公共利益所需要的成本分摊是均等

[①] [美]约翰·R.洛根、哈维·L.莫洛奇:《都市财富:空间的政治经济学》,陈那波等译,格致出版社2016年版,第7页。

的，其二是利益实现后的福利分享是均等的。图5—1中，扇形区域OMN表示城市社会可能达到的社会福利状态空间，其中，U_1、U_2分别表示城市户籍人口、城中村居住人口的社会福利水平。0点表示完全忽略另一个群体时的效率水平。假设状态A是均等的社会福利分配状态，那么这一状态所对应的生活性公共基础设施的使用成本分担能够通过可逆性检验，如果将两个群体互换位置，承担对方的使用成本，双方仍然认为这一结果是公平可接受的。

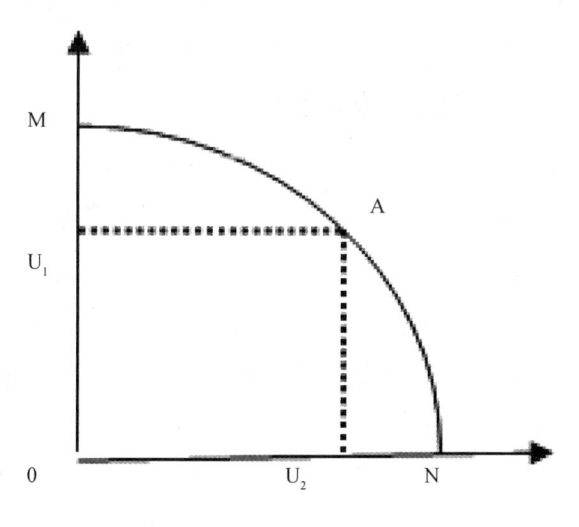

图5—1 城市社会福利状态空间

但是，在当前城镇化的进程中，农业转移人口承担的使用成本明显高于城市户籍人口，也就是说无法通过可逆性检验。与此同时，这一差异还体现在农业转移人口内部，即自农村迁移至城市的人口与城中村户籍人口群体之间的差异。虽然上述两个群体从根本上说都是农业转移人口，但是，自农村迁移至城中村的非户籍人口处于劣势中的最劣势地位，直接原因就在于，对于城中村户籍人口来说，自农村迁移至城中村的人口仍然是外来者，处于本地群体之外。根据对西部某市部分城中村的调研，水电设施虽然健全，但是农业转移人口用电价格与城中村、城乡接合部原住人口、城市居民差异明显，基本以每度电 1—1.5 元为主，几乎是城市居民用电的两倍。在生活用水的费用支付上，其支付成本数量也多以房东随意设置为主。这种由农业转移人口高使用成本构成的城中村户籍人口收益，反映的是典型的市场失灵和政府的缺位。这一现象在全国大部分城中村都普遍存在，并非个案。

尽管很多研究者认为，城中村为农业转移人口提供了低成本的住房，这是从绝对量而言的。但是实际上，相对于城市人口的城市生活成本而言，农业转移人口的生活成本并不低。以西部某市某城中村为例，根据作者调研，典型租住人口的月房租 450 元（包含水价），房屋使用面积约 15m^2，单位面积的房租 30 元。电费每度 1.5 元，每月支出电价总额为 50 元。洗澡费用按照夏季每周两次、冬季每周一次、每次 12 元计算，总计为夏季每月 96 元、冬季每月 48 元。房间为"裸房"，无卫生间、无厨房、无上下水、无家电、无家具、无取暖设备。该典型租住人口维持最低生活条件的总支出由以下部分构成：春夏秋季（3—10 月）：房租+电费+洗澡费 = 596×8 = 4768 元；冬季（按照城市供暖周期计算：11 月 15 日—3 月 15 日）：房租+电费+洗澡费+取暖设备及能源支出（主要为蜂窝煤）= 548×4+1400 = 3592 元。按此计算，该典型租住人口每年为维持最低生活条件的总支出为 8360 元。

以同区域城市居民社区为参照，40m^2 住房房租约为 700 元，单位面积的房租 17.5 元，如果同样换算成房屋面积 15m^2，则每月支出房租为 262.5 元。电费每度 0.5 元，每月支出电价总额为 30 元，水费每吨 3.2 元，每月水费支出约 5 元。以水卡、电卡的形式购买水电。房间为简单装修，有卫生间（可洗澡）、厨房、上下水、天然气、取暖设备。春夏秋季（3—10 月，共计八个月）：房租+电费+水费 = 3080 元；冬季（按照城市供暖周期计算：11 月 15

日—3月15日，共计四个月）：房租＋电费水费＋取暖费（按照西安市市政供暖价格每平方米5.8元）＝385×4＋464＝2004（元）。每年为维持最低生活条件的总支出为5084元。对比城中村农业转移人口和城市社区居民，前者比后者要承担更多的生活支出，仅从单一个体来看，两者差额为3276元。

（二）公共收益的降低

城中村居住的农业转移人口在承担已供给生活设施使用成本的同时，还要承担更多由于生活性公共基础设施供给不足带来的机会成本。作为公共资源配置不均衡的结果，生活性公共基础设施在城中村的稀缺是这一区域居住人口生活质量低下、生活方式变迁缓慢的基本原因。

根据西部某市城中村的调研结果，10—15人共同使用一个厕所、同一个房间的卧室和厨房的双重功能、外出洗澡带来的不便利性、室内采光通风较差等种种严重制约生活质量与生活感受的各类问题普遍存在。与此同时，环境卫生设施的不足，将增加这一群体的健康风险，使其更容易暴露在传染性疾病的风险中。尤其是与城市户籍人口和城中村户籍人口相比，农业转移人口处于生活性公共基础设施的使用劣势，卫生状况恶劣、居住面积狭小、通风采光较差等问题已成常态。一项起源于英国的研究表明，卫生条件和住房设施情况与传染病防控有着重要的相关性，并呼吁通过立法的形式改善居住质量，进而提高社会的健康水平。[①] 而从中国的现实来看，以农业转移人口为主体的城中村常住人口的最低公共需求并未得到有效满足，未改善的卫生条件增加了将全体社会成员置于社会传染性疾病的风险。欧洲和美国的大量研究文献也证实了这一点。也就是说，无论哪个群体，都将可能成为这种风险的波及者。

---

① Martin AE., 1967, "Environment, housing and health", *Urban Stud-ies* 1, pp. 1 – 21.

二 生产者收益降低

(一) 公共部门收益困境

公共部门作为生活性公共基础设施的供给者，无论采用何种供给方式，其基本的收益目标与生活性公共基础设施本身的收益目标是一致的。根据前文描述的收益构成，个体的公共收益是公共部门总体收益的重要组成部分。公共部门作为公民权利的让渡者，以公民的权益为公共部门的收益，是所有公民收益的集合。这也就表明，城中村常住人口的收益，正是公共部门收益的组成部分。尽管"没有一种方法可以精确地确定在多大范围内分享的利益就是公共利益"[1]，但是，在公共基础设施领域，公共基础设施所追求的公共利益便包括了公共服务的普遍化、社会整体福利的优化以及环境资源的可持续发展。[2] 因此，城中村生活性公共基础设施投入的不足，使得公共部门降低了能够从中可获得的公共收益。

第一，社会总体福利水平的低下。

对于以国家公民身份存在的社会成员来说，所有个体的生活质量构成了社会整体的生活水平，与此同时，处于同一区域内的社会群体以差异明显的生活方式共同存在，既不利于群体之间的社会融合，也不利于社会整体福利的提高。

作为公共需求的基本组成部分，生活性公共基础设施以满足公众需要为宗旨，存在明显的正外部性。生活性公共基础设施为广大人民带来的福利，也就代表着公共部门的福利。在现实环境中，城中村常住人口对于生活性公共基础设施的需求并未得到有效合理的满足，其生活质量低下、生活方式并未由于工作、居住向城市转移

---

[1] James E. Anderson, *Public Policymaking: An Introduction*, Houghton Mifflin Company, 2003, p. 13.

[2] See Leif Levin, *Self-interest and Public Interest in Western Politics*, Oxford University Press, 1991, p. 23.

而同步变迁，显然降低了社会整体的福利水平。与此同时，当一个群体被纳入生活性公共基础设施的服务对象和服务范围以内、而另一个对此有着相同需求甚至更高需求的群体被排除在外，使得生活性公共基础设施呈现出非普遍性的特征，同样是社会福利水平低下的表现。

第二，城镇化质量的低下。

从当前中国的经济社会新常态来看，积极推进新型城镇化的发展，是当期和远期的基本战略。而新型城镇化的核心和关键是通过集聚效应带来的规模报酬递增，创造更多的非农就业机会，以容纳更多的农业转移人口，进而降低农村人口在总人口中的比重。但是，事实却是，2亿多的农业转移人口无法真正享受到城市集聚效应带来的收益，被统计进名义上的城镇化率。这背离了以改善农村人口的生活质量、推进农村人口生活方式变迁、提升社会总体福利水平为基本目标的城镇化基本逻辑。城市公共部门将城中村这一由农民建设、本应由政府担责的城市廉租房区域的改造问题置于城市建设的重点，但并未同时健全廉租屋等公共低成本住房体系。农业转移人口低生活成本和最低公共需求并没有随着城中村的拆迁改造得到切实有效的满足，而是伴随着城中村的拆迁改造重新陷入"流动"状态，其面临的可行选择域局限于迁移至没有拆迁的其他城中村，继续承担生活性公共基础设施不足的机会成本，或者被动"以脚投票"，迁移至其他城市或流回农村，新型城镇化的推进及其可持续性由此面临着严峻的考验。无论是在城镇化或者新型城镇化的语境下，农业转移人口在城市可获得的、满足最低公共需求的低成本住房的不足，以及构成其最低公共需求的生活性公共基础设施的稀缺，都是城镇化质量低下的基本表现。

第三，社会总体消费能力的降低。

不同收入水平的人口有着不同的边际消费倾向，高收入群体的基本需求已经得到有效的满足，消费支出占收入的比重较小；而包括农业转移人口在内的低收入群体的消费支出主要是用于生活必需品，且占收入比重较大。高收入群体的边际消费倾向小于低收入群体。在这一逻辑下，城中村人口由于承担了更高的生活性公共基础设施使用成本，其用于生活必需品的支出高于其他低收入群体，用于其他领域的消费支出也就更低，此外，在这一群体总人口数量巨大的背景下，社会总体消费能力明显受到制约。

第四，社会不平等程度的增加。

城中村生活性公共基础设施供给不足通过收入效应进一步加剧了社会的不平等程度，收入差距进一步扩大。一般认为，获取基础设施的机会在帮助减少收入不平等的过程中起着关键作用。由边沁和穆勒提出的功利主义思想的基本原则"最大多数人的最大幸福"表明，幸福不仅涉及行为的当事人，也涉及受该行为影响的每一个人。

第五，农村贫困向城市贫困的转移。

城中村由城市化以前的农村生活性公共基础设施稀缺转变为城市化以后的城市生活性公共基础设施稀缺，居住空间的转变并不必然伴随着生活性公共基础设施的增加。过去以农村人口身份面临的农村贫困正在逐渐向以农业转移人口身份面临的城市新型贫困转移，城市最弱势、对城市有着巨大贡献的群体并没有成为城市发展的首要受益人。

第六，其他各领域的消极影响。

随着城镇化的推进，大部分城市并未真正地具备容纳农业转移人口的意愿和能力，而农业转移人口的迁入，的确会造成包括城市户籍人口在内的所有居住人口的生活质量、经济增长、自然环境等方面的消极影响。在此基础上，城中村生活性公共基础设施的供给不足将加剧这一负面影响。有研究显示，各项公共资源稀缺程度越高的城中村，对周边商品住房价格的负面影响越是显著。[①] 从长远来看，长期处于恶劣生活条件下的低收入群体，还将增加社会的不稳定风险。这在各个层面、各个领域都降低了公共收益和社会福利的可获得性。

（二）私人部门收益困境

第一，生活性公共基础设施生产成本的不足，同时表明社会资本对于公共基础设施领域的参与不足。从理论上来说，社会资本的投资需求与基础设施的融资需求是一致的，尽管双方的出发点和目标有着明显的差异，但是二者之间并不存在根本的矛盾。从中国的现实来看，近年来国家对私人部门投资公共基础设施项目持支持的态度，增加基础设施项目对社会资本的吸引力，尤其是自2014年国务院发布的《关于创新重点领域投融资机制鼓励社会投资的指导意见》发布以后，社会资本尤其是民间资本迎来公共基础设施投资的新机遇，《意见》鼓励社会资本投资城镇供水、供热、燃气、污水垃圾处理、公共交通、停车设施等市政基础设施项目。此前，公共基础设施领域的投资进入门槛高于民间资本的进入能力，同时缺乏进入途径，社会资本的发展空间并未全面拓宽，而作为社会资本长期投资的重要选项，尽管基础设施投资长期的收益率与回报率较为符合长期投资的需求，但是仍然没有带来私人部门投资的典型增长，社会资本也就难以从中获得效益。

第二，有效需求者数量大于实际消费者数量，进而使得私人部门提供的生活性公共基础设施及服务数量低于有效需求总量，这就缩小了私人部门的收益空间。德姆塞茨在《公共产品的私人生产》中指出，如果能够有效地将公共品的未付费者排除在使用范围以外，私人企业就可以有效供给准公共物品。换言之，如果使用者都

[①] 白鹏等：《城中村与城市正规住房市场关系的实证分析》，《住区》2011年第5期。

能够付费，那么对私人部门来说，尽最大可能将更多的使用者纳入其产品的服务对象，以分担成本，符合其对经济利益最大化的追求。城中村的水电等生活性公共基础设施存在的问题，也损害了企业的利益。生活性公共基础设施不足使城中村人口减少其他消费支出，从客观上减少了有效需求，造成市场有效需求不足、产业发展受限，进而制约城市经济的增长。换言之，一个庞大的中低收入群体并未成为生活性公共基础设施的真正使用者，没有通过正规的渠道缴纳使用费。以天然气为例，根据国家统计局的数据，2014年城市天然气用气人口为25972.94万人，2014年城市用水人口为43476.32万人。二者之间的差额为17503.38万人。[①] 2014年，我国生活消费天然气总量为342.58亿m^3，人均消费25.1m^3。如果以此为标准计算，将有未实现的城市生活用天然气消费需求为43.93亿m^3。如果以居民天然气使用价格2.5元/m^3为标准，则由居民直接支付天然气使用费用超过10亿元。进一步来说，中国的人均天然气消费量是以所有人口为分母计算得出的，但是实际上农村天然气普及率非常低，也就是说，从实际来看，人均天然气消费量的计算分母远远小于总人口，由此推断，城市人口的人均生活用天然气消费量远远大于25.1m^3。换言之，未实现的城市生活用天然气消费需求远大于43.93亿m^3。显然，这些需求将主要由农业转移人口产生。需求的未满足，表明供给的不足以及潜在收益的未获得。

三　负向收益增加

城中村生活性公共基础设施供给不足，显著增加了个体、公共部门和私人部门的几乎成本，由此导致负向收益增加。

[①] 由于中国城市已经基本实现用水的全普及，可以以此作为城市天然气使用人口的衡量依据。

(一) 个体负向收益增加

一方面，对于城中村非户籍人口来说：生活性公共基础设施是个体（家庭）维持最低生活的前提条件，生活质量的最低衡量标准正是基本的生活条件、不危害健康的卫生环境等。而生活性公共基础设施的稀缺将会显著地降低个体的生活质量。第一，更加恶劣的生活条件。更高使用价格的水电、未普及的清洁能源（如天然气）和供暖等基本的生活条件都与城市其他区域有着明显的差异，供电供水也因人口负荷过重而面临短缺的问题。第二，脏乱差的居住卫生环境。环卫问题已经成为城中村的突出问题，不但降低了居住人口的生活质量，还使这一群体面临某些传染性疾病的风险。通常认为，农业转移人口等低收入群体对环境的关注度较低，但是正是这一群体居住在环境恶劣的空间中，直接受到城市卫生环境管理不善的影响，并且这种负面影响对低收入群体的影响程度往往大于社会的富裕人口。[1] 第三，相对较高的出行成本。公共交通工具便捷性、出行时间、出行费用等构成了人口的出行成本。

另一方面，对于城中村户籍人口来说：除了面临与非户籍人口同样的生活质量低下的困境，相对稀缺的生活性公共基础设施，降低了城中村以物业出租和房屋租赁为代表的总的资产价值，从而削弱了集体经济组织和城中村户籍人口资产性收入的创造能力。[2]

(二) 公共部门负向收益增加

第一，收入差距进一步扩大。

公共物品在较大程度上决定全体成员生产生活的外部条件，进而影响生产生活收益率，因此，城市不同区域公共物品的差异就

---

[1] Satterthwaite, D. 2003, "The links between poverty and the environment in urban dreas of Africa, Asia and Latin America", Annals of the American Academy, pp. 73 – 92.

[2] 成得礼：《对中国城中村发展问题的再思考——基于失地农民可持续生计的角度》，《城市发展研究》2008 年第 3 期。

会导致收入分配差距扩大，进一步地，生活性公共基础设施在城市不同区域呈现出的供给差异，将通过收入效应进一步加大收入差距。

第二，制约新型城镇化的顺利推进。

中国近年提出的以人为核心的新型城镇化，其发展目标正是有效实现农业转移人口市民化，而作为"农业转移人口市民化"的第一要义是农业转移人口能否在城市获得可支付、适足的落脚地。显然，作为低成本居住区的城中村，由于生活性公共基础设施的不足，使农业转移人口长期处于恶劣的生活环境中，"人的城镇化"无从谈起。

第三，社会融合程度的降低。

生活性公共基础设施稀缺与生活性公共基础设施充足的区域以及这两类区域的居住人口，存在明显的社会隔离，尤其是农业转移人口与城市市民之间的社会融合将会受到显著的制约。与此同时，现行的居住证申领条件都以住房为基本条件，如"具有合法所有权、在房管部门办理租赁登记备案证明、与房屋出租人签订房屋租赁合同的房屋"等，而生活性公共基础设施稀缺进一步加剧了城中村住房的非正式程度，居住在此的常住人口进入城市社会、与城市市民相互融合的可能性进一步降低。

第四，一些生活资源浪费严重。

根据对西部某市的实地调研，城中村非户籍人口生活用水的付费大多以"人"为单位，而不是以实际用水量为支付依据。这种使用成本的支付方式，不可避免地加剧了使用者的资源浪费情况，在支付的使用费用固定的情况下，对于使用者来说，越多的使用数量越符合收益最大化的预期目标，这就难以避免"公共资源使用悲剧"。

(三) 私人部门负向收益增加

私人部门劳动力成本的增加。从私人部门总体发展的角度来说，城中村生活性公共基础设施供给不足导致的使用者居住成本支出增加，在这一区域人口总体收入水平较低的背景下，其他方面的消费支出减少。尤其是随着近年城中村拆迁改造步伐的扩大，特定区域内适合农业转移人口等低收入群体居住的住房迅速减少，由此而生的居住成本支出进一步提高。而居住成本提高而带来的压力自然就蔓延到工资方面，提高工资的需求呼声不断，这给私人部门尤其是劳动密集型企业带来了较大的压力，原因在于工资成本支出的增加，意味着总体利润水平的降低，这在金融危机以后的各领域新常态的背景下尤为明显，给较多的劳动密集型企业的生存和发展带来了挑战。[①]

第三节　城中村公共物品供给困境的形成原因

一　直接原因：公共物品供给投入不足

城中村公共物品需求随着人口总量的增加而提高，但公共物品供给并未随之增加，表明政府缺位、社会资本参与不足、城中村集体经济组织支持能力有限等因素共同降低了各个主体为此承担的成本份额。城中村生活性公共基础设施投资远远落后于快速的城市化，其中公共部门缺乏远见、缺乏公共资金支持、投资意愿低下等进一步恶化了这一局面。生活性公共基础设施在城中村与城市内部其他区域的配置差异，归根结底是公共财政投入的差异。通常将公共基础设施的成就视作财政模式与政府转型的可解释的结果，从反向来看，公共财政投入不足及其代表下的政府职能不完善也正是导致城中村生活性公共基础设施成本分担不足的关键要素。与此同

[①] 吴炜：《劳动力再生产视角下农民工居住问题研究》，博士学位论文，南京大学，2013年。

时，也存在这样的误区，公共政策的思维将农业转移人口对城中村等"低成本"住房的需求等同于"廉价"，[①]忽视了"安居"与"宜居"。

(一) 城市公共财政投入不足

财政、管理体制尚属农村的城中村，在弥补了城市公共住房市场严重不均衡、公共住房严重稀缺等方面发挥了关键作用，实际上替代城市政府为农业转移人口承担着低成本住房供给的功能；与此同时，在涉及生活性公共基础设施投资等农村财政难以承担的领域，城市政府并没有承担相应的功能和支出。恩格斯在《论住宅问题》中分析了城市贫民居住的相关问题，针对蒲鲁东主义者认为"穷人租户处境的糟糕原因在于房主的苛刻"的观点，恩格斯提出了反驳，认为穷人租户的苦难是作为当时城市化基础的整个体制背景造成的。同时，恩格斯指出改善贫民的状况就要问责政府，而不是把贫民窟宣布为"违章建筑"并拆除，甚至使农村迁移人口被迫流回农村。另外，违章建筑的拆除实际上是为了给资本和富人获益，恩格斯认为这种"豪华城市"驱逐穷人造成的问题，比"贫民窟"更为严重。[②]

从逻辑上来看，城中村本身不是城市化进程中的问题，然而从事实来看，城中村之所以成为城市化进程中的一个问题，与生活性公共基础设施供给不足导致的居住条件恶劣有着直接的关系。一般来说，导致城中村生活条件恶劣的重要原因在于，公共部门没有为此区域增加生活性公共基础设施。在具备供给意愿的前提下，城中村生活性公共基础设施的不足主要取决于财政支持不足。政府尤其是上级政府总体财政投入不足是导致目前城中村生活性公共基础设

[①] 陈燕萍等：《低生活成本住区商业服务设施配置实证分析与探讨——基于对深圳市上下沙村的调研》，《城市规划学刊》2012年第6期。

[②] 《马克思恩格斯全集》（中文第1版第18卷），人民出版社1964年版，第237、240—242页。

施稀缺的关键因素。在当前的财政体制下，城中村生活性公共基础设施的财政支持不足，总体建设规划不完善，进一步制约了农业转移人口对生活性公共基础设施的使用和消费，人口城镇化难以有效推进。这与中国的财政体制有着密切的关系。长期以来，中国实行的是城市财政与乡村财政相分离的财政体制，从理论上来说，市、区政府对于生活性公共基础设施的供给主要以建成区为主，对城中村的生活性公共基础设施的建设则缺乏统一规划、统一建设、统一管理，很大程度上阻碍城乡接合部的发展。[1] 这样的财政体制对于城中村生活性公共基础设施的供给形成了重要的制约。

在市场力量和地方政府经济收益与政治收益的驱使下，城市公共政策在城市内部不同区域呈现出显著倾斜性，包括生活性公共基础设施在内的城市公共服务设施优先配置在城市中心区域或城市新区等优势城市空间，[2] 在现行的分配模式中，城中村常住人口对最低生活条件的需求则难以得到有效满足。这直接表现在城市公共财政在城中村区域投入的不足，主要反映在两个方面。

一方面，城市总体投资中生活性公共基础设施与生产性公共基础设施的比例不合理。财政分权以后，府际竞争对经济发展起到了重要的作用，但是也正是因为如此，一些短期经济效益不明显或者较低的领域，如生活性公共基础设施，出现了显著的公共支出不足。生活性公共基础设施投资在固定资产投资中所占比例不合理，表明城市对于生产性公共基础设施的投资倾向要远远大于生活性公共基础设施投资倾向。从近几年的统计数据来看，本书所特指的城市生活性公共基础设施的投资总量虽然不断增加，但是从其占同期全社会固定资产投资的比重来看，自2009年开始，这一比重逐渐

---

[1] 姜爱华：《北京市城乡接合部基础设施供给的财政政策建议——基于需求方的调研》，城乡一体化与首都"十二五"发展——2012首都论坛文集，2012年，第102—109页。

[2] 王丽娟：《城市公共服务设施的空间公平研究》，博士学位论文，重庆大学，2014年。

降低。2013年生活性公共基础设施投资占同期全社会固定资产投资的比重已经由2009年的1.22%降到0.92%。总体投入的不足，决定了城中村人均生活性公共基础设施水平难以有效提高，尤其在农业转移人口数量逐渐增加的城镇化进程中，这一困境尤为明显。在生活性公共基础设施总体投入不足的基础上，城中村获得的投资不足更为显著。

表5—7　　按行业分全国历年城市市政公用设施建设固定资产规模（2004—2013年）　　计量单位：亿元

年份 / 行业	供水	燃气	集中供热	轨道交通	垃圾处理	合计	占同期固定资产投资比重
2004	225.1	148.3	145.8	281.9	53.0	854.1	1.21%
2005	225.6	142.4	173.4	328.5	56.7	926.6	1.04%
2006	205.1	155.0	223.6	604.0	51.8	1240.7	1.13%
2007	233.0	160.1	230.0	852.4	53.0	1528.5	1.11%
2008	295.4	163.5	269.7	1037.2	50.6	1816.4	1.05%
2009	368.8	182.2	368.7	1737.6	84.6	2741.9	1.22%
2010	426.8	290.8	433.2	1812.6	127.4	3090.8	1.11%
2011	431.8	331.4	437.8	1937.1	199.2	3337.1	1.07%
2012	410.4	414.5	630.3	2064.5	110.9	3630.6	0.97%
2013	524.7	425.6	596.0	2455.1	125.9	4127.3	0.92%

说明：2008年及以前，"轨道交通"投资为公共交通，2009年以后仅包含轨道交通建设投资。

另一方面，财政支持不足。从总体来看，在当前的融资和财税体制下，地方性债务屡创新高，地方政府财力有限，缺少可持续的支柱税种和主体税源、公共服务责任和财力不匹配、公共部门运营效率低下、地方债务负担压力较大、城市基础设施建设过度依赖土地出让收入等，都在客观上制约着基础设施的供给能力，从而导致我国基础设施供求矛盾逐渐突出。从1996年到2009年，中国城市建设基础设施投资占全社会固定资产投资年均5.61%,最高为8.03%,占GDP的比重平均每年仅为2.37%,最高为3.3%,都没有达到世界银行提出的发展中国家的平均水平,即发展中国家每年新增2000亿美元,用于基础设施投资,这相当于其国民产出的4%和投资总额20%,逐年累积形成了巨额的投资欠账。[①] 以城市维护建设支出为例,根据住建部公布的《城市建设统计年鉴》,以财政性资金衡量的城市维护建设支出占城市维护建设投入的比例始终偏低。以2006年至2010年的数据为例,除了2008年受国家"四万亿"投资拉动政策的影响出现峰值之外,城市维护建设支出占维护建设收入的比例始终较低。这表明,与农业转移人口生活方式息息相关的生活性公共基础设施财政支持不足,在总体财政支出较低的同时,城中村生活性公共基础设施的财政支出尤为不足。

表5—8　全国历年城市维护建设支出(2006—2010年)　　计量单位:亿元

年份\行业	供水	燃气	集中供热	公共交通	市容环境卫生	合计	城市维护建设支出占维护建设收入的比例(%)
2006	791690	344728	583932	1511917	1746169	4978436	14.06
2007	981690	409311	617348	3394326	2100669	7503344	15.76
2008	1074319	565441	1047382	4012497	2579521	9279160	16.52
2009	1175896	512700	1206084	2259540	2716274	7870494	11.70
2010	1751365	823824	1450987	2530155	3666153	10222484	11.93

说明:①2011年以后未分开统计。②2006年以后城市维护建设支出仅包含财政性资金,不包括社会融资。③城市维护建设支出包括维护支出、固定资产投资支出、其他支出。

(二)私人资本参与不足

城中生活性公共基础设施改造投入不足的另一个原因在于私人

[①] 巴曙松、杨现领:《城镇化融资:历史、问题和改革》,《新金融评论》2013年第6期。

资本参与不足，从中国的融资体制来看，公共部门的融资意愿和融资能力影响着私人部门资本的参与程度。

第一，公共基础设施融资意愿制约着融资的水平。融资能力是在具有融资意愿的基础上，融合不同性质资本共同参与城市公共基础设施供给的能力。可以说，地方政府的融资意愿影响着公共基础设施融资的需求。

长期以来，中国城市公共基础设施的投资，有着较为明显的路径依赖，即在中国长期的计划经济体制下，公共基础设施投资主体单一，公共投资始终占据主导地位，公共资本对私人资本（社会资本）的排斥较为明显，多元化的投资方式和供给方式难以真正有效地建立起来。正是这种路径依赖，阻碍了多元化融资的发展。在分税制的背景下，随着城镇化的逐步推进，城市常住人口总量日益增加，地方政府承担的支出压力倍增，财政支出缺口越来越大。现实的困境正在逐步扭转融资意愿较低的现状，面临财政收入和财政支出双重压力的地方政府，在成本激励不足、维护效率不高的公共基础设施领域，由财力约束、效率约束、成本约束等共同组成的客观的、倒逼式的融资需求已经取代地方政府对公共所有权的固守，进而成为影响地方政府做出融资决策的关键。

第二，当前中国公共基础设施的融资模式存在不足。从可持续性来看，当前的融资方式难以真正支撑中国中长期的城镇化发展进程，存在着明显的缺陷和不足。与伴随城镇化进程衍生出来的巨大的公共基础设施需求相比，当前的投资总量难以实现有效供给的目标。在现有的以政府投资为主导的公共基础设施投融资模式中，民间资本仍然未能有效进入，而是以城镇维护建设税、公共事业附加、中央财政拨款、地方财政拨款、国内贷款、利用外资、自筹资金和特殊政策类收费等为主，还没有实现公共基础设施投资主体的多元化。以土地融资和财政专项拨款为例，土地融资是为了满足城市基础设施建设的资金需求，在中国特有的土地制度下，以土地为城市建设融资的方式逐渐兴起并成为当前地方政府的融资主导。这一融资方式在为城市建设和工业化提供有力支撑的同时，也蕴藏着巨大的债务风险，这正是中国快速城镇化的负面效应。土地融资的基本含义是以土地作为抵押品，以预期的土地升值收益为还债来源。而未来土地收益的不确定性显著增加未来城市建设的不确定性。在财政专项拨款方面，对于仍然处于"发展中国家"这一基本国情下的中国各大城市来说，在经济社会发展逐步迈入新常态的背景下，地方政府的财政收入能力有限，同时，伴随着各类公共需求的刚性增长，各种领域的公共支出需求都呈现出快速增长的趋势。在这样的基础上，以公共财政作为城市生活性公共基础设施资金来源的方式已经难以为继。

表5—9　按资金来源分市政公用设施建设固定资产投资（2006—2013年）

年份	小计（亿元）	中央财政拨款占比（%）	地方财政拨款占比（%）	国内贷款占比（%）	债券占比（%）	利用外资占比（%）	自筹资金占比（%）	其他资金占比（%）
2006	5435.2	1.64	24.64	34.60	0.3	1.70	30.14	6.98
2007	5914.0	1.31	32.56	29.82	0.50	1.24	27.66	6.92
2008	6890.4	1.06	31.11	29.56	0.40	1.32	28.74	7.80
2009	10477.6	1.08	25.82	38.51	1.15	0.63	23.74	9.07
2010	12692.4	1.62	27.76	36.37	0.39	0.90	24.10	8.87
2011	13509.1	1.23	33.72	29.56	0.83	0.74	25.75	8.17
2012	14668.9	1.17	30.31	29.77	0.18	1.02	25.50	12.04
2013	15134.3	0.97	23.61	27.87	0.27	0.41	31.15	15.71

从表5—9中可以看出，2006年至2013年，中国市政公用设施固定资产资金来源总量增加了1.78倍。尤其是2008年以后，为了有效应对国际金融危机的负面影响，进而保持经济稳定发展，中央

政府出台了总规模约 4 万亿的经济刺激计划，中央政府新增投资1.18 万亿元，再加上地方和私人部门投资的刺激，使得 2009 年以后的各类投资都有了较大幅度的增长。而从各项资金来源的具体构成来看，债券所占比例最小，其对生活性公共基础设施投资资金总额的影响最为微弱。国内贷款比例在 2009 年出现峰值，达到38.51%，上年为 29.56%，此后逐年降低。其他资金占比在 2009年出现峰值，达到 9.07%，上年为 7.80%，此后逐年降低，至2012 年又开始增加。同期的另外几种资金来源，在 2009 年却出现了不同程度的降低，地方财政拨款由 2008 年的 31.11% 降为 2009年的 25.82%，在短暂的增长后，于 2011 年开始逐渐下降，并且下降速度要大于国内贷款占比的下降速度。而国家财政拨款也仅是极小幅度的增加，由 2008 年的 1.06% 到 2009 年的 1.08%，自筹资金的占比也由 2008 年的 28.74% 降为 2009 年的 23.74%。尽管十六大以后国家鼓励外资和民营资本参与基础设施建设，但是自筹资金占比情况表明，自筹资金在 2007 年至 2012 年并未有较大幅度的增长，直至 2013 年才有所改变，自筹资金自 2007 年以后首次超过国内贷款占比，开始在市政公用设施投资资金来源中占据核心地位。但是与总体基础设施投资资金来源中自筹资金占比相比，在城市生活性公共基础设施领域自筹资金的比例仍然较低。

第三，公共基础设施投资的公私合作困境。

从长期来看，当前的主要融资方式并不能有效解决公共基础设施投资的可持续性问题。尽管当前的公共基础设施投融资模式，已经开始逐步引入以 PPP 为代表的公私合作机制，并且在多个公共基础设施建设项目中得到了运用，对于解决公共基础设施建设资金来源问题发挥了重要作用。但是总体来说，公私合作模式并未成为公共基础设施投融资模式的主体，在公共基础设施建设中存在着多重困境，并且集中表现在合作主体的选择方面、各个合作主体之间的合作成本分担方面、各个合作主体之间的合作收益分配方面。

（1）公私合作模式中的合作主体选择困境。公共基础设施公私合作模式中的合作主体一般包括作为项目发起主体或出资主体的公共部门、作为出资主体的私人部门、作为项目服务主体和监督主体的社会公众及其他第三方监督人。从当前公私合作模式中呈现出来的困境来看，在传统的管控式思路下，公共部门占据强势、操纵的位置，降低了私人部门等非政府主体与公共部门合作的意愿，往往导致PPP难以持续。此外，从中国当前的政策取向看，包括对相关概念的界定上，主要从资金来源的角度出发，将公共资本和私人资本以及代表着两类资本的公共组织和私人组织作为关键的合作主体，忽略了作为城市公共基础设施服务对象的消费者（即城市常住人口）的参与，导致公共基础设施项目缺乏公众约束。但是实际上，尤其对于具有典型公共收益特征的公共物品来说，作为消费者的社会公众对于地方政府公共基础设施的供给决策、完善公共基础设施的监管、全面评估公共基础设施服务的供给效率都能够发挥重要的作用。

（2）各个合作主体之间的合作成本分担困境。由不同主体参与的公共基础设施投资建设项目，也就存在着由不同主体承担的公共基础设施建设成本。从成本的基本含义来说，一方面包括投入资本，另一方面包括机会成本。其中广义上的投入成本，既包括当期以资金、技术等形式承担的成本，也包括对潜在风险的分担。从公共部门角度来看，引入社会资本参与公共基础设施建设项目的出发点之一在于，由社会资本来共同分担过去由政府独自承担的风险，如财政风险、政策风险、法律风险、市场风险等。但是从实际操作过程来看，公共部门往往对私人资本的代表者——私人组织做出违背初衷的承诺，反而增加了公共部门的风险和长期成本。一些私营组织为了获得政府补贴，或者伪造公共物品供给数据，或者不计自身资金和技术以及供给效率条件盲目扩大供给，或得到政府补贴后将专项资金或专项税收优惠用于能带来高经济回报的其他私人产品的提供。①

而对于私人资本来说，一些排他性特许经营权力的获得，往往以政府价格管制为前提，这使得私人资本面临能否盈利的商业风险和资金流动性风险。

（3）各个合作主体之间的合作收益分配困境。从公共部门投资者与私人部门投资者之间的收益分配实际来看：当前，以 PPP 为代表的公私合作模式困境在于利益分配机制的不健全，也就是说公共基础设施服务的定价机制并不能有效解决利益的分配问题。对于私人资本来说，当期以定价机制为基础的利润实现水平以及未来可以预期的利润实现水平，是影响私人资本做出是否加入公共基础设施投资决策的关键。尽管目前中国也是按照国际惯例，根据 BOT 等公共基础设施建设项目的投入成本和未来收益定价，但是在实际操作过程中，项目建设前期往往难以准确估算公共基础设施项目的未来流量，在特许权协议中也没有对私人收益做出"可以调整"的约束性条款，这就更加难以确定合理的公共资本与私人资本之间的利益分配机制，②进而造成对私人资本的负向激励。从社会公众的收益分配结果来看，公共基础设施的供给是基于社会公众的需求。特别是，进入中等收入阶段以后，公众对公共物品的需求显著增加，但是并非所有群体都能从中感受到"社会福利水平"的同步提升。这种不同群体之间从中获得的"满意度"的差异，实际上反映的正是合作收益分配的不均。

---

① 苟凤丽：《公共产品供给主体结构与行为优化研究——理论分析框架及在我国的应用》，博士学位论文，中共中央党校，2016 年。

② 张平：《地方基础设施建设引入公私合作模式的困境及突破路径》，《经济纵横》2015 年第 4 期。

（三）城中村村级投入不足

生活性公共基础设施的外部收益明显，同时投资额较大，这就使得单个经济组织和农民个体既没有意愿也没有能力承担其供给的成本。根据我国纵向集权的政府体制，政府层级越高，相应地，公共财政权限、生活性公共基础设施规划和配置的权限越高，配置生活性公共基础设施资源的能力就越强。农村公共基础设施的成本承担主体主要包括政府、农户和外部捐赠者。尽管从20世纪90年代以后，中国已经开始对城中村进行大规模改造，但是外来人口聚居区的数量并没有减少，反而呈现出增长趋势，生活性公共基础设施严重匮乏的问题并没有得到根本解决。与此同时，来自上级政府部门的财政转移支付也人都通过具体项目的形式进行运作，[①] 一般需要村集体投入一定的配套资金，这就决定了只有那些有能力提供配套资金的村集体才能获得政府的基础设施投资项目。

在这样的财政制度安排下，城中村生活性公共基础设施的供给，主要取决于供给责任主体的财务状况和支付能力。然而，从实际来看，城中村虽然地处城市边界以内，城中村的常住人口规模远远大于户籍人口规模，但是在财政层级上仍然属于农村财政，所处的政府层级是最低的，其财政投入能力非常有限。从农村公共基础设施总体投资构成来看，以行政村的水利基础设施建设投资为例，2008年总投资资金来源于国家的村占9.6%，来源于集体的占13.4%，来源于其他的占6.6%，无资金的占70.4%（村自筹资金来源包括村集体和村民集资；农村集体资产属该村集体经济组织成员集体所有，集体资产的处置与分配由农村集体经济组织全体成员（代表）会议讨论决定）。这表明在上级财政支持不足的同时，村级投入能力的低下进一步恶化了农村公

---

① 周飞舟：《财政资金的专项化及其问题：兼论"项目治国"》，《社会》2012年第1期。

共基础设施投入不足的状况，且村集体和农户仍然是农村基础设施重要的资金来源。①

在这一背景下，仍然属于农村财政体制范围以内的城中村也面临同样的困境。从中国长期以来的政府财政投入体制来看，农村基础设施历来不是公共财政投入的重点领域。陈孟平指出，这类地区生活性公共基础设施的供给主体不是市或区政府，而是乡政府或村集体，由其负责了解村民的公共需求，以乡财政或村集体为资金来源并进行供给。乡财政或村集体为了筹集建设和维护城中村生活性公共基础设施的资金，实际上是在向农户分配收入之前，直接从各个基本核算单位扣除，农民成为生活性公共基础设施供给成本的承担者。随着城镇化的推进，居住在城中村的农业转移人口数量迅速增长，并且始终呈现出增长的趋势，城中村对于生活性公共基础设施的需求因此显著增加，村集体的财政支出能力不足趋势更为显著。供求两方面构成的困境，使得供不应求是一个必然的结果。②

二　根本原因：公共物品有效供给意愿不足

制约城中村生活性公共基础设施成本分担与收益分配的主要因素在于，其作为公共物品的属性较弱，同时长期以城市偏向为政策取向的地方政府的供给意愿较低。

（一）公共物品属性较弱

根据巴格拉斯（Berglas）的研究，地方政府可以对居民的身份进行识别，由此来确定不同身份的社会成员能否获得由财政融资的公共物品，或者获得多少数量或品质的公共物品，这就人为地改变

---

① 钱文荣、应一道：《农户参与农村公共基础设施供给的意愿及其影响因素分析》，《中国农村经济》2014 年第 11 期。

② 陈孟平：《"城中村"公共物品供求研究——以北京市城乡接合部为例》，《城市问题》2003 年第 6 期。

了地方公共物品的竞争性与排他性。① 除了户籍以外，居住区域也已经成为一种实际上的辨别依据，居住在城中村或者城市的其他区域，往往能够甄别其是否是城市公共物品使用者。

第一，城中村生活性公共基础设施的竞争性：理论上的非竞争性和实际上的竞争性。拥挤增加了竞争性，拥挤意味着供给不足。进一步来说，当前的困境在于，城中村居住人口具有为生活性公共基础设施缴费的意愿和能力（有效需求），但是没有获得缴费的机会（有效供给），这正是政府失灵的基本表现。城中村常住人口对于城市社会有着巨大的市场需求与公共需求。前者对应着城市的商品与服务和各类资源的稀缺程度，即市场供给能力，是城市的经济、社会发展水平等是否能为农业转移人口提供足够的发展空间；后者指城市的公共产品与服务的稀缺程度与排他程度，即公共供给能力，是指城市社会的各类基础设施是否较少或者没有限制性。当前，城市社会面临着市场供给与公共供给的双重压力，使其接纳能力不足。

农业转移人口选择低成本的城中村居住，使得城中村常住人口总量井喷式增长，其增长速度远远大于城中村生活性公共基础设施增加速度，进而导致稀缺程度进一步提高，竞争性增强。其根本原因在于城中村生活性公共基础设施供需的不均衡，使得城中村常住人口的基本生活需求未能得到合理有效的满足。当前中国出现了较为明显的经济收益与公共收益之间的矛盾。地方政府在城市总体公共基础设施的投资结构上，倾向于追求短期的经济利益；在城市生活性公共基础设施的投资指向上，倾向于改善城市原住人口的生活方式，而非城中村人口的生活方式；倾向于改善生产条件的生产性公共基础设施，而非生活性公共基础设施；迁入地原住城市户籍人

---

① 江依妮：《外来人口聚集地区公共服务支出研究——以广东省为例》，《人口与经济》2013年第5期。

口担心本地居民的公共服务被摊薄，进而忽视了在城市经济发展过程中，农业转移人口对于城市财富总量所做的贡献和城市生活性公共基础设施总量增长与结构调整的可能性。① 以上因素显著地增加了城中村生活性公共基础设施的竞争性。

第二，城中村生活性公共基础设施的排他性：理论上的非排他性和实际上的排他性。从理论上来说，具有公共物品特性的城市生活性公共基础设施，不仅要保证城市边界以内每个居民获得均等的设施服务，而且是要在消费或者使用这些设施后，所有居民能够拥有最低的生活条件，② 这是非排他性的基本体现。从一般的公共物品的非排他性来看，受公共物品服务半径的限制，城市生活性公共基础设施在区域范围内呈现出典型的非排他性，也就是说，在其服务半径内的所有人口，都可以共同消费城市生活性公共基础设施的服务（有形服务或者无形服务）。

从事实上来看，在中国城镇化的推进过程中，随着农村人口迁入城市，城市生活性公共基础设施逐渐呈现出排他性特征，并突出表现在对城中村人口的排他方面。同样处于一个城市内部的农业转移人口与城市人口，共同生活于公共基础设施的服务半径内，但是两个群体之间的生活方式仍然存在明显的差异。城市以较低的接纳意愿，将农业转移人口的"外来者"属性不断固化，限制其对城市生活性公共基础设施的消费权利。显然，这是一个矛盾的统一体，从根本上说是公共收益和社会福利受损的表现。城市生活性公共基础设施是人口以公民权利在城市获取的公共服务，是城市公共产权的范畴，并不因户籍而有差异。作为城镇化进程中城市公共产权变迁过程中的重要组成部分，从理论上来讲，农业转移人口将按照

---

① 陆铭：《为了公共利益——一个经济学家的理想社会建设论纲》，《社会》2013年第3期。

② Rich R C., 1979, "Neglected issues in the study of urban service distribution: a research Agenda", *Urban Studies* 16, pp. 143 – 156.

"被排斥——部分排斥——不排斥——完全进入"的过程被逐渐纳入城市公共产权的主体范畴。然而,事实上,从中国的现状来看,大部分农业转移人口被排除在城市公共产权制度以外,与城市人口享有的生活性公共基础设施有着明显的差异,仍然处在"部分排斥"的阶段。一般来说,无论是哪种性质的产权,都以排他性为主要特征,由排他权的拥有者和排他权的对象两部分组成。在当前的城市公共产权制度下,前者以城市户籍人口为主,享有包括生活性基础设施在内的城市社会公共资源与基本公共服务;后者则以农业转移人口为主,被排除在城市经济成果以外。在公共产品供给与城市户籍人口增长速度保持稳定的假定下,农业转移人口的迁入将增加城市生活性公共基础设施的承载压力,这正是当前的"排他逻辑"。通过确立产权的方式将不支付成本而享受收益的"搭便车者"排除在外是合理的,然而,农业转移人口并非"搭便车者",相反,由于税基效应、消费效应的存在,这一群体是包括公共收益在内的城市财富的创造主体。①

在很多研究者看来,农业转移人口和城市人口呈现出来的生活方式差异,主要是由两个群体的收入能力或者生活成本承担能力不同导致的,即城市生活成本支出远远高于农村生活成本支出。但是这一结论忽略的是,总体生活成本是由公共支出和私人支出共同组成的。在城市生活总体成本支出中,公共支出对于城市原住人口的负担比例大于对农业转移人口的负担比例。也就是说,城市原住人口以非排他性实现对城市生活性公共基础设施的无差异性消费,是由于这一群体始终处于城市生活性公共基础设施的实际服务半径内。而农业转移人口尽管处于城市生活性公共基础设施的理论服务半径内,但是由于居住在城中村,而被排斥或者部分排斥在城市生

---

① 朱松梅、雷晓康:《流动人口城市公共产权缺失的治理路径》,《中国行政管理》2015年第2期。

活性公共基础设施的实际服务半径内。这也就是本书所指出的城市生活性公共基础设施针对农业转移人口的排他性的基本含义。

一般来说，公共物品理论所描述的非排他性的基本含义在于任何人都可以使用和消费，但同时都无权排斥其他人使用和消费。以公共交通为例，有两个不同的个体 a 和 b。一种假设是，两人都居住在公共交通较为发达的区域，个体 a 有权使用公共交通服务，个体 b 同样有权使用公共交通服务。但是，a 和 b 互相都无权排斥对方对公共交通服务的使用。这正是公共物品的非排他性。另一种假设是，a 和 b 分别居住在公共交通服务供给不均衡的区域，假设 a 居住在公共交通较为发达的区域，个体 b 居住在公共交通不发达的区域，虽然个体 a 和个体 b 仍然无权排斥对方对公共交通服务的使用，但是实际上个体 a 享有更为充足的公共交通服务，而个体 b 虽然有权享有公共交通服务，但是与个体 a 相比，明显缺少享有公共交通服务的机会。在这一过程中，起关键作用的，正是公共交通基础设施共计不足所导致的事实上的排他性。从中国的现实来看，农业转移人口对公共基础设施的消费和使用处境大多与个体 b 类似，而城市原住人口对城市公共基础设施的消费和使用处境大多与个体 a 相似。正是由于生活性城市公共基础设施排他程度在以上两个群体之间的差异，导致农业转移人口的生活方式向城市人口生活方式变迁的速度远远小于农村人口转移至城市的速度。其背后的根源在于，决定城市生活性公共基础设施供给总量、供给结构、供给范围的城镇化发展战略所隐含的排他性。

（二）供给意愿不足：城市偏向与城市主导的发展战略和政策取向

在资源稀缺的总体背景下，公共部门自身的物质资源是有限的，在城市偏向与城市主导的发展战略影响下，一方面，原属农村、后来被纳入城市边界内的城中村，其生活性公共基础设施存在历史欠账问题，这一区域的农村原来就缺乏供电、煤气、给水排水等市政设施。另一方面，由于农村人口迁入引致的生活性公共基础设施需求未得到有效满足。一般来说，在生活性公共基础设施投资总量有限的前提下，城镇原有居民（即城市户籍人口）基本生活条件的改善是当地政府优先考虑的问题，在城镇本地户籍人口的居住问题尚未得到较好解决的情况下，农业转移人口生活性公共基础设施供给不足是必然的结果。即使是已经归属于城市区域的城中村人口（原农村户籍人口），也并不真正属于城市户籍人口的范畴。

琼斯指出，影响基础设施区位分布的因素除了资源总量（稀缺程度）、人口结构与分布、需求表达之外，政治影响强度也是非常重要的因素，政治强势的群体往往能够更有效地影响公共设施的空间布局和分配结果。[1] 根据新制度经济学的理论，制度设计影响着公众和私人的行为，进而影响资源配置效率。在中国的城镇化发展进程中，城市偏向的战略选择和价值取向成为人口城镇化进程远远滞后于土地城镇化的根本原因，以生产性公共物品和生活性公共物品的供给偏向为基本体现。在城市人口聚居区域，城市公共基础设施的普及程度较高，绝大部分城市人口处在城市公共基础设施的服务半径和覆盖范围内。而农业转移人口聚居的城中村区域，则要么被划在城市公共基础设施的服务半径和覆盖范围以外，要么供给数量不足。以城市户籍人口为主体的城市公共事务管理者，在进行公共事务决策时，不可避免地以城市户籍人口利益群体成员的身份做出具有偏向性的供给决策。有研究者指出，中国城市外来人口或农民工问题产生的根源，是由于制度和体制设计的失误造成的。[2] 在城市公共基础设施建设规模的影响因素中，政府部门和政府官员自

---

[1] Jones Bryan, Clifford Kaufman., 1974, "The distribution of urban public services: a preliminary model", *Administration and Society* 3, pp. 337 – 360.

[2] 王桂新、张得志:《上海外来人口生存状态与社会融合研究》,《市场与人口分析》2006年第5期。

身的经济、政治目标可能会形成无效的建设规模，进而导致城市基础设施的有效建设规模往往低于总建设规模，这使得本已不足的城市基础设施供给又打了一个折扣。①

在中国的城镇化发展进程中，城市偏向的战略选择和价值取向成为人口城镇化进程远远滞后于土地城镇化的根本原因，以经济性公共物品和生活性公共物品的供给偏向为基本体现。城市偏向的战略在我国当前的经济社会发展中，有着不同层面的体现：在城乡关系层面上，重城市、轻农村，表现为经济性公共物品供给结构与生活性公共物品供给结构的城乡差异，优势经济资源与生活资源都呈现向城市集中的倾向，进而导致城乡之间收入差距的进一步扩大。以教育为例，陈斌开等研究了政府教育公共品供给对城乡收入分配的作用机制，结果显示，教育水平的差距事实上为影响城乡收入差距的最重要因素，即偏向城市的教育支出造成了城乡收入水平的扩大；在城市社会，重城市人口、轻农业转移人口，表现为在城市人口聚居区域，城市公共基础设施的普及程度较高，即绝大部分城市人口处在城市公共基础设施的服务半径和覆盖范围内。而在农业转移人口的聚居区域，主要是城中村和城乡接合部等生活低成本区域，则一般超出了城市公共基础设施的服务半径和覆盖范围，或者服务数量不足。以城市户籍人口为主体的城市公共事务管理者，在进行公共事务决策时，不可避免地以城市户籍人口利益群体成员的身份做出具有偏向性的供给决策。有研究者指出，中国城市外来人口或农民工问题产生的根源，是由于制度和体制设计的失误造成的。如果没有户籍制度、就业制度、社会保障制度等一系列不平等的城乡二元制度，就不会发生当前的所谓城市外来人口或农民工问

---

① 高健：《城市基础设施的政府与非政府共同供给》，《城市问题》2011年第4期。

题，中国的城镇化质量也会高于当前的水平。①

中国城镇化进程中城市偏向具体表现在以下两方面。

第一，关注农业转移人口的经济贡献，忽视农业转移人口的福利分享。在传统的城镇化发展进程中，城市始终是主体。在城乡发展的基本理念上，中国历年来始终坚持的是重城轻乡、重工轻农的发展逻辑，二者"轻"的共同对象都是包括进城人口在内的农村人口。一方面，城市全方位的发展战略要求大量低成本的劳动力进入；另一方面，却将这一群体视作城市发展的压力。城市分享了农业转移人口带来的巨大城镇化效益，但是承担相应公共服务成本的意愿较低，成为影响农业转移人口生活方式变迁的重要因素，制约了城镇化质量的提高。这一事实也被现有的研究资料所验证：城市建设问题、城市基础设施问题、城市发展投融资问题、城市公共服务供给问题等始终是各个领域的关注重点，也是公共财政投入的重要方向，但是以农业转移人口公共基础设施为对象的研究较少，大多被纳入农民工居住质量、条件等方面略带提及，这也从侧面反映了从学界到公共部门的关注倾向。②

因此，尽管城乡一体化、统筹城乡发展等已经逐渐被纳入公共政策领域，但在公共利益与公共福利分享等仍未取得关键进展，农业转移人口仍然处于"轻"的一个群体，缺乏主体应有的权利，各项公共福利与农村的土地捆绑在一起，没有得到应有的尊重。③ 因此，当前农业转移人口各项生活性公共基础设施需求难以切实满足，根本原因正是这种侧重式发展逻辑的不合理。正如童大焕所指出，"现在的城市，用尽办法经济上吸纳、社会上排斥进城农民，

---

① 王桂新、张得志：《上海外来人口生存状态与社会融合研究》，《市场与人口分析》2006年第5期。

② 朱松梅、雷晓康：《城镇化进程中我国农村公共服务供求的困境与求解》，《西北大学学报》（哲学社会科学版）2016年第2期。

③ 童大焕：《中国城市的生与死：走出费孝通陷阱》，东方出版社2014年版，第44页。

廉价占用他们的青春和劳动力，却不想承认他们的市民身份"。

第二，关注生产类公共品，生活类公共品供给不足，即公共物品供给结构不合理。在现行经济体制下，地方政府的投资策略和投资结构会影响公共基础设施投入的大小和方向。基础设施的投资，尤其是一些生活性基础设施的投资，可能会相对滞后。伴随着生活性公共基础设施供给不足导致的各种城市问题，会延缓农村人口向城市集聚的进程。[①] 本应服务于城镇化进程中人口生活改善的生活性公共基础设施投资，容易在以经济增长为主要追求的发展目标下，遵循"重经济增长轻人口城镇化"的发展路径，直接结果是生产性公共基础设施支出增加，造成对非生产性的生活性公共基础设施支出的挤占，[②] 这也成为城中村生活性基础设施不足的关键因素。

以经济发展为取向的地方政府，在中国城镇化进程的快速推进以及经济的高速增长中发挥了关键的作用。基于公共选择理论的视角，无论是公共部门本身还是公共部门的从业人员，在理性的"经济人"假设下，其行为的出发点以追求效用最大化为目标，并体现在一系列的公共政策和制度中。在经济社会发展过程中，作为城市公共基础设施投资数量和投资方向的决策主体，地方政府以GDP为检验标准，往往会注重一些关乎城市形象和自身政绩的工程，大量投资城市生产类基础设施，甚至存在重复建设和无效供给的现象。在这一发展战略下，城市生活类基础设施不足、公用事业欠缺也就成为必然的结果。尽管地方政府清楚在边缘区域建设公共住房或者增加公共基础设施都会改善居住环境，但并不情愿放弃由出卖土地获得的大量收入，这种以经济利益为重的价值取向不可避免地降低了包括农业转移人口在内的低收入群体的居住福利。

[①] 张卫东、石大千：《基础设施建设对人口城市化水平的影响》，《城市问题》2015年第11期。

[②] 李森圣：《人口城镇化与基础设施建设协调性检验——空间效率异质性视角》，《山西财经大学学报》2015年第3期。

有研究者通过对我国计划经济时期财政改革与发展实践进行研究，也进一步证实了公共基础设施投资结构的偏向政策。长期以来，在中国以生产建设支出为主导的总体财政支出格局中，虽然公共财政在国家安全、文化教育、基础科研及卫生医疗等领域的支出逐渐扩大，但是财政体制及其运行机制却明显带有"非公共性"特征。从近年的统计数据来看，中国的城市公共基础设施投资，一直保持着稳定的增长。问题在于，在城市公共基础设施供给总量中，存在结构不合理的问题，也就是说生产性或经济性公共基础设施的供给相对过度，存在着明显的结构偏向。根据研究者的分析，近20年来中国快速增长的基础设施投资推动了经济高速发展，但是并不利于以低技能为特征的农业转移人口的就业，此外，生活类公共物品供给不足又进一步阻碍了这一群体的技能提升与收入增长。实证分析也表明，公共物品在生产类物品与生活类物品供给中存在的结构偏向往往会恶化城乡收入分配。[1] 正是由于这种生产至上或经济至上的理念，导致人的全面发展被异化，过度关注物质财富增加的发展观，使得地方政府在基础设施投资方面，更多地倾向于生产性投资和土地扩张。对城市的生产性功能的看重，集中表现在对生产性基础设施的扩大投资上。而对城市的分配性功能的忽略，则首先表现在对生活性基础设施投资的不足上。

---

[1] 李郁芳、王宇：《城镇化背景下公共品供给结构偏向与城乡收入分配》，《广东社会科学》2014年第6期。

第 六 章

西部某市城中村公共物品模糊综合评价
——以西部某市为例

本章以西部某市的部分城中村为例，运用模糊综合评价方法，并根据前文的生活性公共基础设施类别建立相关的指标体系，确定城中村生活性公共基础设施"城市属性"或者"农村属性"的隶属程度。如果城中村的生活性公共基础设施与城市一般水平一致或者接近，即城市属性明显，则公共物品属性明显；如果与农村一般水平一致或者接近，即农村属性明显，则公共物品属性较弱。

第一节 模糊综合评价方法概述

一 模糊综合评价方法的基本内容

模糊综合评价法运用模糊数学中模糊关系合成的基本原理，以模糊集合中的隶属度函数为基础，是将一些不确定因素和模糊问题转化为确定性问题进行综合加权集成的一种方法，[1] 以此对评价对象隶属度等级状况进行综合评价，是一种多属性决策方法。该方法的评价过程基本包括：首先，将被评价的复杂对象分解为多个不同

---

[1] 胡永宏、贺恩辉：《综合评价方法》，科学出版社2000年版，第167—188页。

的要素，这些要素构成因素集；其次，把分解出来的不同要素归类到不同的评估级别，这些评估级别构成评语集；再次，确定各个指标的权值；最后，利用数学算式得出每个要素本身隶属于哪个评估级别即判断矩阵，将已经确定了的权值与该矩阵进行结合，最终得到数量化的评估结果。[①]

模糊综合评价方法在经济、社会等领域有着广泛的应用，是通过构造模糊子集，把反映被评价事物的各类指标进行量化，以确定其隶属度。模糊性的存在，表面事物自身概念的外延区域较为笼统和宽泛，一般缺乏严格清晰的分界，这就使得在确定对象的归属和进行定性判断时，容易出现模糊地带和中间过渡区域。正是这种概念属性方面存在的"渐进"特征，让经典的"非此即彼"的传统集合论陷入了分析困境。基于此，美国控制论专家扎达（Zadeh，1965）首次提出了"模糊集合"的概念，用来分析确定对象归属时可能存在的模糊性问题，力图用数学方法研究和处理具有"模糊性"的现象。此后，有研究者进一步将定性与定量分析有机结合，逐步发展成为模糊综合评价方法，专门用来处理多级指标体系综合评价问题。[②]

一般来说，隶属度函数的表述如下：论域中 U 的模糊集合 A 是以隶属函数 μA 为表征的集合，即 $\mu A: U \rightarrow [0, 1]$，对任意 $u \in \mu A(u)$，$\mu A(u) \in [0, 1]$，称 $\mu A(u)$ 为元素 u 对于 A 的隶属度，它表示 u 属于 A 的程度。$\mu A(u)$ 的值越接近于 1，表示元素 u 属于 A 的程度越高，作为上限，当 $\mu A(u) = 1$ 时，表示完全 u 属于 A，反之，$\mu A(u)$ 的值越接近于 0，表示 u 属于 A 的程度越低，当 $\mu A(u) = 0$ 时，表示 u 完全不属于 A。模糊子集完全由

[①] 黄丽霞、邹纯龙：《基于模糊综合评价法的农民工网站影响力评价研究》，《情报科学》2016年第11期。

[②] 熊景维：《我国进城农民工城市住房问题研究》，博士学位论文，武汉大学，2013年。

隶属函数来刻画的，借助隶属函数可以实现对模糊集合量化的目的，从而利用精确的数学方法去分析和处理模糊问题。[①]

二 城中村生活性公共基础设施属性模糊界定机理

根据对模糊综合评价法的原理、内容以及特点的描述，能够发现模糊综合评价法适用于城中村生活性公共基础设施属性的界定，原因在于属性界定过程中的指标权值需要通过人的主观判断进行评估，目标层的评判集标准具有模糊性和不确定性，各个评价等级之间的边界也不明显，因此符合模糊综合评价法的应用范围。采用这一方法进行定性问题的定量化处理，是评价方法上的新尝试，从验证结果来看也具有良好的效果。

在城镇化的进程中，城市边界不断扩大，城中村已经成为中国城市范畴中的一个基本"配置"。但是这些区域的公共物品既不同于城市的中心区域，也与农村区域有着显著的差异，由此导致农业转移人口的生活方式既不同于城市人口，也不同于农村人口。实际上，城中村公共物品在供给和需求两个层面上，都有别于传统的"城乡二元结构"，而是呈现出介于二者之间的独特属性。基于此，本部分利用模糊数学中隶属度的概念，运用模糊综合评价方法，根据城中村的特征指标值与城市和农村的同一指标值进行综合比较，以城市的指标值作为目标值，以农村的指标值作为基本值（最低值），评估城中村生活性公共基础设施隶属于城市或乡村的程度，以此作为判断其公共物品属性的依据。

[①] 秦洁：《国家公职人员德性评价模型——基于层次分析法和模糊综合评价法》，《伦理学研究》2017年第5期。

第二节 城中村生活性公共基础设施模糊综合评价指标体系

一 相关指标的国际借鉴

（一）联合国人居署（UN-Habitat）与《全球人类住区报告》

基于对城市化进程中城市贫民和农业转移人口的居住环境的关注，1975年1月1日，联合国大会成立了联合国生境和人类住区基金会（UNHHSF），受联合国环境规划署（UNEP）的管理，以专门应对城市化问题，并支持、协助与人类住区相关的实施方案。UN-HHSF正是联合国人居署的前身。联合国于1976年、1996年、2016年分别召开了第一届、第二届、第三届全球人类住区大会（即人居Ⅰ、人居Ⅱ、人居Ⅲ）。在人居Ⅰ上，决定成立政府间机构，即联合国人类住区委员会（United Nations Commission on Human Settlements），也就是联合国人居署的前身。与此同时，成立联合国人类住区中心（United Nations Centre for Human Settlements，通常称为"人居中心"），作为委员会的执行秘书处。2002年，根据联合国大会的决议，将人居中心提升为联合国人居署（UN-Habitat），全称"联合国人类住区规划署"。联合国人居署的核心目标是积极推进人人拥有足够的住房、基础设施，普遍能够获得工作机会和供水、能源和卫生等基本服务，以此为基础出版了包括《人居议程》《全球人类住区报告》和《新城市议程》在内的多种公开出版物。

2003年的全球人类住区报告以《贫民窟的挑战》为题，关注了全球的贫民窟问题。2005年的全球人类住区报告以《为城市低收入人群的住房筹措资金》为题，报告指出，在大部分发展中国家，传统的资金来源无法满足城市基础设施和城市人口增加催生的住房需求的规模。如果在城市住房发展及相关服务方面没有充足的经济来源，这些新增的城市居民将会面临很多问题：城市贫困、恶劣的住房条件、健康不佳以及低生产率，继而会加剧已存在的贫民窟问题。[1] 尽管当前在整个世界范围内，住房贷款已经获得了长足而广泛的发展，但是这一融资模式显然更容易被中、高收入人群所使用。基于此，该报告进一步指出，在主流的金融融资难以被低收入群体获得的背景下，就必然需要公共部门为城市贫困人群的住房融资进行持续的投入。2016年，在"人居Ⅲ"大会上，通过了《新城市议程》，提出"人人共享城市"的城市发展愿景，即"人人平等使用和享有城市和人类住区，我们力求促进包容性，并确保今世后代的所有居民，不受任何歧视，都能居住和建设公正、安全、健康、便利、负担得起、有韧性和可持续的城市和人类住区，以促进繁荣，改善所有人的生活质量"，并且提出要特别注意解决贫民窟和非正式住区居民的问题。也达成了共识，即认为城市空间的安排、便利性和设计，基础设施和基本服务的提供以及发展政策，既可促进也有可能阻碍社会融合、平等和包容。[2]

对于居住环境和居住条件，联合国人居署以贫民区住房为主题的相关研究建立了"住房匮乏"指标（见表6—1），以五项家庭层面的可度量指标来定义贫民区，包括房屋耐久性、充裕的居住面积、获得改善的水源、获得改善的卫生条件、土地所有权的保障。结合联合国人居署设定的指标可以看出，呈现建筑密度高、建筑结构较差、不充裕的居住面积、缺乏低成本的入户自来水、缺乏自用卫生间、不拥有"不被强制驱逐的权利"等特征的住房，都算作"贫民窟"。

---

[1] 联合国人类住区规划署：《全球人类住区报告2005：为城市低收入人群的住房筹措资金》，中国建筑工业出版社2005年版，第20页。

[2] 2016年《新城市议程》。

表 6—1　　作为贫民区衡量指标的五种住房匮乏情况①

关键指标	关键特征
房屋耐久性	建于无危险地、结构耐久、极端气候下保护居住者
充裕的居住面积	同一个房间不超过三人共用
获得改善的水源	能使用足够的水且使用价格低、家庭成员无须付出巨大努力可获得
获得改善的卫生条件	有排泄物处理系统、不超过两个家庭共用卫生间；直接连接公共排污管网和化粪池系统；或改良式厕所
土地所有权保障	不被强制驱逐的权利

（二）联合国与《人类发展报告》

在 2014 年的人类发展报告中，联合国建议将普遍主义作为提供社会服务的第一个基本原则，其基本含义是每个人都很重要，并且都有权得到保护和支持，尤其是针对贫困群体和脆弱群体，其体现出来的贫困、受排斥和边缘性显得这一原则尤为重要。"平等考虑所有人的利益就要向弱势群体提供有利于他们的平等待遇"②；第二个基本原则是以人为本。该原则的建立依据是康德的"所有人都是平等的"这一观点，联合国宪章和历年的人类发展报告都以此为理念。其基本含义在于每个人都有追求自己向往的生活的权利，因此经济政策、社会政策等的核心目标正是促进所有人享有平等的生活机会。第三个基本原则是致力于集体行动。报告认为，公共领域能否呈现出积极前景主要取决于国家层面和全球层面上公益物的供应是否成功。也就是说，从一国内部来看，国家能否以集体行动的方式实现集体理性，是影响社区、地区、国家脆弱性的主要因素。第四个基本原则是在政府和社会机构之间进行协调。在公共领域以

---

① 联合国人类住区规划署编著：《亚洲的低成本土地和住房》，住建部计划财务与外事司组织编译，中国建筑工业出版社 2014 年版，第 19 页。

② Sen, A., *Inequality Reexamine*, Oxford, UK: Oxford University Press, 1992, p. 67.

内，自由市场的价值不应过分夸大，而是要重新探讨和分析私人领域与公共领域，以及在不同领域中各方力量的动态关系。①

联合国人类发展报告建立的基本指标主要是人类发展指数（HDI）。HDI 指数主要包括出生时预期寿命、平均受教育年限、预期受教育年限、人均国民总收入（GNI）等指标，用以衡量不同国家和地区的人类发展情况。在作为分指数的环境表中，与公共基础设施相关的指标主要体现为"不卫生的水或未改善的卫生条件造成的 5 岁以下儿童死亡率"，用来分析环境威胁对人类造成的负面影响。2013 年，中国的总体人类发展指数为 0.719，处于高人类发展水平组别，在 187 个国家和地区中居第 91 位，比 2012 年上升 2 位。根据联合国的统计，中国的 HDI 数值逐年提高，但是增长的幅度正在逐渐下降。1980—1990 年，中国的 HDI 数值年均增长率为 1.72；1990—2000 年，年均增长率为 1.66；2000—2013 年，年均增长率为 1.52。

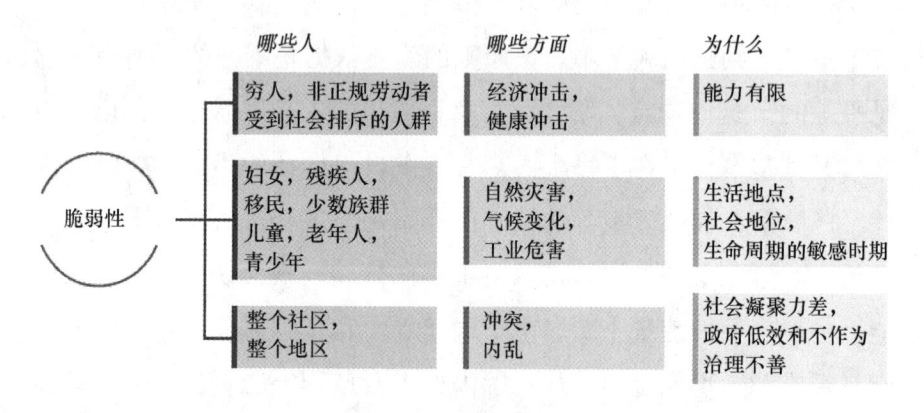

图 6—1 《2014 年人类发展报告》的脆弱性说明②

---

① 联合国开发计划署编著：《2014 年人类发展报告：促进人类持续进步：降低脆弱性，增强抗逆力》，2014 年，第 25—30 页。

② 同上书，第 19 页。

在人类发展报告中，对可能遭遇脆弱性的群体、方面、原因进行了分析（见图6—1）。尽管报告将穷人、非正规劳动者、受到社会排斥的人群与移民进行了公开说明，指出移民并不必然是穷人，但是不可否认的是，移民确实在"穷人、非正规劳动者、受到社会排斥的人群"中占据很大比例。从我国的现实情况来看，很大比例的农业转移人口以低收入者、非正规劳动者、受排斥者等多重身份存在，在承担经济冲击的同时，还面临着环境卫生设施不足带来的健康冲击和生活质量低下。针对此类脆弱性以及脆弱群体，国家政府肩负着向其提供帮助的主要责任。《2030年可持续发展议程》确定了未来一段时间的发展愿景，其中包括要建立一个"对享有安全饮用水和环境卫生的人权承诺条件得到改善的世界""公正、容忍、开放、有社会包容性，社会包容性和最弱势群体需求得到满足的世界"。

（三）世界银行与《世界发展指标》

世界银行连续多年发布的《世界发展指标》已经成为获得国际认可的权威指标，其中包含卫生设施、公共交通等相关方面的指标。在世界银行发布的《2016世界发展指标》中，确定了17项可持续发展目标。其中，清洁的水和卫生设施构成了可持续发展指标6的主要内容，并通过6项具体目标予以衡量。文中指出，当前每年大约有84.2万人死于由于不安全的饮用水、卫生设施所导致的腹泻。从世界范围来看，在低收入国家，只有四分之一的人口能够获得改善的卫生设施，在中低收入国家，也只有一半的人口能够获得改善的卫生设施。可负担的清洁能源构成了可持续发展指标7的主要内容，该指标强调要实现能源的普遍获得、使用清洁能源、提高能源利用率。能源对提高低收入和中低收入人民的生活水平是至关重要的，是一个国家的经济发展的中心，也是每一位公民的福利。社区和城市的可持续构成了可持续发展指标11的主要内容，指标分析指出，在城市化的总体背景下，到2030年，预计将有60%的人口居住在城市地区。该指标由以下内容构成，即改善住房质量（获得充足、安全和负担得起的住房和基本服务），降低城市对环境的影响等。

二 本书指标体系的确立

基于本书的研究视角，借鉴国际指标，建立城中村生活性公共基础设施指标体系。

表6—2 西部某市城中村生活性公共基础设施模糊综合评价指标体系

一级指标	二级指标	三级指标	指标解释
居住方式	居住条件（U_1）	水价（u_{11}）	指居民生活用水的单位价格
		电价（u_{12}）	指居民生活用电的单位价格
		自行供暖率（u_{13}）	调研者中选择自行供暖的比例
		天然气普及率（u_{14}）	指居民住房安装天然气的比例
	居住环境（U_2）	生活垃圾清理及时率（u_{21}）	调研者中选择"生活垃圾清理及时、比较及时"的比例
出行方式	公共交通（U_3）	出行成本（u_{31}）	指通勤的费用支出
		公共交通工具出行占比（u_{32}）	调研者中选择公共交通工具的比例

表6—3 城中村生活性公共基础设施评价及其城市、农村性状描述

一级指标	二级指标	三级指标	城市性状描述	农村性状描述
居住方式	居住条件（U_1）	水价（u_{11}）	城市居住人口单位水价相同	农村居住人口单位水价相同
		电价（u_{12}）	城市居住人口单位电价相同	农村居住人口单位电价相同

续表

一级指标	二级指标	三级指标	城市性状描述	农村性状描述
居住方式	居住条件（U_1）	自行供热比率（u_{13}）	自行供热比例较低	自行供热比例较高
		天然气普及率（u_{14}）	住房开通天然气	住房基本不通天然气
	居住环境（U_2）	生活垃圾清理是否及时（u_{21}）	生活垃圾及时清理	生活垃圾随意堆放
出行方式	公共交通（U_3）	出行成本（u_{31}）	城市通勤成本	农村近似时间、距离下的处形成成本
		出行方式（u_{32}）	公共交通工具为主	私人交通工具为主

第三节 构建城中村生活性公共基础设施模糊综合评价模型

一 指标的测度值获取和计算

测度值（X）是指物理意义上的指标衡量值。本书选取的 7 个指标的测度值通过实地调研的数据得出。

二 评价标准的确定

评价标准是对评价对象进行分析评价的基本尺度，确定合理的评价标准是有效实现评价目标的重要手段。由于本节目的是对城中村生活性公共基础设施的特征属性进行界定，即判断其隶属于城市的程度或隶属于农村的程度，是城中村生活性公共基础设施的特征指标值与城区和农村同一指标数值比较的过程。因此，评价标准的两个端点值分别采用城市普通社区（简称城区）和农村的同一指标数值。对各指标的城区端点值和农村端点值的处理方法同其测度值，其中指标的城市端点值用 $x_{ij}^{\max}$ 表示，农村端点值用 $x_{ij}^{\min}$ 表示。

三　隶属函数的确定

隶属函数是评语等级集的特征函数，是计算隶属度的依据，用来描述因素集、评语集的隶属关系。基于此，需要从城中村生活性公共基础设施的特征属于城市的角度建立隶属函数。

根据指标测度值大小所反映的特征，将7个指标分为三类：第一类是测度值越大城区特征越明显的指标，称为城市指向性指标。主要包括天然气普及率、生活垃圾清理及时率、公共交通工具出行占比、城中村水价4个指标；第二类是测度值越大农村特征越明显的指标，称为农村指向性指标，包括自行供暖率、出行成本2个指标；第三类是测度值越大城区特征和农村特征均越不明显，值越小城区特征和乡村特征均越明显的指标，称为混合指向性指标。包括城中村电价1个指标。

设 x_{ij} 是第 i 个城中村的第 j 个初级指标，第 i 个城中村的生活性公共基础设施的初级指标为 $x = [x_{11}, \cdots, x_{ij}, \cdots]$。

1. 城市指向性指标隶属函数的确定。

从总体上看，从城市到农村的空间分布上，城市指向性指标的测度值表现出强烈的距离衰减规律。考虑常用隶属函数形式的应用范围，选取城市指向性指标的隶属函数为：

$$\mu(x_{ij}) = \begin{cases} 0 & 0 \leqslant x_{ij} \leqslant x_{ij}^{\min} \\ \dfrac{x_{ij} - x_{ij}^{\min}}{x_{ij}^{\max} - x_{ij}^{\min}} & x_{ij}^{\min} < x_{ij} < x_{ij}^{\max} \\ 1 & x_{ij} \geqslant x_{ij}^{\max} \end{cases}$$

其中，$x_{ij}^{\max}$ 表示第 i 个城中村第 j 个指标的取值大于或等于这个数，那么可以判断其状况是好的。$x_{ij}^{\min}$ 则表示如果指标值小于或等于这个数，可以判断其状况肯定是差的。

2. 农村指向性指标隶属函数的确定。

隶属函数为：

$$\mu(x_{ij}) = \begin{cases} 0 & 0 \leqslant x_{ij} \leqslant x_{ij}^{\min} \\ \dfrac{x_{ij}^{\max} - x_{ij}}{x_{ij}^{\max} - x_{ij}^{\min}} & x_{ij}^{\min} < x_{ij} < x_{ij}^{\max} \\ 1 & x_{ij} \geqslant x_{ij}^{\max} \end{cases}$$

3. 混合指向性指标隶属函数的确定。

城中村的电价和水价这两个指标有着特殊性。以电价为例，居住在城中村的农业转移人口（非城中村户籍）承担的电价呈现出既与农村人口不同，也与城市户籍人口不同的特征，即城中村农业转移人口承担的电价高于农村人口和城市户籍人口。针对这一特征，建立隶属函数：

$$\mu(x_{ij}) = \begin{cases} 0 & 0 \leqslant x_{ij} < x_{ij}^{0} \\ 0.5 & x_{ij} \geqslant x_{ij}^{0} \end{cases}$$

其中，x_{ij}^{0} 为城市和农村的标准电价。

四　指标权值的确定

在得到初级指标隶属度的基础上，进一步将隶属度加总成综合指标。指标权值是指在一个特定的指标体系中，每项指标占有的比重，它反映了每一指标对评价对象的重要程度。其准确与否在很大程度上影响评价结果的可靠性，进而影响评价主体需求的满足程度。

本书采用以下指标加总公式：

$$\omega_j = -\ln[1 - \overline{\mu_j}]$$

其中，$\overline{\mu_j} = \dfrac{1}{l}\sum\limits_{i=1}^{l}\mu(x_{ij})$，反映了 i 个城中村第 j 个指标的均值。

五　综合评价模型

在城中村生活性公共基础设施属性模糊界定综合评价指标体系中，每一个单项指标，都从不同侧面反映了特定地域的特征属性。在获得初级指标隶属度和权重的基础上，就可计算各功能的隶属度，使用如下的加总公式：

$$f(x_{i.}) = \sum_{j=1}^{k} \overline{\mu(x_{ij})} * w_{ij} / \sum_{j=1}^{k} \omega_{ij}$$

其中，k 表示 k 个初级指标，i 表示城中村。

六　目标层评判集标准

综合现有研究文献，界定目标层评判集标准：

综合特征值	>0.9	0.6-0.9	0.2-0.6	<0.2
特征属性	城市型	不完全城市型	不完全农村型	农村型

第四节　西部某市城中村生活性公共基础设施的模糊综合评价

一　西部某市城中村的基本情况

某市是西部某省的政治、经济、文化中心，是全国重要的交通枢纽，辖 9 区 4 县，总面积 10108km^2，城市建成区面积 449km^2。根据西部某省第六次人口普查，该市流入人口达 126.02 万人，已成为西北地区外来流入人口最多的城市。该市是全国管辖城中村较多的城市之一，其居住群体主要是城市中的流动人口和原村民。据统计，2009 年该市总人口 843.46 万人，有 240 多万流动人口居住在城中村，远远超过城中村居住的本地人口。① 自 2007 年该市的城市改造项目全面启动，启动前城六区共有行政村 624 个，建成区范围内共有棚户区 324 处。截至 2015 年 12 月底，全市已实施 189 个城中村的改造工作，涉及 9.12 万户 31.53 万人，已有 127 个城中村 6.78 万户 23.61 万人完成回迁安置，累计完成投资 506.76 亿元。通过无形改造共完成 217 个村的农转居、160 个村的经济体制改革和 150 个村的撤村建社区工作，约 20 余万村民被纳入城市社会保障体系。全市已实施 58 个棚户区的改造，涉及 9.34 万户 31.93 万人，已有 33 个棚户区 5.29 万户 21.54 万人完成回迁安置，累计完成投资 201.92 亿元。② 根据该市综合治理办公室的数据，该市城中村、城乡接合部的房屋出租户占到了整个市区的 70%，高达 4.5 万户。城中村的流动人口是实际户籍人口的 10 倍多。以拆迁前的长乐坡村为例，该村户籍村民人数 2500 人，流动人口超过 8 万人，是实际户籍人口的 31 倍。总体来说，该市城中村与国内其他城市的生活性公共基础设施供给困境是一致的，实地调研结果显示，城中村居住的流动人口中只有 35.1% 的人单独使用自来水，63.9% 共用自来水；63.7% 只能使用公共卫生间，而不是独立的卫生间；44.3% 用垃圾箱处理垃圾；33% 使用单独的厨房。③

调研数据样本量为 7 个城中村，分别为村 1、村 2、村 3、村 4、村 5、村 6、村 7 总计发放调研问卷 500 份，回收有效问卷 478 份，受访者主要为租住的农业转移人口、城中村户籍人口，农业转移人口中从事的职业涉及建筑、保洁、餐饮、商贸等各个领域。

---

① 汪丽、李九全：《西安城中村改造中流动人口的空间剥夺——基于网络文本的分析》，《地域研究与开发》2014 年第 4 期。
② 腾讯房产西安站：《2016 年西安城中村拆迁完整名单，租房户何去何从》（http://mt.sohu.com/20160520/n450467431.shtml）。
③ 商存慧、高旭红：《城乡接合部流动人口环境健康风险及治理——以西安市为例》，《西北农林科技大学学报》2014 年第 4 期。

二　西部某市城中村生活性公共基础设施模糊评价结果

（一）单项指标测度值和标准值

根据实地调研，得出：第一，各指标的城市值；第二，各指标的农村值；第三，各指标的城中村测度值。其中，居民水价（u_{11}）的农村值：该市农村居民生活用水的价格一般由各村制定，通过对各个管理部门的调研访谈，各区县农村居民生活用水价格约为1.5元/m^3；供暖率（u_{13}）的农村值：根据国家统计局该市调查队对今年一季度城乡一体化住户住房资料的分析，由市政或小区集中供暖的城镇居民家庭占48.7%，采用空调、壁挂锅炉、土暖气、火炉等方式自行取暖的城乡居民家庭分别占40.6%和61.8%，没有采取任何取暖方式的城乡居民家庭分别占到10.7%和38.2%；生活垃圾清理及时率（u_{21}）：城市值的计算公式是该市每日垃圾清运量/每日生活垃圾产生量（8000吨，来源该市城市管理局），农村值以

表6—4　生活性公共基础设施地域特征属性模糊界定指标的标准值

一级指标	二级指标	三级指标	城市值	农村值
居住方式	居住条件（U_1）	水价（u_{11}）	3.8 元/m^3	1.5 元/m^3
		电价（u_{12}）	每千瓦时0.4983元	每千瓦时0.4983元
		自行供暖率（u_{13}）	40.6%	61.8%
		天然气普及率（u_{14}）	85.07%	0
	居住环境（U_2）	生活垃圾清理及时率（u_{21}）	87.55%	22.46%
	出行方式（U_3）	出行成本（u_{31}）	2.19 元	3.5
		公共交通工具占比（u_{32}）	56%[1]	40.86%[2]

---

[1] 西安晚报：《西安机动车突破250万辆，每3.48人拥有一辆车》（http://xian.qq.com/a/20160629/008367.htm）。

[2] 冯忠祥：《农村人口出行特征及运力结构分配模型研究》，博士学位论文，长安大学，2010年。

2015年该省城乡建成区的生活垃圾处理率替代（数据来源《2015年该省城乡建设统计公报》）；出行成本（u_{31}）：城市值根据高德地图发布的《2016上半年中国城市交通出行报告》，该市的出行成本为2.19元，农村值以该省通村客运价格为计算依据。

（二）单项指标隶属度的计算

根据标准值和测度值，结合前文公式，计算得到7个城中村（地域单元）各个指标的隶属度。

表6—5　　　　　　　　　测度值与隶属度

城中村生活性公共基础设施各指标测度值及隶属度

指标	村1 隶属度	村1 测度值	村2 隶属度	村2 测度值	村3 隶属度	村3 测度值	村4 隶属度	村4 测度值	村5 隶属度	村5 测度值	村6 隶属度	村6 测度值	村7 隶属度	村7 测度值
u_{11}	0.2174	2	0.2174	2	0.2174	2	0.6522	3	0.999	4	0.6522	3	0.2174	2
u_{12}	0.5	1.5	0.5	1.5	0.5	1.5	0.5	1	0.5	1	0.5	1.2	0.5	1
u_{13}	0.001	79%	0.001	84%	0.001	79.30%	0.001	92.20%	0.001	87%	0.001	91.40%	0.001	64%
u_{14}	0.001	0	0.001	0	0.001	0	0.001	0	0.001	0	0.001	0	0.001	0
u_{21}	0.715	69%	0.7611	72%	0.1619	33%	0.3617	46%	0.8379	77%	0.999	89%	0.999	87.90%
u_{31}	0.458	2.9元	0.8397	2.4元	0.001	4元	0.5344	2.8元	0.001	3.8元	0.7634	2.5元	0.001	3.5元
u_{32}	0.7952	52.90%	0.8481	53.70%	0.5476	49.15%	0.7318	51.94%	0.148	43.10%	0.5178	48.70%	0.0885	42.20%

（三）指标权值的确定

根据指标权重的计算公式，得出各指标的权重值。

表6—6　　　　　　　　　指标权值

城中村生活性公共基础设施各指标权值

指标	u_{11}	u_{12}	u_{13}	u_{14}	u_{21}	u_{31}	u_{32}
权值	0.6038	0.6931	0.001	0.001	1.1738	0.4639	0.745

(四) 城中村生活性公共基础设施各项指标模糊综合评价结果及其分析

第一，根据各项指标的隶属度和权值，计算出各个城中村生活性公共基础设施的综合评价值。

第二，根据前文建立的目标层评判集标准，得出各个地域单元生活性公共基础设施的特征属性。

第三，各个地域单元综合特征属性界定结果分析。综合模糊评价结果，调研的各个城中村生活性公共基础设施都处于供给不足的状态，城中村居住人口基本生活条件恶劣。虽然处于城市边界以内，被城市中心区域所包围，但是在生活性公共基础设施领域，这些城中村呈现出来的特征都是非城市型。隶属度最高的村6也仅为0.7206。这就表明，农业转移人口在城市的生活方式远远没有实现城镇化，其隶属农村的程度更为明显。

表6—7　　　　　　　模糊综合评价值及特征属性

城中村生活公共基础设施综合评价及特征属性								
地域单元	村1	村2	村3	村4	村5	村6	村7
综合评价	0.5764	0.6499	0.2923	0.5318	0.5552	0.7206	0.4663
所在评判区间	0.2—0.6	0.6—0.9	0.2—0.6	0.2—0.6	0.2—0.6	0.6—0.9	0.2—0.6
特征属性	不完全农村型	不完全城市型	不完全农村型	不完全农村型	不完全农村型	不完全城市型	不完全农村型

城中村不仅是空间概念，更是经济概念。公共经济学对现实问题的关注，同样遵循经济学的稀缺原则，以生活性公共基础设施稀缺为基本特征的城中村，以及对生活性公共基础设施需求强烈的城中村常住人口，是亟待解决的公共问题。从现状来看，结合本章所做的模糊综合评价，城中村生活性公共基础设施在当前呈现出来的属性特征表明，上述提出的公共问题并没有得到合理的解决。

第七章

城市边缘区公共物品供给的国际比较

在城市化的发展过程中，边缘区域是一个普遍且一般性的存在。但是，处于不同城镇化发展阶段的国家和地区，边缘区域的内涵有着明显的差异。对于城镇化发展水平较高、人均收入水平较高的国家和地区，边缘区域的内涵更多地表现在空间特性上，也就是说，随着城市化水平的提高，空间意义上的边缘区域逐渐扩大，并伴随着生活性公共基础设施的普及，这一过程一般被称为逆城市化，并以获得高收益为核心目标。

而对于城镇化发展水平较低、人均收入水平较低的国家和地区，城市边缘区的内涵更多地表现在资源稀缺特性上。为了提高城市化水平，城市不断向外扩张，原有的农村区域演变为城市的边缘区域。并且随着这一扩张过程的不断推进，往往会导致一个基本的困境，即新的城市扩张过程并不与生活性公共基础设施的完善过程相一致。也就是说，生活性公共基础设施服务半径的扩散与空间层面上的城市扩张并不一致。

基于这一实际，本章首先对不同经济发展水平的国家和地区的城市边缘区总体特征进行分析，指出，在现代社会，"资源是否稀缺"是判断一个区域是不是"边缘区"的基本标准，并以英国、巴西等国家为例，分析各个国家"资源稀缺边缘区"的治理经验。

第一节　发达国家和地区的城市边缘区

在城市化发展水平较高的国家和地区，迁移至边缘区域的资源和要素呈现出"核心性"，并突出地表现为以追求高生活收益为目标的中高收入群体的迁移，同时伴有各类生产要素的迁移，具有财富创造以及财富再创造的重要潜质，进而极大地推动了边缘区域的快速发展。

总体来说，发达国家和地区的边缘化过程，是以个体和群体对高收益的追求为基本特征的，即通常所说的逆城市化。从国际经验来看，逆城市化趋势的出现一般发生在城镇化率平均约75%的发展阶段中，也就是说，逆城市化主要发生在发达国家。一般来说，在城镇化发展到这一水平时，"城市病"频发，推动富裕阶层"逆"城市而居住。逆城市化的过程都伴随着生活性公共基础设施服务半径的扩散过程，是城市的核心要素由中心区或者核心区向边缘区的迁移过程。这一过程是拉力和推力共同作用的结果，并由"城市化与向心化"转变为"逆城市化与空心化"。其中，推力表现为将资源和要素从城市的核心区推向城市的边缘区。而拉力表现为城市边缘区对核心区资源、要素的吸引力，将其从核心区拉至边缘区。

具体来说，在推力方面，城市核心区呈现的集聚不经济、城市病、生活性公共基础设施质量下降等困境逐渐将资源和要素从核心区推出。在城市核心区域，要素集聚功能形成的集聚效应的边际递减趋势明显，因此向可能实现要素效益最大化的区域迁移，这是要素理性选择的结果。换言之，城市的核心区难以满足要素追逐效益（利润）最大化的需求，是导致要素向边缘区域迁移的根本原因，进而导致逆城市化或郊区化的出现。随着城市化进程的加快，大量移民（国内移民与跨国移民）涌入城市，各类矛盾逐渐涌现，城市贫困问题凸显，交通拥堵，环境污染加剧等，使得城市中心区的居住环境和生活质量明显降低，推动人口在居住地点选择方面做出更加理性的决策，从中心区迁出成为一种"向上"的基本偏好。与城市核心区的"集聚不经济"相伴生的另一个重要问题在于生活性公共基础设施使用或者消费过程中的拥挤，这是导致逆城市化的核心推力。

在拉力方面，逆城市化与郊区化的基本前提在于，城市边缘区域生活性公共基础设施供给量的同步增加。逆城市化是一种生活方式的"向上"过程，人口、资源、要素等向边缘区域的迁移目的是为了获得改善的居住环境与生活质量，这建立在生活性公共基础设施供给量适足的基础上，否则，迁移难以发生。具有公共物品特征的生活性公共基础设施，需求刚性是基本的特征。换言之，原住于城市中心区的人口，不会选择生活垃圾清运与处理较差、居住条件较差的区域作为迁移的目的地。

从国际经验来看，发达国家城市的离心运动可以追溯到19世纪，1850年以后，纽约等大城市就出现了这一趋势，一些小城市也在19世纪末发生了人口流失与核心区的密度下降等现象。根据埃德温·米尔斯对1910—1960年美国城市的人口密度计算，城市中心的密度显著下降，大都市区正在快速向外扩展。1950—1970年，美国所有城市化地区的平均人口密度都明显降低，中心城市的下降比例更大。[1] 布赖恩·贝利总结了导致北美地区出现这一现象的直接原因，如国家社会的形成、后工业经济的出现、社会与空间流动联系的增强、住宅产业的异常繁荣、通信工具的飞速发展等。正是以上因素增加了边缘区域生活的便利性、生产利润的可获得性，才使得逆城市化或郊区化成为一种可能的选择。从对居住环境的选择

---

[1] [美]布赖恩·贝利：《比较城市化》，顾朝林等译，商务印书馆2009年版，第51—54页。

来看，社会地位、收入水平较高的群体（主要是富人和中产阶级）倾向于寻找靠近水域、森林和高地，远离工厂、污染等的优越地段居住，寻求干净、宽敞和安逸的居住生活环境，以获得更高的生活质量，进而逐渐呈现出边缘化的趋势。与此同时，社会地位、收入水平较低的群体则居住在高污染、住房年久失修的区域。[①] 也就是说，在发达国家和地区，逆城市化的过程对于社会地位较高的人口来说，是生活质量、居住质量不断提高的过程。而由于逆城市化所导致的城市空心化的基本含义也在于，虽然空间位置上处于城市的中心，但是资源的迁移，使其区位优势的作用明显弱化，进而由发展的"向心"转变为"空心"，"空"即"缺失"，缺失的正是资源和各类要素，其中包括适足的生活性公共基础设施。

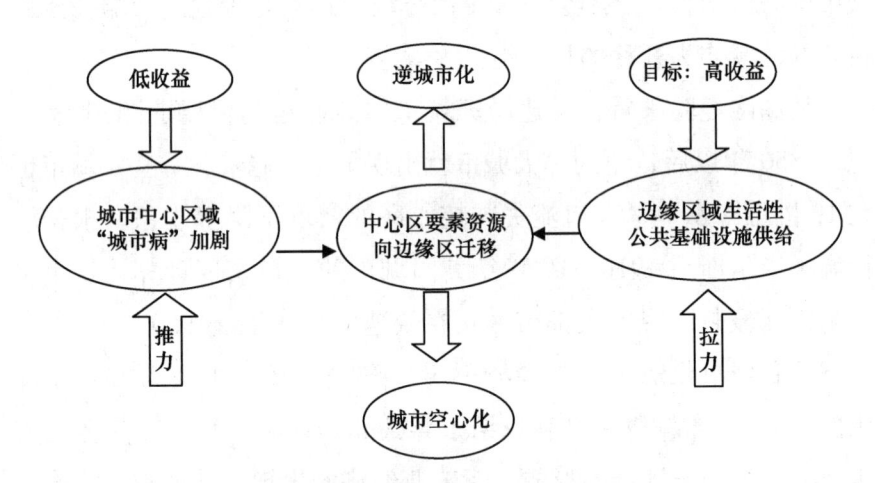

图7—1 较高城市化发展水平下的城市边缘化过程

---

① [美] 布赖恩·贝利：《比较城市化》，顾朝林等译，商务印书馆2009年版，第53—59页。

第二节　发展中国家和地区的城市边缘区

　　国外的贫民窟和中国的城中村、城乡接合部等都是以生活性公共基础设施稀缺为基本特性的城市边缘区的典型代表，人口向这一区域的迁移是以追求低生活成本为核心目标的。经济发展水平较低的国家和地区的边缘化，是以个体和群体对低成本的需求为基本特征的。较低城市化发展水平前提下的边缘化与较高城市化发展水平前提下的边缘化有着基本的差异，主要表现为：第一，在城市化发展水平较低的国家和地区，边缘化与城市核心资源的向心化同时发生；在城市化发展水平较高的国家和地区，边缘化与城市资源的离心化（空心化）同时发生。第二，在城市化发展水平较低的国家和地区，迁移至边缘区域的资源和要素呈现出"边缘性"，并突出地表现为以追求低生活成本为目标的低收入群体的迁移，其创造财富的能力明显不足，难以快速有效地实现区域的发展。

　　综观国际和中国的城市化发展实践，在发展中国家，农业转移人口在城市的居住问题主要通过以下两种方式解决，一是租住在城市边缘区域的低成本、简陋住房，二是侵占城市边缘区域的无主公共用地。前者如中国的城中村和城乡接合部地区。作为最大的发展中国家，中国的城市边缘区域与农业转移人口有着直接的相关性，从某种意义上来说，农业转移人口聚集区域正是城市边缘区域的同义词，生活性公共基础设施的匮乏是其基本特征，并与城市有着明显的反差，对比差异显著。后者如拉美地区、印度等地的贫民窟，同样面临设施与服务短缺的困境。这些国家存在明显的"过度城市化"现象，即城市化超过工业化的发展速度，大量农村剩余劳动力转移至城市，与此同时，城市经济的发展难以容纳这些转移人口，城市失业与贫困问题加剧，给城市的公共基础设施带来了巨大的压力，低成本住房短期，贫民窟迅速蔓延。以印度为例，数量巨大的农业转移人口使得印度的贫民窟数量剧增，在城镇居民总户数中，其中，贫民窟住户占17.4%。这给城市的基础设施和公共服务带来了巨大的供给压力，贫民窟聚集地生活环境恶劣，加快了传染病的蔓延。巴西同样缺少针对农业转移人口的城市规划，导致其在城市边缘区的国有土地私自搭建住房，贫民窟逐渐形成。同时，随着巴西住房的高档化，越来越多的农业转移人口被迫在贫民窟扎根。[①]

无论是中国的城中村还是国外的贫民窟，虽然在形成机制方面有所差异，但是在房屋拥挤、建筑质量差、街道狭窄、基础设施匮乏、公共服务短缺等方面有着一致的特征，这与居住在这一区域的人口的低生活成本的目标是一致的。问题的关键在于，在当代社会，低生活成本是否代表生活性"基础"设施供给不足是一种必须与之相匹配的特征？马克思在《政治经济学批判》中指出，现代的历史是乡村的城市化，而不是城市的乡村化。也就是说，随着社会的发展，乡村要素将逐渐转化为城市要素，农村人口的生活方式日益文明化，而这一文明化的过程必然与生活性公共基础设施的均等供给[②]和使用有着基本的相关性。随着经济、社会发展水平的提高，公共物品的范畴逐渐扩大，具有基础性、社会先行性（生产先行性、生活先行性）的物品种类以及数量显著增加。也就是说，具有公共物品属性的物品种类和数量增多，这些物品的服务半径扩大，公共部门为此承担的供给责任日益增加。越是具有基础性、先行性特征的物品、服务和设施，其服务半径应该越大，普及程度应该越高。因此，城市边缘区域生活性公共基础设施的不足，显然违背了

[①] 夏锋、李子明、郭文芹：《部分新兴经济体的进城农业转移人口及其就业与住房保障——"2013年新兴经济体智库圆桌会议"综述》，《经济体制改革》2014年第1期。

[②] 在中国的会现实背景下，"均等"更多地使用在城乡各类资源与服务的比较中，即现有的资源配置，更多地倾向于城市，对于农村则是不均等的，即使是迁移到城市的农村人口，也同样不能与城市人口公平分享各类资源。

社会发展的基本规律。

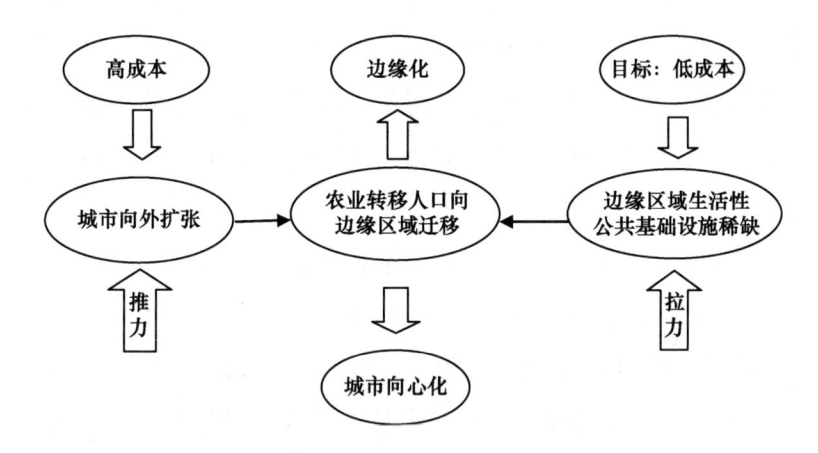

图7—2 较低城市化发展水平下的城市边缘化过程

第三节 典型国家和地区的实践

世界各国的经验都表明，为高收入群体提供优雅舒适的住房并不难，真正的困难在于为低收入群体提供必要的生存、生活和发展条件，使他们逐步在城市中落脚，并逐渐提高收入和获得全面发展，才是城市化运动的根本目的。在实践中，不少西方发达国家结合自身实际制定最低住房标准，并将其作为一项基本的公共服务标准向社会公布、接受公众监督。

一 英国

英国政府以政府公共权力的形式，参与到贫民居住问题的改善上。作为老牌的工业国家，英国各大城市在工业革命的快速推动和圈地运动的作用下，大量农村人口迁移至城市，从而极大地推进了英国的城市化进程。用了两三百年的时间使占全国总人口90%以上的农业人口降到了5%以下，完成了农业人口向城市人口转化的过程。但是这一群体并未始终伴随着生活的极大改善，而是成为城市社会的下层居民，居住条件较差、生活环境恶劣，同时由于住宅稀缺，导致城市内部形成了许多贫民窟。到19世纪末，政府不得不采取措施解决贫民窟的卫生与安全问题。

为了清除贫民窟，并建设低成本住房，英国通过了《改善居住法案》（Dwlling Improvement，1875年）。但是直到20世纪二三十年代，这项法案才得以真正实施，位于城市内部、容纳大量人口的贫民窟被清除，与此同时在城市外围建设房屋对这些人口进行重新安置。但是这一法案导致城市规模不断扩大、郊区化的趋势加重，并带来各种弊端。基于这一背景，20世纪30年代末，英国城市低成本住宅建设重点由在城市郊区建设低成本住房转为在城市内部建设贫民公寓。1890年，英国又颁布《工人阶级住宅法》，要求对不符合卫生条件的旧城区进行改造。

"二战"以后，城市遭到严重破坏，这为大规模拆除贫民窟也提供了客观条件。于是，1945—1975年，英国伦敦开展了大规模拆除贫民窟的运动。20世纪50—60年代，英国政府还针对下层劳动者或少数民族等城市贫困人口实行"统建房"制度。统建房一般由很多栋房子连成一片，外观朴实，布局简单，建筑材料一般，不需支付租金，水电气费成本也较低，但是较为拥挤，居住区环境和治安较差。截至目前，统建房依然是失业者或低收入家庭的住宿保障，也是英国的老人福利之一。[①]

此后，在布莱尔和布朗相继担任英国首相的时期，制定并实施了"体面家庭住房标准"，为最低限度的住房条件提供标准和改造

[①] 刘珺、王晁乾：《贫民区的生存启示——国外应对贫民区的经验对中国的启示》，《广西城镇建设》2012年第10期。

依据。按照这一标准的要求,地方政府应致力于改善居民住房条件,定期对住房进行评估、整修和翻新,以使房屋存量达到住房的标准。体面家庭住房标准的基本内容包括:住房必须满足现行住房最低标准的法定要求;必须进行过良好修葺,并符合居住安全的要求;必须有基本的现代化设备及相应的配套功能;必须能保证适当室温和舒适度。后来又对这一标准进行了修订,增加了住房卫生和安全评级的内容。[①]

二 新加坡

新加坡为低收入人口提供的住房支持也很典型。新加坡面积狭小,人口稠密,因此住房问题始终是政府和公共政策的关注焦点,并将使全民"居者有其屋"作为新加坡的一项基本国策。新加坡在公共住房建设方面成绩显著,拥有世界上覆盖面最广的公共住房,并且已经成为世界各国解决中低收入群体住房问题的典范,能够容纳全国80%以上的人口。

在独立之前,新加坡城市的核心地区极度拥挤,第二次世界大战后遗留下来的中心区住房状况极度混乱,城市的物质环境日趋恶化。直到20世纪60年代初期,新加坡还到处充斥着贫困人口和城市贫民窟。这也成为推进城市更新建设的前提。1960年,新加坡成立建屋发展局(Housing Development Board),政府成为公共住房主要的开发者,并逐步推出清理贫民窟、中心区产业升级、中心分散等策略,为工人提供低成本的公共租赁住房。1964年,新加坡政府开始着手推行"居者有其屋"的公共住房政策,提供设施较齐全的、自身能担负购买且拥有产权的住房。

在这一过程中,新加坡值得借鉴的做法是引进私人资本参与投

---

① 维基百科:体面的住宅标准(wikipedia.org/wiki)。

资建设。新加坡的旧城改造在20世纪70年代就开始引入了私人投资。在新的规划体系（DGPs）实施时，政府通过集中整合土地，进行相关配套基础设施建设，为私人投资者提供各种激励政策实现土地开发收益。同时，向住户销售公屋或提供租房补贴，也为所有的公共住房购买者提供低于市场利率的贷款。此外，尽管新加坡在进行公共住房选址时以郊区为主，但是一直在改善住房条件，各个新建住区均配套建有高质量的社区服务设施，如新市镇中心、邻里服务中心、学校、体育场、巴士换乘站、菜市场和其他休闲设施等，用以满足居民基本生活。随着供给数量满足需求程度的增加，新加坡政府开始关注居住环境的优化，以多样化的建筑设计风格来提升公共住房社区的活力和归属感。[①]

经过政府几十年努力，贫民窟和棚户区在新加坡已经成为历史。到20世纪90年代，新加坡已经成为世界上重要的国际金融中心之一，提供的高品质居住环境，成为吸引全球智慧精英和资本的关键因素。如今，新加坡已是世界著名的"花园城市"。

三　印度

居住问题始终是印度亟待突破的现实困境。印度总人口已经超过13亿（2016年为13.26亿），尽管是世界上发展最快的国家之一、经济增长速度引人注目，但是由于人口众多，印度的平均国民生产总值很低，全国仍有四分之一人口无法解决温饱问题。城市贫困人口众多，在城市居住的贫困人口达到了印度总贫困人口的50%，城市居住贫困人群中超过70%为低收入家庭。根据联合国的统计，2012年，印度29.4%的城市贫困人口居住在贫民窟。贫民窟基本市政基础设施和服务严重不足，可以享用饮用水、电和厕所

[①] 魏宗财等：《新加坡公共住房政策可以移植到中国吗？——以广州为例》，《城市规划》2015年第10期。

的家庭只有15%，有排水设施的家庭不足25%。① 以印度第二大城市孟买为例，2006年总人口1400万，其中770万人居住在贫民窟里，达到城市总人口的55%，此外还有大量无家可归的流浪者。孟买的贫民窟数量庞大，已经超过1000个，规模同样巨大，最大的贫民窟占地约2平方千米，但是居住人口却超过100万。而孟买贫民窟的居住者中，96%是外来移民。导致孟买贫民窟问题严峻的其中一个关键原因是房价，2007年，孟买的房价仅次于伦敦成为全球第二高。在孟买的贫民窟中，基础设施非常稀缺，露天厕所众多，许多房屋仅用帆布搭建而成。②

从1947年独立以后，印度政府就开始实施清除贫民窟的政策，希望通过此举将在贫民窟居住的人驱逐出去。20世纪六七十年代，随着城镇化进程的加快，大量农村人口逐渐向城市转移，贫民窟居住者的政治意识觉醒，同时，也有政治家基于获得选票的考虑关注这一群体，从而共同推动了印度政府用贫民窟改造政策替代贫民窟清除政策。

长期以来，印度中央政府对孟买的贫民窟提供资助，用来为居住者提供包括供水、道路、排污等在内的基本生活服务。海德拉巴和赛孔德尔巴等城市也积极建设"综合性公民服务中心"，为贫民窟居住者提供基本服务，包括设立商店、支付水电费等各项税费、帮助申请许可证、执照和登记、发放出生或死亡证和抚养证、对财产进行估价等。印度"全国贫民窟居民联合会"与"促进地区资源中心协会"共同发起，为孟买贫民窟地区建造公厕、为部分家庭提供卫生设施，并发动贫民窟居住者共同参与到贫民窟的改造建设过程中。2005年年底，为了遏止贫民窟日益蔓延和城市市容不断恶

---

① 王英：《印度城市居住贫困及其贫民窟治理——以孟买为例》，《国际城市规划》2012年第4期。

② 刘蕾：《城中村自主更新改造研究》，博士学位论文，武汉大学，2014年。

化的现状，印度政府启动"尼赫鲁全国市区重建计划"（JN-NURM），预算为 5000 亿卢比，包括"城市基础设施与管理"和"城市贫民基本服务"两个子计划，在选定的 65 个城市（100 万人口以上）开展土地使用、住房、饮水、卫生设施、教育、健康和社会保障 7 个大项目。① JNNURM 强制推行了城市行政管理改革，在任务期内由中央政府和地方政府分为强制性和选择性的实施，强制性的改革主要涉及城市行政管理和财政管理。② 全国市区重建计划预计于 2012 年完成，但由于执行效率低下等原因，工程进展非常缓慢。2007 年，印度政府又制订计划，拟在两年内兴建 55 万套廉价房，此后每年再增建 100 万套，用来安置贫民窟居民。③ 2011年，基于正在执行的"公私合作建造低成本住房"和"城市贫民住房贷款利息补贴"的政策，印度政府启动了"拉吉夫住房工程"计划（Rajiv Awas Vojana，RAY），该计划惠及印度 250 座城镇中超过 3200 万的贫民窟居民。目标是对贫民窟进行整体改造，保障贫困人口既能住有所居，又有基本的生活保障。同时，通过建造大量低成本住房，避免贫民窟进一步扩散。印度中央政府向参加贫民窟改造的地方政府提供财政支持，为贫民窟改造承担一半资金，不足部分鼓励私营部门投资参与。地方政府具体承担资金管理、审核及监督工作，并确保贫困居民能够拿到房屋产权。④ 根据计划，政府将在本财政年度内拨款 80 亿卢比（1 卢比约合人民币 0.15 元），并将设立总额达 100 亿卢比的担保基金，帮助贫困居民能够顺利从

---

① 国际在线：《印度计划 5 年消灭贫民窟可行性遭舆论质疑》（http://news.163.com/09/0610/09/5BEI9K0L0001121M.html）。

② Sangeeta Nandi., 2013, "Shama Gamkhar. urban challenges in India: A review of recent policy measures", *Habitat Internationl* 39, pp. 55 - 61.

③ 但是这些廉价房存在建筑质量、基础设施缺乏等问题，导致生活条件更加恶劣。

④ 白佳飞、杨继瑞：《印度城市规划建设：政策分析及对中国的经验借鉴》，《亚太经济》2015 年第 6 期。

金融机构获得购房贷款。① 与此同时，世界银行等国际组织将居住权利视作人的基本权利，因此始终关注世界各地贫困者的居住权利，并对多个国家进行资助，以对贫民窟进行改造。20 世纪 80 年代末至 90 年代初，世界银行在印度孟买资助的"贫民窟升级"项目帮助 2 万个贫民窟家庭获得了土地使用权和基本的生活服务。

总体而言，印度政府通过各种途径和策略，致力于将贫民窟并入城市正式市区，从而改变人们对于贫民窟的认识。此外，印度政府还通过立法和政策改革的方式，确保在明确目标的指引下，形成一个由国家统一指导的、可持续的城市改造政策体系。②

四　马拉维

马拉维（Malawi）位于非洲动南部。根据世界银行 2012 年的数据，马拉维总人口 1591 万，国内生产总值 42.64 亿美元，GDP 增长 1.9%，城市人口占 16%，人口年均增长率 2.9%，其中城市人口年均增长率 3.8%，农村人口年均增长率 2.7%。马拉维是世界上最不发达的国家之一，长期依赖于国际援助。在贫民窟改造方面，联合国人居署为马拉维提供了大量的援助和支持。联合国人居署长期关注贫困的、边缘社区的改造，将其称作"informal settlement"，并长期实施"参与式贫民窟改造"（Participatory Slum Upgrading Programme）项目。该项目由欧盟赞助，人居署负责具体实施。

联合国人居署在马拉维的实施项目主要由欧盟委员会以及非洲、加勒比和太平洋地区国家集团秘书处、世界银行、联合国开发计划署、城市联盟和世界粮农组织（FAO）等赞助，主要在布兰太

---

①　廖政军:《印度政府誓言 2020 年让贫民过有尊严生活》（http://world.people.com.cn/GB/57507/14842921.html）。

②　刘珺、王昺乾:《贫民区的生存启示——国外应对贫民区的经验对中国的启示》,《广西城镇建设》2012 年第 10 期。

尔（Blantyre）、利隆圭（Lilongwe）、姆祖祖（Mzuzu）和松巴（Zomba）等城市开展了贫民窟改造和城市发展战略项目，主要的项目目标之一正是改善生活和工作在贫民窟和城市地区非正式住区的穷人的生活，同时要推进地方政府和各个社区有效地解决贫民窟的恶劣生活条件，并制定长期战略来有效减少贫民窟的进一步增长。参与式贫民窟改造方案在马拉维的实施项目，致力于使贫民窟居住者获得基本生活资源，改变目前匮乏的现状，包括不充足的饮用水、卫生设施、耐用的住房、过度拥挤和土地使用权无保障，进而改善贫民窟居民的生活。

在国际支持下，马拉维成立了一个由主要伙伴组成的指导委员会，主要工作是对贫民窟改造项目的执行情况进行战略指导，并且与人居署密切合作，监测和评估执行情况，并向合作伙伴提供技术和行政援助。此外，人居署还成立了一个项目管理小组，负责项目的跟踪、监督和管理活动。具体的贫民窟改造措施包括：在贫民窟安全用水方面，生活用水设施的改造、水管网络的扩展、供水亭的建造，以及贫民窟与其他社区和学校之间水设施的连接与安装等；在卫生设施方面，相关的改造内容包括为贫民窟社区和学校建造性别厕所、生态厕所、沼气消化器，以促进使用厕所和不在露天排便的社会规范，同时改善粪便废物的处理。[①]

五 巴西

巴西是拉美地区最早推进城市化的国家，也是拉美地区最为发达的国家之一。但是，伴随巴西城市化进程的一个基本城市问题就是"贫民窟"，并且已经成为长期困扰着巴西经济社会发展的重要难题。有资料指出，2012 年巴西有贫民窟 1.4 万个，比 20 世纪 90

[①] 相关内容来自联合国人居署网站的公开内容。

年代增加近2000个。① 巴西贫民窟的形成，与其经济特征和政治特征以及奴隶制的废除密切相关，巴西的淘金、橡胶、咖啡等经济活动为人口迁移提供了客观需求，但是先后在葡萄牙的殖民统治和军政府的管理下，巴西并未解决迁移人口以及当时大量奴隶的居住问题，而且贫富差距巨大，从而导致贫民窟鳞次栉比。1985年以后，民主政权下的巴西在联合国和国际社会的支持下，才开始真正关注贫民窟问题。

巴西贫民窟最初是由进城的农村贫民和城市无住房贫民占用共有土地或私人土地建立起来的，因此最初的政府解决方案也以禁止侵占和驱逐为主。但是，随着城市化进程的加快，政府并未有效遏制住贫民窟的扩大趋势。总体来说，巴西的贫民窟可以分为三种类型：一是科提斯，指的是挤占废弃住宅，即早期位于城市中心破旧、衰败地区的一种高密度的出租屋建筑；二是法维拉（favelas），指城市角落里50户以上的家庭汇住在一起，非法占用他人或公共土地、缺乏卫生等主要服务设施而无序建造的生活区。如今，法维拉已经是巴西贫民窟的主要形态和代名词，与我国的棚户区、非正规住宅的概念比较接近；三是洛特门图斯（loteamentos），是在城市外围不合规划、私自销售的非法定居点。② 这些贫民窟的生活基础设施极度缺乏，如住房、卫生设施和医疗服务等等，处于城市边缘的贫民窟更甚，甚至可以说，贫民窟什么都缺。

现实困境推动巴西政府采取一系列措施改变现状。长期以来，巴西政府采取的一项基本措施是增加生活公共基础设施的供给和维护，改善贫民窟的居住环境，完善水、电、道路建设，注重学校、诊所等的建设，同时优化卫生的给排水系统、垃圾回收和处理系统等，致力于将贫民窟改造成拥有基本基础设施和生活设施的城市社

---

① 李凤梅：《拉美贫民窟问题分析及其警示》，《人民论坛》2014年第4期。
② 颜俊：《巴西人口城市化进程及模式研究》，博士学位论文，华东师范大学，2011年。

区。以里约热内卢为例，作为巴西贫民窟最密集的两大城市之一[①]，2010年的人口普查显示，里约热内卢贫民窟的居民数量占城市人口的22.3%,[②] 经过长期的改造，在该城市的贫民窟地区，98.1%的家庭使用上了自来水，92.5%的家庭接上了国家电网，在圣保罗，1991年至2000年，贫民窟的洁净水的使用水平从88.4%上升到99.7%，污水的处理水平从4.0%上升到95.3%，垃圾回收率也从73.8%上升到了98.9%。[③]

巴西贫民窟改造过程中的另一个重要方式是全社会各类组织和成员的共同参与，各个主体充分发挥各自的比较优势，共同致力于贫民窟总体生活的改善。巴西国内的非政府组织、国际非政府组织、国际金融机构、教会、包括女性在内的贫民窟居住者、贫民窟社区组织等，都为贫民窟的改造提供了包括资金、志愿服务、项目执行、社区管理、精神抚慰等方面的支持。此外，贫民窟居民和贫民窟内部的社区组织也在发挥着积极的作用，从最初的各种自助和自助活动开始，贫民窟的社区组织一直在为居住者提供涉及日常生活的各类服务和支持，也曾经是政府与贫民窟居住者之间有效沟通的桥梁。

客观来说，巴西的贫民窟治理经验非常宝贵，被拉美地区的多个国家推广。巴西贫民窟治理中的房屋质量安全标准、配套设施标准、多元主体参与协作、政府组织和非政府组织发起多种民间行动的柔性治理方式等都值得各个发展中国家借鉴。[④] 需要指出的是，尽管巴西在改善贫民窟方面做了大量的工作，但是迄今为止，巴西

[①] 另一个是圣保罗。

[②] Contributing Reporter, "Rio Favela population largest in Brazil" (http://riotimesonline.com/brazil-news/rio-politics/rios-favela-population-largest-in-brazil/).

[③] 杜悦：《巴西治理贫民窟的基本做法》，《拉丁美洲研究》2008年第1期。

[④] 王海峰：《"贫民窟"治理——巴西的行政实践与经验借鉴》，《兰州大学学报》2018年第3期。

贫民窟的治理形势仍然严峻，治安混乱，犯罪率高，公共安全面临危机，对于贫民窟居住者来说，现有的社会政策投入仍显不足。换言之，巴西在贫民窟治理方面，仍然任重道远。

第 八 章

城中村公共物品供给困境的破解之道

城中村公共物品供给困境的破解,要在改变以"拆"为主导的价值取向的前提下,建立成本分担和收益共享机制。妥善解决城镇化进程中农业转移人口等城中村常住人口的公共物品供给问题,既是共享改革发展成果、促进社会和谐稳定的需要,也是促进城市可持续发展的需要。以生活性公共基础设施为例,从成本视角来看,城中村生活性公共基础设施改善的基本路径在于增加总体投入,扩大各个主体对城中村生活性公共基础设施供给成本的承担份额。由城中村供给低租金住房,由城市公共财政作为责任主体、各个主体共同参与供给生活性公共基础设施,两者组合起来,才能使城中村住房成为真正的低成本住房;从收益视角来看,要增加各个主体的收益分享,尤其是城中村生活性公共基础设施的直接使用者的收益,这就需要提高公共基础设施的公共物品属性,即非竞争性和非排他性,实现城中村常住人口与城市户籍人口共同分享生活性公共基础设施带来的收益。

第一节 完善成本分担,增加社会福利

公共物品的受益范围以及各个社会成员的获益程度,主要取决于供给主体的决策,即公共部门。城中村公共物品供给的增加,首

先要通过一系列改革，明确城市公共财政的支出责任。原因之一在于农业转移人口的住房保障责任本该由迁入地政府承担，但是城中村发挥的低成本居住区的特殊功能，从根本上减轻了城市公共财政的负担；原因之二在于，失去耕地的城中村被纳入城市边界以内，已经从产业上与农村形成根本差异，而城市从中获得的收益远远大于城中村的收益。因此，无论是基于收益补偿还是基于政府责任，城中村公共物品的供给责任都应由城市公共财政承担。同时，政府还要逐步推进公共物品的均等化，形成人人均等分享公共物品的公共财政投入体制。

一 公共部门投资（财政投入）

正是由于公共物品领域存在成本或收益不能充分内部化的客观事实，为扭转公共利益受损的局面，往往需要公共投入，明确政府对于城中村公共物品的投入责任，增加城中村生活性公共基础设施供给，将城中村的生活性公共基础设施建设纳入城市总体发展规划中，以城市公共财政为城市规划的实施承担主要责任，从解决城市所有人口住房问题及其配套设施的战略高度出发，增加城中村生活性公共基础设施总体投入，使城中村常住人口的居住质量得到显著改善，真正共享改革发展的成果，以保有公共物品的公共目标取向和公共价值导向，这是政府部门公开自己对包括农业转移人口在内的低收入群体立场的最积极、最实际的方式。[1]

第一，改进城中村人口生活条件的可选方案。

对于当前城中村公共物品供给的困境，仅从生活性公共基础设施方面来看，尽管可能存在不同的解决方案，但是通过增加供给而不是将城中村拆除，是现有约束条件下的最优选择。一般来说，实

---

[1] 尚海涛、任宗哲：《公共产品多元化供给的难题及解决》，《贵州社会科学》2010年第10期。

现城中村常住人口居住福利改善的方案主要包括以下三种。

方案一：增加生活性公共基础设施供给，以降低城中村居住人口的使用成本和机会成本。依据前文的"城市社会福利状态空间"图，这是使当前以生活性公共基础设施衡量的社会福利通过可逆性检验的关键途径。这也应该是地方政府追求的规范目标。这一对策存在显著的帕累托改进。城中村生活性公共基础设施的供给，使城中村居住人口的使用成本与其他城市区域人口一致，并不是收益从一个群体向另一个群体的转移，不会损害其他群体的利益，相反还将增加社会的正外部效应，如城中村卫生基础设施的改善，将明显降低所有人口的公共卫生风险。与此同时，生活性公共基础设施使用的长期性将产生持续性收益，其价值固化在所属的城中村区位上，为城镇化推进过程中迁入城市的农村人口提供基本的生活条件，为城中村更好地承担"落脚地"功能提供基础支撑。

方案二：公共低成本住房。面向低收入群体提供公共低成本住房是国际上的惯例。但是从我国实际情况来看，公共低成本住房受城市土地有限、供给数量有限、城中村居住人口的居住支出能力有限等多重因素的制约，难以在短期内使现实问题得到有效解决。同时，各级地方政府在这一领域的投入都偏小，使得其规模较小、数量较少。此外，根据中国的特殊国情，这类政策性住房往往由于户籍政策和其他城市偏向性政策的约束，导致农业转移人口的申请权限受到限制，并且这一政策趋势在短期难以改观。换言之，在城市各项福利政策没有完全放开对农业转移人口的限制，公共低成本住房就难以真正起到改善农业转移人口居住福利的作用。从统计数据来看，中国经适房的比例在逐渐缩小。2008年住宅投资额22081亿元，其中经济适用房为983亿元，占总投资的4.45%。2015年新开工住宅1185万套（住宅房屋新开工面积/90m^2，按每套房90m^{2}计算），同年新开工保障性工程住房783万套，仅占总数的6.61%。

在可预期的短期及远期，土地资源紧缺、人地矛盾突出将导致公共低成本住房更为稀缺。

方案三：低收入者住房补贴（补贴需求者，目前主要是廉租房）。低收入者住房补贴存在显著的福利陷阱，在生活性公共基础设施供给现状没有获得明显改善以前，对农业转移人口的住房补贴将会增加福利损失。其一，住房补贴往往是货币方式，根据访谈和调研，农业转移人口倾向于将这一部分补贴用于其他开支，同时继续居住在城中村，其生活条件仍然不变；其二，即使这部分住房补贴用于住房开支，以水电等使用成本为例，住房补贴实际上是鼓励了城中村户籍人口的"高定价"行为，即政府支出住房补贴（视此过程中的福利损失为零）——农业转移人口由负福利转为零福利——城中村户籍人口获得超额福利（非正常福利）。这也往往是一种短期行为。一般以地方政府官员任期为期限，不同的公共部门领导者，可能导致不同的补贴条件与补贴标准，其可持续性存在显著的困境。此外，随着城镇化的推进，基数较大并且仍然不断增加的农业转移人口对住房补贴的需求将会呈现出刚性的需求，就将明显地增加财政压力。

方案比较：根据现有的约束条件，综合比较上述三个方案，上策为方案一，中策为方案二，下策为方案三。公共低成本住房与低收入者住房补贴对农业转移人口产生福利作用，要建立在户籍制度实现全面改革的前提下，地方政府从政策上到实践中，不再采取农业转移人口与城市户籍人口的差别待遇，但是，可以预见的是，这一目标的实现还将经历漫长的过程。在这一背景下，农业转移人口生活条件的改善、社会福利水平的提高，在短期内，最有效的途径在于城中村生活性公共基础设施的改善，因此，选定方案一作为可行方案进行分析。与此同时，户籍制度的改革将继续推进，最终以上述三个方案的组合形式，共同为改善城市低收入群体居住条件提供基本的保障。

第二，增加公共财政投入。

公共部门的支出通过收入效应和替代效应两个方面对低收入群体的社会福利起到积极作用。一般来说，公共物品的使用成本较低，服务半径以内的低收入群体可以通过使用公共物品代替部分私人物品，以降低生活成本。节省的支出增加了实际的货币收入，其用于其他领域的消费支出随之增加，真实购买力得到加强。因此，在城中村生活性公共基础设施供给的成本分担中，增加城市公共财政对于这一成本的分担比例，是城中村公共物品供给困境的基本破解之道。以人为本的城镇化投资，将成为未来公共基础设施投资的重点。其中尤以满足城中村常住人口公共需求为主，以对该区域生活性公共基础设施的扩大投资为主。基于生活性公共基础设施的公共物品属性，公共资本在总体投资中始终占有重要地位。这种重要性一方面体现在其对于供给成本分担的贡献，另一方面体现在其对融资的主导性和对社会资本的引导性。按照凯恩斯所提出的拉动效应，拉动私人投资的重要方法是政府公共投资的增加。在这一基础上进行的融资，才能更好地符合公共利益。与此同时，由于城中村生活性公共基础设施的盈利能力较低，社会资本进入意愿较低，公共资本投资总量的增加对于城中村常住人口社会福利的改善有着格外重要的意义。因此，在现有的约束条件下，各级政府应逐渐调整当前以拆迁为主的城中村改造策略，改变忽略农业转移人口低层次公共物品需求的城中村改造方案，提高人的城镇化水平，实现城镇化的健康、可持续发展。

其一，在中央政府层面。城中村生活性公共基础设施供给困境是一个在各个城市普遍存在的问题，具有全国性，同时呈现出明显的再分配意义。收入的主体是社会成员，而城中村生活性公共基础设施对于城中村常住人口的实际可支配收入有重要的影响，地方政府间"为经济增长而竞争"的共识,导致不约而同地做出基本一致的城中村投资策略,这也正是公共物品尤其是城中村公共物品供给困境的关键制约因素。同时,目前中国的住房保障支出主要以地方财政为主,在财政分权的总体背景下,中国正处于经济新常态,呈现出财政收入下滑与土地出让收入趋冷的特征,地方政府的财政支出压力显著增加。如果仅靠地方政府增加对本地城中村的生活性公共基础设施供给,就难以避免大量外地低收入群体的涌入,这显然背离了地方政府决策者的供给初衷,这也就表明中央政府需要在这一领域发挥重要作用。因此,在蒂布特(Tiebout)用脚投票普遍失灵的背景下,通过中央政府的财政支持和政策激励,弱化地方政府短视动机的约束,在地方政府经济增长目标的基础上,实现再分配功能。在各级财政住房保障投入不足的现状下,逐步增加中央政府用于城中村生活性公共基础设施的投资比例,既能够为地方政府减轻财政支出压力,又能够发挥收入再分配的作用。

中央政府的投入资金可主要由以下部分构成:(1)中央专项转移支付。通过全国范围的调研,以专项转移支付的方式重点支持中西部地区等生活性公共基础设施尤为短缺的城中村。(2)提取地方一定比例的土地出让纯收益,建立全国性基金,专项用于农业转移人口聚居区的生活条件改善。[1] 这就需要通过国家干预,以中央政府的收入再分配手段将这部分资金用于农业转移人口的住房领域。

需要指出的是,中央财政与地方财政应各有侧重,以实现资源配置与收入再分配的共同目标。中央政府的财政支出以城中村的非户籍常住人口为基数,根据城中村当期以及预期的人口容纳能力,计算生活性公共基础设施的成本分担比例,使各地区城中村的基本

---

[1] 张耀宇、陈利根、陈会广:《"土地城市化"向"人口城市化"转变——一个分析框架及其政策含义》,《中国人口·资源与环境》2016年第3期。

居住条件能够得到均衡发展，避免因地区间经济发展水平的差异而造成的居住条件的过大差异。

其二，在地方政府层面。与中央财政的侧重方向不同，地方政府的成本分担比例以城中村户籍人口为基数，根据城中村当期以及预期的人口容纳能力，计算生活性公共基础设施的投资额，即采取对中央财政转移支付的地方财政配套的方式。从狭义的角度来讲，即使没有农业转移人口的迁入，城中村户籍人口的生活性公共基础设施也呈现出总体不足的困境，改善这一群体的生活质量，正是地方政府不容推卸的职责。(1) 合理增加土地出让收入中用于城中村生活性公共基础设施建设的支出，以此取代过去盲目增加土地出让量的做法，真正实现取之于民、用之于民。(2) 城市政府从级差地租中获得的收益在向失地农民进行补偿的同时，必须保障迁入城市的农村人口的公共物品与服务，使其公平分享城镇化产生的级差地租收益。(3) 住房公积金增值收益。鉴于住房公积金在中国的实际参与情况，在城市就业的农业转移人口绝大部分没有参与其中，但其对城市的发展做出了巨大的贡献。按照目前保障性住房的资金来源，住房公积金增值收益一般用于保障性住房的建设，而保障性住房又往往将农业转移人口排斥在外。因此，划拨一部分住房公积金增值收益，为城中村的生活性公共基础设施建设提供支持，完全符合以人为本的新型城镇化、推进市民化的基本逻辑。(4) 城市维护建设税。按照惯例，保障性住房的基础设施建设成本由地方政府承担，其中，城市维护建设税即用于此。而城市的建设始终伴随着城中村的诞生、蔓延、发展、改造，城市维护建设税同样应该为城中村及其居住人口的生活性公共基础设施建设提供支持。(5) 地方性行政收费减免。采取减免的方式，减免城中村的自来水、电力等设施收费。

二 私人部门投资

尽管无论是亚当·斯密，还是穆勒，或者庇古，经济学家大多认为正是市场失灵的存在，使得政府成为公共物品供给的主体。萨缪尔森也基于公共物品的基本属性，指出由市场供给公共品成本过高。此外，哈丁提出的"共有地悲剧"（Tragedy of Commons），曼瑟尔·奥尔森（Mancur Olson）提出的"集体行动的逻辑"等理论，也强调公共品供给不可能由私人来完成。但是，科斯和布坎南却提出了相反的观点，科斯认为产权制度的完善将有助于公共物品供给由市场失灵转为市场有效。

对于任何一种资本投入总量大的物品来说，单一产权的必然结果基本都是供给不足。基本不存在任何一种经济主体，具有无限的支出能力，以及建立在能力基础上的生产能力。实际上，长期以来，中国包括城市生活性公共基础设施在内的公共基础设施的产权性质主要体现为单一的公共产权，城市生活性公共基础设施一直作为福利品而存在，投资渠道单一，即由公共部门承担生活性公共基础设施的独立投资、生产和垄断经营责任，以彰显生活性公共基础设施对于公平消费的追求，其代价则是可能导致生产效率和管理效率的低下。这里所说的公共产权的概念包括两个层面，一是从所有者的角度体现出来的公共性，以作为公民权利让渡者的政府作为投资主体，其所有权归属于全体公民。二是从使用者的角度体现出来的公共性，即区域内的所有人口共同消费和使用。需要强调的是，作为物的归属权的城市生活性公共基础设施的产权由公共所有向公私共同所有的转变，并不会影响城市生活性公共基础设施在消费上的公共属性，反而有助于提高生活性公共基础设施的供给效率，增加消费者剩余，实现社会总体福利的提高和公共利益的增加。而如果采取非公共产权的方式，由私人进行投资、生产和经营，根据国际经验来说，也同样存在问题，往往会以降低公共利益为代价获得生产和经营效率的提高。

基于完全性的生活性基础设施公共产权和私人产权可能导致的弊端，将两种产权在生活性公共基础设施的产权份额中做出适当调整，将有助于在追求公平的过程中，提高效率。从所有者的角度来看，城市公共基础设施的产权性质是可以发生改变的，各类经济主体进入城市公共基础设施领域参与投资，使得其所有人由单一的公共共同体转变为公私共同体。从使用者的角度来看，城市生活性公共基础设施的公共属性并不会随着所有者的改变而发生变化，原因就在于作为社会成员生存和发展的物质基础，城市生活性公共基础设施能够带来明显的公共收益，具有显著的正外部性。这也正是绝大部分生活性公共基础设施作为公共物品存在的根本原因。如果采用混合产权的形式，在城中村生活性基础设施供给的过程中将这两种产权形式结合起来，充分发挥它们各自的比较优势，则会提高供给和消费的效率。[1] 国内外的实践经验表明，市场及第三部门所具有的贴近市场和社会需求、运营效率高等比较优势，能够在结构上和效率上弥补政府公共物品供给的不足，从而间接缓解城市化过程中的城乡收入不平等。[2]

公共基础设施逐步实现合作经营是不可逆转的趋势，通过公共部门和私人部门的资本合作来共同建设城市。一方面，公共资本的投入量与城中村生活性公共基础设施投资资金需求量的差距构成了对私人资本的融资需求。另一方面，私人资本对收益的追逐，催生了投资生活性公共基础设施的需求。当前公共基础设施投融资改革的重要方面正是实现私人资本的私人利益与公共资本的公共收益的

---

[1] 高健：《我国城市基础设施产权制度的变迁》，《城市问题》2012 年第 4 期。
[2] 李郁芳、王宇：《城镇化背景下公共品供给结构偏向与城乡收入分配》，《广东社会科学》2014 年第 6 期。

有效统一。在具有公共属性的生活性公共基础设施领域，私人资本的进入首先要解决以下问题：能否进入？是否愿意进入？对于能否进入的问题，一方面取决于法律层面，即公共部门制定的一系列准入性法律与相关制度；另一方面取决于事实层面，即歧视性与垄断性行为。而私人资本是否愿意进入生活性公共基础设施领域投资，则取决于预期收益与预期风险的综合评估，既包括收益的可得性、稳定性，也包括预期风险在私人部门与公共部门的分担程度。因此，总体来说，以增加私人资本投资为关键的城中村生活性公共基础设施投融资改革路径至少包括三个层面：一是城中村生活性公共基础设施的市场准入机制。当前以意见等形式出台的基础设施私人资本准入制度，并未达到有效扩大私人资本进入的预期目标。因此，破除公共基础设施领域的垄断制约、增加对私人资本的立法保护是改革的前提。二是生活性公共基础设施预期收益的分享机制。对预期收益的关注，有助于解决当前地方城府的盲目投资导致的效益低下问题，在项目成立时更多考虑建成效益，进而实现私人资本对公共基础设施带来的收益的分享。[①] 对于公共部门来说，城中村生活性公共基础设施公私合作的目标之一是实现项目风险向私人部门的适度转移。但是，对于私人部门来说，其呈现出的风险规避特征要求任何额外承担的风险都需要超额回报弥补。因此，应推进以保障私人资本投资收益与公共部门公共收益双重目标的收益分享机制，在保证公共基础设施产品、服务质量的前提下，向私人部门分配相应的收益。三是生活性公共基础设施预期风险的分担机制。不同来源的资金主体在分享公共基础设施投资收益的同时，能够有效分担可能的风险，进而改变当前地方政府承担主要风险的现状，符合经济学提高效率的原则，与我国推进包容、高效、可持续的城镇

---

① 巴曙松：《中国基础设施尚有较大投资空间》，《中国社会科学报》2013年5月22日第6版。

化相吻合，也是中国经济新常态背景下的必然选择。

与此同时，加强政府监管。私人资本天然存在的对利润的追求，使得在公私合作过程中，作为公民权利让渡者的政府部门，必须对私人资本的利润导向和由此导致的行为转变进行监管，使得城中村生活性公共基础设施的投资规模达到社会最优水平，并且保证生活性公共基础设施的公共属性不会因为私人资本的加入而有所减弱。

第二节　提高收益分享，均衡社会福利

公共经济学的目标设想在于实现稀缺公共资源的最优配置。何种配置结果能够被称为"最优"？公共资源拥有量相对较少（稀缺）的对象（个体、群体、组织、区域等），应该成为稀缺的公共资源的优先配置对象。何为最优？可以从不同视角出发，帕累托最优是其中最具代表性的。意大利经济学家和社会学家维尔弗雷多·帕雷托（Vilfredo Pareto）在《政治经济学教程》（1986—1907）和《政治经济学手册》（1906）中，以瓦尔拉斯一般均衡分析为基础，对最优做出了概念性解释，提出了帕累托标准，可以用于公共利益的判定。帕累托意义上的最优性，是对"效率"做出的经济学意义上的概念解释，一般用来作为衡量效率的标准。达到帕累托最优的资源配置状态，是任何形式的资源重新配置，都不可能同时满足使至少一个人受益而又不使其他人的利益受损的状态。

以此为基础形成的帕累托标准假定，社会中每个成员的权利是相同的，如果损害一个人而让另外一个人得益，就不是帕累托最优。因此帕累托标准的基本内涵是人人平等。需要对至少两种配置情况进行比较，资源的每一种初始分配都会对应一个不同的帕累托最优，因此需要建立一个合理的标准在不同的最优之间进行选择，

这个标准正是柏格森和萨缪尔森所提出的社会福利函数。在这个函数中，分配的公平标准被引入其中，其采纳的是基数的、可以进行人际比较的个人函数，而不是序数的。

在此基础上，城市生活性公共基础设施的最优配置过程，正是增加城中村生活性公共基础设施供给的过程，是使城中村居住人口利益增加，同时又不使其他群体利益受损的过程。以帕累托标准进行衡量，由于生活性公共基础设施的公共物品属性与对于居住人口生活条件改善的基础性，所有城市居住人口都应该充分合理地消费和使用生活性公共基础设施，也就是说，无论是城中村还是其他城市区域的人口使用生活性公共基础设施的权利都是相同的，增加城中村的生活性公共基础设施供给并不会损害其他区域人口的利益，与此同时，还会由于典型的正外部性而增加其他区域人口的利益，即总体社会福利增加，因此这一过程是一种典型的帕累托改进。

所有城市居民在获得生活性公共基础设施服务，如水、电、燃气、供暖、供热、整洁的卫生环境等方面享有同等的待遇，这是城镇化进程中，城市社会对不同收入组别、不同户籍身份、不同居住区域的人口具有包容性的基本体现。这表明，解决当前城中村生活性公共基础设施供给困境的破解之道在于，提高城市所有常住人口对于生活性公共基础设施的收益分享。一方面建立在增加城中村生活性公共基础设施公共物品属性的基础上，以增加个体收益；另一方面在于通过社会福利函数的选择，促进社会总体收益。

一 强化公共物品属性，增加个体收益

城镇化的综合收益在地域之间、利益集团和不同个体之间的分配情况，既关乎效率又关乎平等。对于个体来说，农业转移人口从农村迁至城市的根本动力在于对城市生活方式的向往，这一群体和城市户籍人口共同对城镇化的推进、城市经济社会的发展做出了重

要的贡献,基于贡献获得的公共物品与基于国民身份获得的公共物品叠加,至少可以抵消基于户籍身份差异的公共物品不足,进而降低公共物品总量不足导致的机会成本。

对于个体来说,基本生活条件能否改善,在很大程度上取决于使用者能否从生活性公共基础设施中获得相应的收益。这并不是一种私人行为,而是一种公共行为。尤其是生活性公共基础设施建设的长期性、投资数额的巨大性,使得单一个体无法独自完成,这也正是公共部门发挥职能的缘由。由于生活性公共基础设施的基础性、对于维持居民的基本生活的重要性,往往实行较低的定价。这也正是生活性公共基础设施公共性的体现。进一步来说,越是低收入群体,对于低层次公共品的需求越强烈,对于基本生活条件改善的需求越强烈。从这个意义上来看,城中村常住人口尤其是其中的农业转移人口,既是低收入群体的主要组成部分,也是基本生活条件较差的群体,对生活性公共基础设施基本无需求弹性,因此对增加生活性公共基础设施公共物品属性的需求尤为强烈。

基于此,城中村生活性公共基础设施问题的有效解决,在于降低其在城市不同区域呈现出来的差异化的稀缺性,以公平为基本的价值尺度,增加作为公共物品的城市生活性公共基础设施的非排他性,使城中村常住人口真正分享城市的公共利益;同时以效率为基本的价值尺度,提高城市生活性公共基础设施的非竞争性,使城中村常住人口的生活性公共基础设施需求得到有效满足。

(一)增加非排他性:农业转移人口是城市公共利益的分享者

根据布坎南提出的财政均等化理论,个体享有无差异的消费、由公共财政提供的公共物品的机会,以及无差异分享从使用公共物品中带来的收益。非排他性是一切公共物品的核心属性。作为公共物品的城市生活性公共基础设施,应该具有良好的使用"非排他性"特征，即使是居住在城中村的低收入人口也应享受国家最低标准的公共物品。因此，城中村公共物品供给困境的破解之道还在于，使其真正具备非排他性的特征，呈现公平性和公益性，允许包括农业转移人口在内的城中村常住人口共同、均等分享，提高公共物品领域的各个使用者的剩余，从而降低社会经济的运行成本，为人民生活提供基础保障。

具有公共物品属性的生活性公共基础设施，是满足社会公共需要的产物，因此其本质属性首先表现为非排他性，以及公共性与公平性。在城镇化的进程中，这一属性要求城市生活性公共基础设施的使用范围的广泛性和使用群体的普遍性，以实现维护社会公共利益的目标，进而达到社会总体福利的最大化。增加城市生活性公共基础设施对城中村人口的非排他性，关键在于完善城市的分配功能，改变当前政府主导的生产性功能强化和分配性功能弱化的现状。生产性功能强化和分配性功能弱化反映的是同一个问题的两个方面，前者导致地方政府，最大限度地降低地方政府的公共支出成本，将其用于城市的生产性建设，以提高 GDP 增长速度，导致公共物品供给不足，客观上延缓了人口的市民化进程。据测算，大城市每增加一个城市人口，需要政府增加 8 万—10 万元的福利开支。为减轻地方预算中的公共福利支出额，各地对人口的城市化进程都设置了诸多的门槛，如居住年限、受教育程度、技术等级等。[①] 后者导致在城镇化的进程中，作为弱势群体的农业转移人口，与作为强势群体的城市原住人口，在享有城市公共物品方面，存在严重的不均等。

一般来说，从生产效率的角度看，生活性公共基础设施具有明显的集聚效应和溢出效应。而在生活性公共基础设施的使用（消

[①] 蔡继明、王栋、程世勇：《政府主导型与农民自主型城市化模式比较》，《经济学动态》2012 年第 5 期。

费）上，又存在着最优服务半径的问题。因此，一定程度的排他性对于提高公共基础设施效益有着积极的意义。鉴于大部分公共基础设施都是地方性公共物品，而非全国性公共物品，在"用脚投票"的假说下，具有一定排他性的公共基础设施同时也是地方政府之间的竞争点，以此作为吸引人力资本、物质资本的优势。但是，这种排他性应该是建立在空间距离和范围的基础上，而不是建立在有效服务半径内的不同群体上，后者显然是低效的，不符合总体概念上的城市公共利益。因此，积极推进城市生活性公共基础设施的均等化进程，使城市内部所有地区的生活性公共基础设施服务水平不低于某个预定的基准水平，通过空间配置上的均等化实现不同群体收益的均等化，以此保证城市户籍人口和农业转移人口之间的机会平等不因其居住地经济条件落后而受到损害。①

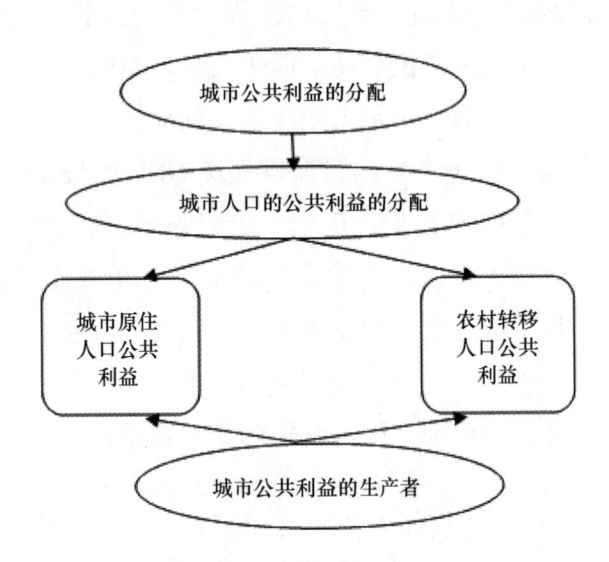

图8—1 城市公共利益的生产与分配

---

① 张京祥等：《城乡基本公共服务设施布局均等化研究——以常州市教育设施为例》，《城市规划》2012年第2期。

(二)增加非竞争性:城中村常住人口是生活性公共基础设施的需求者

基于竞争性与非竞争性的基本含义,即竞争性指同一个物品在不同的消费者之间存在消费上的相互竞争的关系,一个人对物品的消费会减少或妨碍另一个人对该物品的消费,或者减少另一个人对该产品的可得性,如果多增加一个人的消费,就必须有额外的支出。非竞争性指物品的可得性与消费者的数量无关,同一个产品可以被很多人共同消费,却不会影响各个使用者所能够消费的物品数量和质量。可以说,导致公共物品竞争性的根本因素在于拥挤。以包括农业转移人口在内的城市常住人口总量为衡量基础,导致城市公共基础设施拥挤性的根本原因在于总量供给不足。因此,作为公共物品,城市的生活性公共基础设施降低针对使用者的竞争性的关键在于,通过合理增加生活性公共基础设施的供给,减少由于农业转移人口迁入城市所导致的拥挤,维护城市公共物品对所有城市常住人口的非竞争性。

第一,增加供给总量,进一步扩大生活性公共基础设施的覆盖范围。由城市政府承担城中村生活性公共基础设施的供给,有着明显的福利改进作用。提升生活性公共基础设施供给水平是提高人口生活质量、提升社会福利的基本条件和必然途径。一方面,农业转移人口进入城市,必然会对城市生活性公共基础设施产生新的需求,同时还需要考虑城中村户籍人口的需求,进而使得城中村生活性公共基础设施需求总量增加。按照马斯格雷夫的理论,判断公共物品合理供给水平的前提,是要了解需求者的偏好,因此,通过需求表达机制和政治参与机制的引入,促使农业转移人口表达其真实的消费偏好。[①] 另一方面,生活性公共基础设施需求同样存在刚性

---

① 这超出了本文的研究范围,在此不做深入论述。

增长的特征。即使城镇化率长期保持不变，城市生活性公共基础设施的需求也将持续增长，原因就在于人人都有获得"更卫生的生活环境、更快捷的公共交通、更便利的生活条件"的理性预期。城中村公共物品供给的增加将显著地提高城中村常住人口的边际效用，帕累托改进空间明显。边际效用递减规律的一般含义是，消费者对于一种商品的消费数量保持不变的条件下，随着另外一种商品的消费数量的增加，消费者从增加的商品能够获得的效用是递减的。与此同时，这一规律也适用于同一商品在收入水平不同的两个个体。越是基础性、先行性的生活性公共基础设施，其对于不同收入水平的人的边际效用差异越大。考虑这样的两个个体 A 和 B，他们正在消费某一个消费束 (x_1, x_2)。假设商品 2 为某种私人物品并且保持不变，商品 1 为生活性公共基础设施。A 和 B 的收入水平不同，A 是居住于城市正规社区的城市人口，B 是居住在城中村的农业转移人口。当增加生活性公共基础设施的消费量时，A 和 B 的效用会发生变化，只是变化幅度有差异。将这一变动记为 MU_1，并将其看作一个比率：

$$MU_1 = \Delta U_1/\Delta x_1 = u\ (x_{1+\Delta x_1}, x_2)\ - u\ (x_1,\ x_2)\ /\Delta x_1$$

其中，MU_1（A）< MU_1（B）。也就是说，这一变动对个体 A 和 B 带来的效用是不同的。假设 x_1 为生活垃圾清理服务及相关设施，对于居住于城市正规社区的城市人口 A 来说，日常的生活垃圾清运服务已经处于制度化的正规管理体系中，所在社区的清洁卫生的居住环境已经成为常态，在这一基础上，增加的一个生活垃圾清理人员并不会显著地改善 A 所感受到的卫生环境的优化。对于居住在城中村的农业转移人口来说，由于该区域生活垃圾清理不及时，卫生环境较差，增加生活垃圾清理人员并及时的清扫生活垃圾，将会带来明显的卫生环境的改善。

第二，调整供给结构。在公共物品供给总量逐年增长的情况下，合理增加民生性公共物品的比例。在这一逻辑下，合理调整城市公共基础设施的供给结构，就要求超越当前狭隘的物质财富发展观，以人的全面发展为目的，以物的发展为手段，推动相关领域的改革。进一步来说，在城镇化的总体进程中，实现包括农业转移人口在内的农民的全面发展，是城镇化的本质目标。而在人的全面发展中，生活方式既是基础，也是核心。因此，在制定城市公共基础设施的供给决策时，需要优先以改善并提高农业转移人口的生活质量、促进农业转移人口生活方式由农村型向城市型的转变为决策出发点，全力保障这一群体成为城镇化的主要受益群体。正是预期可获得的公共收益和私人收益的总和，以及由此所代表的生活方式转变，构成了城镇化对潜在的农业转移人口的吸引力，为推进城镇化提供基本的支持。

二 选择合理的社会福利函数，增加社会总体收益

公共部门制定的公共政策，源于对公共利益的维护，公共部门的基本职能也正是对利益进行社会性的分配，而分配的范围对象是全体社会成员，[1] 这就要求选择合理的社会福利函数，充分考虑低收入群体对于利益分配的需求，以实现社会总体收益的增加。公共物品的正外部性集中体现在增加社会福利水平上，当社会中的低收入群体以较低的代价使用公共物品时，其公共需求在较低的成本下得到有效满足，实现社会总体福利水平的增加。增加城中村生活性公共基础设施的供给，以达到住房条件改善的目标，并不是目的本身，而是一个缩小贫富差距、提高社会福利的基本方法。传统的不均衡发展理论一般倾向于优先发展具有优势资源的一方，而统观现代城市变迁进程发现，城市发

---

[1] 席恒：《公共政策制定中的利益均衡》，《上海行政学院学报》2009年第6期。

展并不单纯以经济增长为视角，而更加注重可持续性，是对建立在经济增长基础上的人的全面发展的追求。因此，在未来的城镇化推进过程中，应该从中国的国情出发，以提高2亿多农业转移人口的社会福利为出发点，选择合理的社会福利函数，进而改变当前的城镇化发展战略。

在不同的社会发展阶段，选择适合国情的社会福利函数对于社会福利的最大化有着重要的意义。在中国长期的城乡二元结构的背景下，在城镇化的推进过程中，中国实际上选择的是类似于精英式的社会福利函数，这种最大化的最大社会福利函数认为，社会福利水平取决于社会中效用最高或境况最好的那部分社会成员的福利水平。相对于农村人口以及农业转移人口来说，城市人口获得的效用和近况都明显地高于前者，但是，生活性公共基础设施的服务半径和覆盖范围仍然以城市人口为主，也就是说，当前生活性公共基础设施的投资决策，建立在这一福利函数的基础上，即"社会福利水平取决于社会中效用最高或境况最好的那部分社会成员即城市人口的福利水平"。

伴随着城镇化的推进，原有的社会福利函数已经滞后于经济、社会的总体发展。城乡收入差距的进一步扩大、农业转移人口与城市人口社会融合程度的低下、农业转移人口生活方式变迁的缓慢等问题都进一步表明，单纯提高社会平均福利水平与实现人的全面发展相距甚远，而应是在确保每一位社会成员获得平等分享公共利益的基础上，提高社会平均福利水平与总体福利水平。显然，侧重于关注弱势群体的社会福利，更符合现阶段中国的基本国情。从表面上看，增加城中村生活性公共基础设施的供给而不是改变土地利用模式减少了城市土地集约利用的效益，但是从更深层次来看，这是弥补低成本住房领域政府失灵、市场失灵的核心途径，为大量农业转移人口提供低成本住房，社会综合效益明显，社会福利水平明显提高。① 因此，将以关注社会境况最差的弱势群体的福利作为基本特征的罗尔斯社会福利函数和主张权利公平的诺齐克社会福利函数综合起来，通过减少城中村居住人口与城市户籍人口之间在社会福利方面的差异，改善这一群体的生活条件、提高福利水平，对于扭转当前存在的城市公共基础设施对农业转移人口的排他性有着积极的意义。一方面，作为当前中国社会变革过程中产生的弱势群体的最重要组成部分，农业转移人口福利水平的提高，是有效解决当前一系列经济问题、社会问题的基本路径。另一方面，当前农业转移人口生活方式的现状，主要表现为在权利享有和权利实现等方面的弱势地位。将以上两个层面结合起来，将有助于通过过程公平和结果公平两种途径，实现农业转移人口对城市生活性公共基础设施的分享权，与城市人口生活方式相一致，最终实现社会总体福利水平的提高，这也是可持续的城镇化的基本要义。

三 反思城市的生产功能，优化城市的分配功能

第一，城市的生产功能与分配功能。"城市"一词，无论是西方语义学的"城市"起源，还是汉字的"城市"起源，都有着双重的含义。从汉字来看，"城市"一词可以拆分为"城"和"市"。其中，"城"原指都邑四周为了防御而建的城垣，由城墙环绕而成。因此其初始含义为保障，可以由硬保障引申为软保障即分配功能。如《墨子·七患》曰："城者，在以自守也""筑城以卫君，造郭以守民"（《古今注》）。"市"初始含义指集中做买卖进行交易的场所，可以引申为经济功能。如《说文解字》曰："市，买卖所也。"《易·系辞下》曰："日中为市，致天下之民，聚天下之货，交易

---

① 魏立华、闫小培：《"城中村"：存续前提下的转型——兼论"城中村"改造的可行性模式》，《规划研究》2005年第7期。

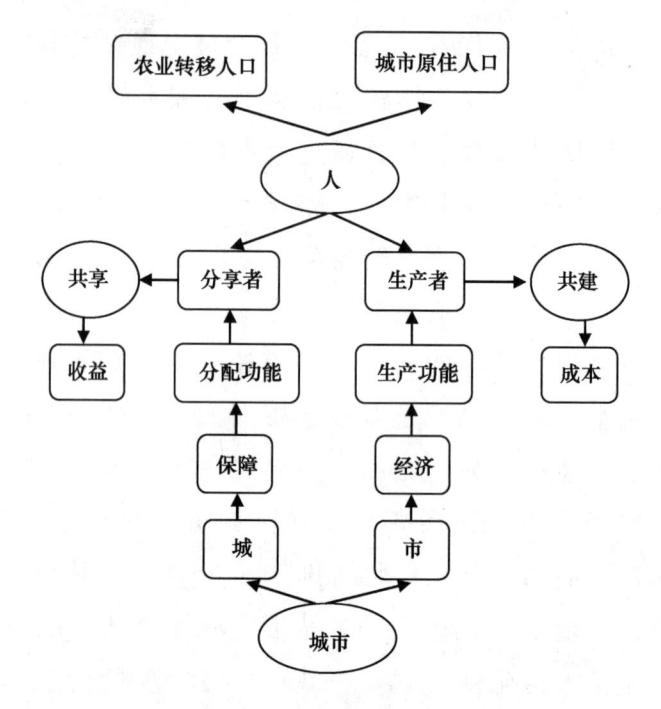

图 8—2　城市的生产功能与分配功能

而退，各得其所。"①"城"与"市"相结合方为"城市"，也就是说城市的生产性功能与分配性功能不可分割。

针对现代城市进行的分析，也同样遵循这一原则，即城市具有生产和分配的双重功能。一方面，在城市的生产性功能中，生产者占据主体地位；另一方面，在城市的分配性功能中，分享者占据主体地位。在马克思的经典理论当中，人的全面发展是一切发展的核心目标，因此，人作为生产者和分享者的共同体，既是社会财富的创造者，也必然是社会财富的分享者。

以城市的生产性与分配性功能为逻辑，可以从中找出我国城镇化推进过程中改善城中村生活性公共基础设施的理论依据。城镇化

---

① 蔡继明、王栋、程世勇：《政府主导型与农民自主型城市化模式比较》，《经济学动态》2012 年第 5 期。

过程是财富创造的过程,同时是利益分配的过程,在城镇化的进程中,农业转移人口和城市原住人口,共同参与了城市社会财富的创造,理应共同分享社会财富。这既符合经济学关于投入要求获得回报的基本逻辑,也是国家"十三五"规划中所提出的共建共治共享基本原则的体现,同时也是党的十九大报告所指出的"满足人的需求"的核心内涵。如果城镇化过程中的城市公共决策只重视某部分群体的利益和需求,而忽视了另外部分群体的利益诉求,就有可能造成有偏性的社会政策,或者会带来资源配置的扭曲,或者损害部分群体的利益。[1]

第二,优化城市分配功能,推进城市可持续发展。只有真正满足农业转移人口的居住需求,城市政府逐渐扩大公共物品供给边界,城市的分配功能才可能真正实现,才可能更好地满足最大多数社会群体的利益和福利,城市才能够实现可持续的发展。主流观点认为可持续的城镇化的基本要义是环境保护,强调环境和自然资源相适应的城镇化。[2] 但是,实际上,在城镇化这一复杂的经济、社会、环境变迁过程中,对于城市的总体发展来说,以可就业性推进经济发展、以可居住性推进生活方式变迁、以可休闲性推进城市环境的改善三个方面共同组成了可持续性的城镇化的基本要义。[3] 进一步来讲,解决包括农业转移人口在内的城市常住人口的就业问题、改善城市常住人口尤其是农业转移人口的居住条件、出行方式、提高城市环境卫生水平等,以最终实现城市社会成员总体福利的最大化(最低水平的最大化),关系着城镇化和城市发展的可持续性。显然,城市生活性公共基础设施供给总量的增加和供给效率

---

[1] 任远:《人的城镇化:新型城镇化的本质研究》,《复旦学报》2014年第4期。
[2] 国务院发展研究中心和世界银行联合课题组:《中国:推进高效、包容、可持续的城镇化》,《管理世界》2014年第4期。
[3] 诸大建:《光对标纽约伦敦东京巴黎,上海还成不了卓越的全球城市》(https://www.jfdaily.com/news/detail? id=92147)。

的提高，为城市常住人口提供了便捷、高效、绿色、健康、卫生的生活环境、生活条件，有助于实现城市的可持续性发展。

第三节 改进城中村公共物品供给的成本收益估算

公共物品越是匮乏，供给的正外部效益越显著。城中村作为城市的一部分，与城市的经济、社会有着密切的关系。在城市发展过程中，以生活性公共基础设施的供给为基本突破口，推动城中村这一低成本居住区的完善而不是拆毁它，将为居住在此区域的家庭和人口带来显著收益。经济学对任何项目的分析都从寻找帕累托改善或最优出发，找到使一些人或者一些集团能够改善处境，同时不会或者几乎不会使另一些集团或者另一些人的处境因此恶化的一种改变途径。在生活性公共基础设施已经在城市中心区域普及的前提下，增加投入，扩大其对于城中村的服务半径，增加城中村居住人口的消费数量与消费机会，以此提高社会总体收益与福利水平，是在以人为本的新型城镇化背景下，提高城中村生活性公共基础设施总体收益的基本现实路径。

本节以生活性公共基础设施为例，对城中村公共物品供给的各项成本与收益进行估算。从成本视角来看，中国城中村生活性公共基础设施的供给仍然难以满足农业转移人口的需求，基本的解决路径在于增加总体投入，扩大各个主体对城中村生活性公共基础设施供给成本的承担份额；从收益视角来看，要增加各个主体的收益分享，尤其是城中村生活性公共基础设施的直接使用者的收益，这就需要提高公共基础设施的公共物品属性，即非竞争性和非排他性，实现迁移至城市的农业转移人口与城市户籍人口共同分享生活性公共基础设施带来的收益。

第八章 城中村公共物品供给困境的破解之道 / 253

本节选取某部某市某城中村，测算该城中村生活性公共基础设施供给的各项成本以及相应的收益。该城中村占地面积135亩，约90045平方米，共计370户，户籍人口1570人，平均每户4.24人。平均每户建筑总面积约400m²。平均每户四层建筑。平均每户用于出租的房间数量为20间，平均每间居住人数为2人，每间房平均建筑面积15m²，人均居住面积7.5m²。实际户数为7770户，其中非户籍户数为7400，非户籍人口数量14800人，是户籍人口的9.43倍。常住人口总数为16370人。平均月房租450元（包含水价），房屋使用面积约15平方米，每平方米租金30元。

一 使用者的成本与收益

（一）使用者成本

城中村生活性公共基础设施的使用者可以分为户籍人口和非户籍常住人口两个类别。户籍人口与非户籍常住人口的使用成本在城中村生活性公共基础设施得到改进以后将呈现出一致性。因此，对使用者成本的分析不做群体差异的分析。城中村生活性公共基础设施使用者的成本即个体的缴费支出，主要包括水费（UC_1）、电费（UC_2）、天然气费（UC_3）、取暖费（UC_4）、生活垃圾清理费（UC_5）。具体可用以下公式表示：$UC = UC_1 + UC_2 + UC_3 + UC_4 + UC_5$。

水费（UC_1），即单位水价×人均生活用水量；电费（UC_2），即单位电价×人均生活用电量；天然气费（UC_3），即单位天然气价格×人均生活天然气使用量；取暖费（UC_4），即房屋面积×单位供暖价格×4（采暖期为4个月）；生活垃圾清理费（UC_5），即每个人的生活垃圾费支出。

城中村生活性公共基础设施改进以后，所有使用者都将以相同

的价格①承担使用成本。以西安市为例:

单位水费:第一阶梯年用水量162m³(含)及以下,终端水价为3.80元/m³。第二阶梯年用水量162—275m³(含),终端水价为4.65元/m³。第三阶梯年用水量275m³以上,终端水价为7.18元/m³。人口基数为每户4人,人均年用量40.5m³;

单位电价:每月使用电量在180kW·h以下,则电费为0.4983元/kW·h。每月使用电量在181—350kW·h之间,则电费为0.5483元/kW·h。每月使用电量在350kW·h以上,则电费为0.7983元/kW·h。②

居民用天然气价格:第一档气量独立采暖(使用家庭壁挂锅炉采暖)居民用户年用气量为2000m³(含)及以下,非独立采暖居民用户年用气量为480m³(含)及以下,天然气价格为1.98元/m³。第二档气量独立采暖居民用户年用气量为2000—3000m³(含)之间,非独立采暖居民用户年用气量为480—660m³(含)之间,用气价格执行现行居民生活用气价格的1.2倍,每立方米2.38元。第三档气量独立采暖居民用户年用气量为3000m³以上,非独立采暖居民用户年用气量为660m³以上,用气价格执行现行居民生活用气价格的1.5倍,每立方米2.97元;③

生活垃圾处理费:城市居民(含城中村人口和暂住人口)以人为单位按月由个人交纳:2元/人·月。④

取暖费:按面积居民每月每平方米不高于5.8元(包括每月每平方米0.5元热交换站到用户的损耗及费用·下同),非居民用热每月每平方米不高于7.5元。按热量居民用热每吉焦44元,每千瓦时0.16元;分户计量居民用户,实行基本热价与计量热价相结合的

---

① 生活用电和居民用天然气方面,指处于同一个阶梯范围以内,单位价格相同。
② 数据来源于国家电网某省电力公司。
③ 数据来源于某省物价局。
④ 数据来源于某市物价局。

第八章 城中村公共物品供给困境的破解之道 / 255

两部制热价计价方式，基本热价占总热价的30%，计量热价占总热价的70%。具体计算公式为：总热费 = 基本热价 {1.74元（5.8元/平方米·月×30%）×供热建筑面积×4} + 计量热价 {30.8元/吉焦或0.112元/千瓦时（44元/吉焦或0.16元/千瓦时×70%）×用户所用热计量数}。[1]

根据以上各项的计费标准，该城中村的非户籍人口的生活性公共基础设施使用成本主要为：水费支出（UC_1）= 单位水价×人均年生活用水量 = 3.8元/m³×36m³[2] = 136.8元；电费支出（UC_2）= 单位电价×人均电力生活消费量 = 0.4983元/kW·h×526 = 262元；天然气支出（UC_3）= 单位天然气价格×年人均天然气生活消费量 = 1.98元/m³×90m³[3] = 178.2元；城中村租住的非户籍人口取暖费支出（UC_4）= 房屋面积×单位供暖价格×4（采暖期为4个月）= 7.5m²[4]×5.8元/m²×4 = 174元；生活垃圾清理费支出（UC_5）= 每个人的生活垃圾费支出 = 2[5]×12 = 24（元）。

除上述成本以外，城中村生活性公共基础设施改造中，天然气改造需要用户的投入，在去除政府财政补贴、私人部门投资以外，用户需要承担的工程安装工料费，成本为：300元/户（按照当地标准，这一项收费为每户1300，其中由政府补贴1000元）。

综上，该城中村非户籍常住人口的年均生活性公共基础设施使用成本为：$UC = UC_1 + UC_2 + UC_3 + UC_4 + UC_5$ = 136.8 + 262 + 178.2 + 174 + 24 = 775元，再加上天然气安装材料成本，总计1075元。

---

[1] 数据来源于某市热力总公司。
[2] 根据某市阶梯水价关于增加1人可申请增加的年度水量标准，本书以年生活用水量36m³计算。
[3] 数据来源于《中国城乡建设统计年鉴》，以销售气量中的居民家庭销售气量（万立方米）除以用气人口计算得出。
[4] 根据调研，该城中村非户籍人口人均居住面积为7.5m²。
[5] 西部某市关于生活垃圾清理费的规定，城市居民（含城中村人口和暂住人口）以人为单位按月由个人交纳：2元/人·月。

城中村户籍人口生活性公共基础设施的使用成本与非户籍人口的差异主要反映在，由于人均居住面积不同导致的取暖费用差异，即：城中村户籍人口取暖费支出（UC_4）=房屋面积×单位供暖价格×4（采暖期为4个月）= 23.58①×5.8×4 = 547（元）。该城中村户籍人口生活性公共基础设施使用成本主要为：$UC = UC_1 + UC_2 + UC_3 + UC_4 + UC_5$ = 136.8 + 262 + 178.2 + 547 + 24 = 1148（元），再加上天然气安装材料成本，总计1448元。

（二）使用者收益

（1）直接收益

对城中村生活公共基础设施改进带来的收益分析，主要以改进前后的使用成本变化为主，使用成本的降低将通过收入效应提高可支配收入，使用成本减少的部分即为收益。同时需要指出的是，城中村户籍人口和非户籍常住人口从中获得的使用成本降低的程度是有显著差异的，因此，本部分将分别进行收益估算。

第一，城中村户籍人口的直接收益。①天然气的普及将有效替代煤、液化气等，成为户籍人口的主要生活能源，由此产生的生活能源支出的减少将通过收入效应和替代效应为户籍人口带来直接收益的增加。对于城中村户籍人口来说，生活性公共基础设施的改进并不会明显导致生活用水单价和用水总支出、生活用电单价的降低，但是可以预见的是，生活用电量将由于天然气的使用而降低，进而减少生活用电支出；②如果地处北方，供暖设施的完善将大幅降低户籍人口的取暖支出，收入效应同样显著。仍以前文的数据为基础，冬季取暖费用支出和生活能源支出将由改进前的2000元降低到725.2元，收益为1274.8元。

第二，城中村非户籍常住人口的直接收益。从城中村的非

---

① 根据调研，该城中村户籍人口人均居住面积为23.58m²。

户籍常住人来看，主要是农业转移人口，这一群体从中获得的福利改进尤为明显。具体的使用者收益主要包括：①水、电等基本生活设施的改造，在当前城中村租户电价明显高于户籍人口的背景下，租户水表、电表的独立结算，使其承担的单位电价与城市居民一致，实现供电企业和用户的直接对接，将显著地降低这一群体的用电支出，收入效应明显。假定生活用电总量不变，仅考虑由于单价降低带来的收益，也非常明显。以西部某市城中村调研结果进行说明，城中村租户电价支出600元（单价1.5元/kW·h，每月用电量约33kW·h，总计年电费支出约600元）降低为262元（单位电价×人均电力生活消费量=0.4983元/kW·h×526=262元），降幅338元；②生活能源支出和取暖费用的降低。将由于取暖方式的改变而显著降低，同样以西部某市城中村调研结果进行说明，即冬季供暖与生活能源支出由约1400元降低为352.2元（天然气支出178.2元+取暖支出174元），降幅1047.8元；③天然气普及同样为非户籍常住人口的生活能源提供了更加低价、清洁、有效的替代品，同样存在显著的收入效应和替代效应。

（2）公共收益

城中村生活性公共基础设施的配置是城市收益分配的结果。作为公共基础设施的一个类别，对于使用者来说，生活性公共基础设施的公共物品属性更为明显，其对于人与社会的发展的影响大于私人部门的经济效益。

第一，生活条件的改善。良好的生活条件能够有效改善人口的福利状况，提高总体的社会福利水平。基于公共需求的城市生活性公共基础设施建设将明显有助于改善日常生活的物质条件。根据阿玛蒂亚森的理论，生活条件是基于商品或服务的功能性活动组合，体现了人类选择的自由，是衡量福利水平的主要指标。[①] 通过对城中村水网、电网、燃气网络等的改造升级，在增加生活便利程度的同时，也直接影响了农业转移人口的生活福利。与此同时，随着基本生活条件的改善，城中村进一步发展，农业转移人口才能在此基础上追求更高层次的公共需求。

第二，生活环境的优化。作为生态文明建设的重要内容，生活垃圾处理对于营造健康舒适的生活环境有着关键的意义。整体的城市生活垃圾处理的难点和重点正是城中村的生活垃圾处理，也就是说城中村环保设施、环境卫生处理设施的进一步完善，是改善城市市容市貌的基本前提。对于在优化和改善的居住环境中生活的农业转移人口来说，生活垃圾处理效率的小幅提高就能够获得较大的满意度。根据一份针对北京、重庆和厦门三个城市的生活垃圾处理所产生影响的调查表明，由生活垃圾处理程度组成的环境风险在人群中的社会空间分配状况是有明显差异的，其中，较低教育程度、较低的收入水平、较低的房产价值、农业户籍和居住在农村社区的居民，居住在距离大型垃圾处理单位3公里范围内的可能性和遭受的环境风险，明显高于较高教育程度、较高的收入水平、拥有较高的房产价值、非农户籍和居住在城市社区的居民。[②] 而通过对城中村生活垃圾处理设施的改善，将能够得出相反的结论：即生活垃圾处理设施的供给增加以及效率改进，将有助于降低城中村居住人口的环境风险。

（三）使用者净收益估算

使用者净收益的计算思路是，城中村生活性公共基础设施改进前后，使用者承担的使用成本存在差异，只要改进后使用者成本低

[①] 袁方、蔡银莺：《城市近郊被征地农民的福利变化测度——以武汉市江夏区五里界镇为实证》，《资源科学》2012年第3期。

[②] 龚文娟：《环境风险在人群中的社会空间分配》，《厦门大学学报》2014年第3期。

于改进前，就表明这种改进是一种帕累托改进，因为在这一群体获得净收益的同时，并不会对社会其他群体的利益造成损害，两者之间的差额即可视作使用者的净收益。由于公共收益测量的困境，本书仅对使用者直接净收益进行估算。

第一，城中村户籍人口的净收益估算。生活性公共基础设施的改进，增加了城中村户籍人口的直接收益。根据城中村户籍人口的生活性公共基础设施使用收益减去使用成本，即 1274.8 – 1148 = 126.8（元）。还需在第一年考虑天然气安装工料费，即当年净收益为负，1274.8 – 1448 = –173.2（元）。但是第二年即可弥补这一成本，此后将每年产生的净收益为 126.8 元。

第二，城中村非户籍常住人口净收益估算。生活性公共基础设施的改进，增加了城中村非户籍人口的直接收益。根据城中村非户籍人口的生活性公共基础设施使用收益减去使用成本，即 1385.8 – 775 = 610.8（元）。还需在第一年考虑天然气安装工料费，即当年净收益为 1385.8 – 1075 = 310.8（元）。此后每年净收益仍为 610.8 元。

也就是说，无论是城中村户籍人口还是城中村非户籍常住人口都将从城中村生活性公共基础设施改进中获得显著的收益。

二 生产者的成本与收益

（一）生产者成本

城中村生活性公共基础设施的改进成本主要指为了改善城中村居住人口的基本生活条件所花费的最低经济投资数量，主要包括各项基础设施建设的投资成本，即是城中村供暖改造成本（PC_1）、城中村水电改造成本（PC_2）、城中村天然气改造成本（PC_3）、城中村生活垃圾清理成本（PC_4）。基于此，城中村生活性公共基础设施的投入成本模型可以表示为：

$$PC = PC_1 + PC_2 + PC_3 + PC_4 = \sum PC_i$$

PC_1是城中村供暖改造成本，衡量供暖管网改造的投资，按每平方米65元计算；PC_2是城中村水电改造成本，衡量城中村水表、电表的改造投资成本，具体包括智能电表对普通电表的更换成本（按单价200元计算）、智能水表对普通水表的更换成本（按单价300元计算）；PC_3是城中村天然气改造成本，包括城中村管道天然气改造成本和用户燃具更换成本，按每户改造成本6000元计算；PC_4是城中村生活垃圾清理成本，主要指生活垃圾清扫成本（人员成本，按6名保洁员计算）、生活垃圾中转设施成本（垃圾中转站）。

以上总体的生产者投入成本中，公共部门和私人部门分别以各自的比较优势承担相应的成本。以本书选取的某城中村为例，计算各项成本和收益。

第一，公共部门的成本。其中，直接成本部分：

①供热成本：供热价格财政补贴，按照1元/m^2·月计算。每年采暖期（11月15日—次年3月15日）此项成本为51.8万元；供热管网建设费政府补贴：40元/m^2，此项投入成本360万元。以上两项合计为411.8万元。

②天然气改造成本：燃气管道铺设成本补贴，按照每户补贴4000元计算，此项投入成本3108万元；工程安装工料费补贴，每户补贴1000元（按照西安市的标准，这一项收费为每户1300元，其中由政府补贴1000元），此项投入777万元。以上两项合计3885万元。

③生活垃圾清理设施与服务成本：主要包括保洁员工资和生活垃圾压缩中转站建设成本。(6名×1628元×12月) +小型生活垃

圾压缩中转站（日处理能力 100 吨）投资额约为 150 万元[①] = 161.7 万元。（按照建设部颁布的一般标准，小型垃圾中转站的服务半径为 500m，每 0.75—1 平方公里需设置一座，因此在国标和北京标准中，垃圾转运站均为居住区级设施，服务 3 万—5 万人[②]）。

④用电改造成本：智能电表更换成本，370 户×21 间×200 元，此项投入成本 155.4 万元。

即公共部门承担的直接成本主要为：供热成本 + 天然气改造成本 + 生活垃圾清理设施与服务成本 + 用电改造成本 = 411.8 万 + 3108 万 + 161.7 万 + 155.4 万 = 3836.9 万元。

公共部门承担的间接成本部分：主要为城中村住房改造补贴。生活性公共基础设施的改善是城中村住房的基本配套条件，与此同时，改造房屋质量，才能更好地实现"低成本住房"功能。可以参考西部某省的农村危房改造补贴标准，以 2016 年为例，平均每户补贴 12518 元。以此为基准，增加城中村住房改造补贴，用于改善住房建筑质量，该城中村此项投入约 463 万元。

以上各项总计：4299.9 万元。

第二，私人部门的成本。

①供热改造成本：供热管网改造成本，按 25 元/m² 计算，此项投入成本 225 万元；供热成本，按 6 元/m² 计算，每年采暖期此项成本为 216 万元。以上两项合计 441 万元。

②天然气改造成本：燃气管道铺设成本分担，按每户 1000 元计算，此项投入成本 770 万元；供气成本：门站价格与输配成本的总和，门站价格按照 1.34 元/m³ 计算。按照平均成本法计算，西安市每立方米天然气输配成本为 0.31 元[③]，此项成本为（1.34 +

[①] 国家规定 2 公里范围内建设一个垃圾压缩中转站。

[②] 费彦：《广州市居住区公共服务设施供应研究》，博士学位论文，华南理工大学，2013 年。

[③] 云育兵：《陕西天然气长输管网供气成本研究》，《价格与天地》2014 年第 4 期。

0.31）元/m³×90m³×16370人=243.09万元。

③用水改造成本：智能水表更换成本，370户×21间×300元，此项投入成本233.1万元。供水成本：根据西安市物价局的文件，供水成本为2.3元/m³，此项投入成本为2.3元/m³×36m³×16370人=135.54万元。

即私人部门承担的城中村生活性公共基础社会改造成本主要为：供热成本+天然气改造成本+用水改造成本=441万+770万+233.1万+155.4万=1444.1万元。

（二）生产者收益

第一，公共部门收益。直接收益部分：

低成本住房投资的降低。城中村生活性公共基础设施的改进与完善，将显著地增加可支付、适足的低成本住房的供给，这将显著地降低公共财政用于该领域的投入。该城中村用于出租的房屋建筑面积为11.1万平方米。若以廉租房的建设标准进行换算，11.1万m²[①]的建设成本将达到4.1亿元。（根据2013年发布的《某市配建廉租住房细则》的规定，商品住房配建廉租房不能形成独立区域、不能成栋建设的，项目实施单位可按照每平方米3700元向市财政专户缴纳配建廉租住房建设资金，由市房管局易地建设）由此可见，通过城中村低成本住房的设施完善，将极大地减轻政府用于公共低成本住房的投资。

公共收益部分：以上各个类别生活性公共基础设施的改善，除了带来直接的经济收益以外，还将产生非经济效益，如传染性疾病风险的降低、环境污染程度的降低等。具体来说，公共部门获得的收益体现在各个方面。

①新型城镇化进程的顺利推进。新型城镇化的核心是人口的城

[①] 该城中村共计370户，每户建筑面积400m²，用于出租的房屋面积约为300m²，总计用于出租的房屋建筑面积为370户×300m²=11.1万m²。

镇化，是包括居住区域、居住方式、居住条件在内的生活方式的城镇化。而城市生活性公共基础设施的供给程度构成了农业转移人口生活方式变迁程度的基础。在城市公共基础设施供给增加的背景下，农业转移人口的生活方式逐步由农村型向城市型转变，既增加了农业转移人口定居城市的意愿，也增加了农村留守人口即潜在的农业转移人口向城市迁移的意愿，这是新型城镇化顺利推进的主要推动力，破解了农业转移人口融入城市、实现市民化的基本难题，对于改进当前的城镇化质量、提高未来城镇化发展的健康、高效、可持续有着关键的意义。

②农业转移人口和城市原住人口社会融合程度的提高。对于不同的社会群体来说，增进相互间融合的关键在于增加一致性、减少差异性。城中村生活性公共基础设施供给的增加，将越来越多的农业转移人口纳入城市公共基础的服务半径，两个群体处于同样的基本生活条件和生活环境下，相互之间的同化程度逐步提高，异化程度降低，这就为农业转移人口和城市人口群体之间的社会融合奠定了基础。

③改善经济发展的环境。生活性基础设施构成了经济发展的软环境，并首先表现在对地方政府招商引资的影响。能够满足人口需求的生活性公共基础设施供给，对于日益关注总体投资环境的私人部门来说，有着重要的作用。在企业的投资决策中，正逐渐将员工生活的便捷性作为重要的考量。在其他环境接近一致的基础上，生活条件改善、生活环境优化、日常出行便捷等生活性公共基础设施完善的城市对于投资者的吸引力，将明显高于生活条件较差、生活环境较为恶劣、出行成本较高的城市。

④水资源节约。通过对城中村生活用水的相关设施改进，城中村人口将改变过去以"人"为单位的支付依据，以实际生活用水量为支付依据，这将改变过去存在的"公共资源使用悲剧"，以付费

的方式，减少水资源浪费，缓解当前中国普遍存在的城市缺水困境。

第二，私人部门的收益。

作为生活性公共基础设施的投资主体之一，私人部门将从生活性公共基础设施的规模效益中获益。城中村生活性公共基础设施改造完成以后，增加单位使用者的边际成本较低，使用规模的扩大能够有效降低固定成本，维持基本运营，获得利润。

①供热收益：来自收费和补贴。收费标准按照 5.8 元/m^2 计算，此项收入约 208.9 万元；供热价格财政补贴，按照 1 元/m^2·月计算。每年采暖期（11 月 15 日—次年 3 月 15 日）此项成本为 51.8 万元财政补贴，51.8 万元。以上两项合计 260.7 万元。

②天然气改造收益：来自天然气收费。收费标准按 1.98/m^3 元计算，该城中村常住人口约 16370 人，按照人均每年 90m^3 的标准计算，291.71 万元；天然气工程安装工料费，每户总计 1300 元，合计 777 万元。

③用电改造收益：来自收费，即单位电价×人均年生活用电量×用电人口 = 0.4983 元/kW·h × 526kW·h × 16370 人 = 429 万元。

④用水改造收益：来自收费，即单位水价×人均年生活用水量＝用水人口 = 3.8 元/m^3 × 36m^3 × 16370 人 = 223.9 万元。

（三）生产者净收益估算

第一，公共部门净收益。如果仅从城中村生活性公共基础设施改进方面分析公共部门直接净收益，很显然，直接净收益为负数，即总投入成本 4144.5 万元。这无疑是公共财政的压力。但是实际上，城中村生活性公共基础设施的改进，对于完善城中村"低成本居住区"功能有着关键的意义，将显著降低公共部门用于低成本住房的投资。从这个角度出发，要完成相同建筑面积（11.1 万 m^2）的廉租房投资，需要4.1亿元。因此，公共部门净收益为4.1亿元－4299.9万元≈3.67亿元。由此可见，城中村生活性公共基础设施的改善，在为使用者带来明显收益的同时，还将极大地缓解公共财政的压力。

第二，私人部门净收益。

①供热部门净收益：每年供热净收益＝供热收益－供热成本＝260.7万元－216万元＝44.7万元。由于先期需要投入225万元改造成本，预计5年期满可弥补这一成本。即该城中村供热改造完成五年以后，供热部门每年净收益44.7万元。

②天然气部门净收益：该城中村天然气改造过程中收取的工程安装工料费可以弥补改造成本，两者之差为0。当年的净收益直接由天然气供气收益与供气成本的差额构成，即291.71万元－243.09万元＝48.62万元。

③水务部门净收益：水费总收入减去供水总成本＝223.9万元－135.54万元＝88.36万元。由于需要前期投入改造成本，即233.1万元，可用2.6年弥补成本，此后为净收益。

以上使用者、公共部门、私人部门的成本与收益的估算结果表明，从总体上说，各个主体都将从城中村生活性公共基础设施改善中获得收益的增加，存在明显的帕累托改进空间。因此，城中村生活性公共基础设施问题的有效解决，关键在于增加投入，解决资金需求，以扩大生活性公共基础设施的服务半径和服务对象，将容纳低收入农业转移人口的城中村纳入其中，使农业转移人口的基本生活条件得到根本的改善，这既能够降低农业转移人口的生活成本，使其合理获得城镇化带来的公共收益，也是中国推进新型城镇化战略的基本要求。

结　　语

一　主要结论

城中村公共物品，对于以农业转移人口为主体构成的城中村常住人口来说，是其作为城市社会成员获得的公共福利，因此是城镇化过程中必须要解决的基本问题，这是以人为本的新型城镇化的核心。本书的研究基于新型城镇化进程中农业转移人口生活条件面临的困境，起源于对"城中村生活性公共物品供给不足"这一现实问题的关注，从中提出学术问题，即公共物品供给的成本分担与收益分配。建议应逐步改变当前对城中村以"拆"为主导的价值取向，扭转城中村公共物品稀缺的现状。通过对现实困境的分析，全书致力于对下述问题进行解答：一是如何改善城中村生活性公共基础设施供给的成本分担不足；二是如何改善城中村生活性公共基础设施的收益分配不均。

在具体的研究过程中，第一，本书以公共物品理论、公共财政理论为基础，对生活性公共基础设施、城中村公共物品和生活性公共基础设施的相关研究进行梳理，从中归纳出现阶段研究文献的基本问题，也是本书的研究视角：作为公共物品的生活性公共基础设施，对于以农业转移人口为主体的城中村常住人口的福利水平提升的重要性；以贴近社会变迁的成本收益框架衡量城中村生活性公共基础设施的有效性。第二，在对生活性公共基础设施、成本与收益进行内涵界定的基础上，从生产成本、使用成本、机会成本三个层面建立城中村生活性公共基础设施的成本框架，从生产者收益、使用者收益两个层面建立城中村生活性公共基础设施的收益框架，从理论层面对本书的关键问题进行剖析。第三，根据理论分析所建立的框架，基于中国城中村公共物品供给困境，从供给成本分担和收益分配两个方面对城中村生活性公共基础设施进行分析。第四，对城中村的生活性公共基础设施进行总体的实证分析，并通过模糊综合评价方法，以西部某市城中村的现实情况为例，以现实属性与理论属性的差异为基础，指出当前城中村生活性公共基础设施存在的成本收益问题。第五，在理论分析和现实分析的基础上，提出城中村公共物品供给困境的破解之道，以此为基础，进一步估算城中村生活性公共基础设施供给增加所需要的成本和预期能带来的收益。基于以上理论和实证方面的研究结论，对本书提出的两个问题进行了分析和解答。综上分析，本书立足于相关理论对现实问题展开的分析，分别在理论分析和实证分析中得出以下结论。

（1）理论研究结论。

第一，具有公共物品典型特征的城市生活性公共基础设施，是城市公共政策与制度、财政支出结构的结果，其对城中村常住人口存在的竞争性和排他性，导致这一类公共物品在城中村的"相对稀缺"。这也正是长期在城市生活、就业的农业转移人口生活水平较低、生活质量较差，进而社会福利水平较低的基本原因。而降低这种稀缺性，公共财政责无旁贷。

城镇化的本质是农村人口转移到城市，在城市定居和工作。简单地说，城镇化就是农民进城的过程。[①] 伴随城市人口总量增加，公共物品的供给也应随时增加，以适应这一趋势。其中，首先要解

---

① 樊纲：《〈城市化：一系列公共政策的集合. 序：城市化是一个系统工程〉》，中国经济出版社2009年版。

决的就是转移到城市的农村人口的基本生活条件,即生活性公共基础设施问题。作为农业转移人口的主要聚居地,以生活性公共基础设施的稀缺为基本特征之一的城中村,由于存在各类管理问题、地方政府的土地利益等各方面原因,各地都在驱赶"城中村",驱赶在当中居住的农业转移人口,这实际上是一种反城市化(与逆城市化有着本质的区别)的行为。而真正的解决之道在于,降低城中村生活性公共基础设施等各类公共物品对于农业转移人口的稀缺性,也就是说增加城中村生活性公共基础设施的供给,以有效改善居住在这一区域人口的基本生活条件。这对于第二代及以后的农业转移人口的社会福利有着更为重要的意义。

第二,将生产成本、使用成本、机会成本纳入生活性公共基础设施的成本框架,将生产者收益、使用者收益纳入生活性公共基础设施的收益框架。在经济学的研究范式中,机会成本往往难以衡量,本书通过对其概念界定"如果该项目不实施,每个公共项目的消费者所蒙受的损失",分析城中村人口由于生活性公共基础设施不足所蒙受的损失。从我国的现实情况看,改善城中村低成本住房居住质量的基本途径是,增加生活性公共基础设施供给,也就是说,要增加各个主体承担的成本,扩大生活性公共基础设施服务半径。在此基础上,才能增加各个主体获得的收益,以此降低城中村常住人口在住房改善方面承担的机会成本和使用成本,并避免这一群体在城市更新过程中,进一步向更为偏远的边缘区域迁移。

从一般意义上来说,基础设施水平的提高是降低使用者成本的一个重要途径。在中国的城镇化进行中,城中村生活性公共基础设施水平较低是导致这一区域居住人口生活成本较高、生活质量较低、生活方式变迁缓慢的基本原因。基于此,本书认为真正走出当前的城镇化误区、有效实现以人为本的城镇化质量的提高,关键在于提高作为公共物品的城中村生活性公共基础设施的供给水平,使其呈现出与城市其他区域人口一致的非排他程度和非竞争程度。同时，在城市中心区域生活性公共基础设施水平明显高于城中村的现实下，对城中村生活性公共基础设施进行投资的边际产出也将更高。

(2) 经验研究结论。

城中村的存在具有其必然性、合理性，尤其是以低成本住房为基本特征的城中村，对于中国推进健康、可持续的新型城镇化有着积极的作用，将充分地发挥"落脚城市"的功能。作为公共物品的一个类别，本书所指的生活性公共基础设施以满足人的最低生活需求为目标，而最低生活需求正处于需求层次中的最低层次，换言之，生活状况的优劣，主要取决于各类物品满足需求的程度，其中既包括公共物品也包括私人物品。由于公共物品往往以满足人的最低生活需求为目标，因此，作为公共物品组成部分的生活性公共基础设施，是影响人口生活状况的基本原因。

第一，当前城中村生活性公共基础设施的困境之一在于成本分担不足和收益分享不均。从成本分担角度来看，在具备供给意愿的前提下，城中村生活性公共基础设施的不足主要取决于供给能力的低下，即财政支持不足、融资能力不足共同导致公共基础设施投资的资金不足，进而限制了供给数量的增加。在资源稀缺的总体背景下，公共部门自身的物质资源是有限的，而城中村生活性公共基础设施又往往是城市建设相对忽视的地带。一般来说，在生活性公共基础设施投资总量有限的前提下，城镇原有居民（即城市户籍人口）基本生活条件的改善是当地政府优先考虑的问题，在城镇本地户籍人口的居住问题尚未得到较好解决的情况下，农业转移人口生活性公共基础设施供给不足是必然的结果。即使是已经归属于城市区域的城中村户籍人口，也并不真正属于城市户籍人口的范畴。因此，在公共部门对城中村生活性公共基础设施投入有限的背景下，显然无法满足在这一区域内长期生活居住的农业转移人口日益增长的生活性公共基础设施需求，也就难以有效改善城中村生活条件。

从收益分享的角度来看，城中村生活性公共基础设施的困境主要体现在以下两个层面，一是理论上城中村属于城市俱乐部的成员，俱乐部物品的非排他性同样适用于城中村居住人口。而事实上，却对城中村人口呈现出较弱的公共物品属性，即其事实属性与理论属性不相符；二是在城市整体层面的生活性公共基础设施的供给意愿不足，导致这一问题的关键在于中国长期实行的城市偏向战略。以上两个方面共同制约了城中村人口对生活性公共基础设施的有效消费。

第二，有效改变中国城中村生活性公共基础设施供给困境的关键是在增加总体投入的同时，提高供给意愿，保证生活性公共基础设施的公共物品属性。基本的解决路径，其一，增加总体投入，扩大各个主体对城中村生活性公共基础设施供给的成本分担份额。通过改革当前的投融资机制，实现投资总量的增加，同时更好地发挥不同主体的优势和长处。这是解决农业转移人口生活性公共基础设施供给不足的重要途径。改革的关键在于，如何与包括私营部门、最终消费者在内的各相关利益方形成合作框架。具有可持续性的合作框架，既是平衡各个利益主体矛盾与冲突的载体，也是有效分担建设风险的重要基础。

其二，要增加各个主体的收益分享。城中村生活性公共基础设施供给收益的提高，主要由个体收益和社会公共收益组成。一方面，建立在增加公共基础设施公共物品属性的基础上，以增加个体收益；另一方面，在于通过社会福利函数的选择，促进社会收益。

从个体收益的增加来看，实现城中村常住人口与城市户籍人口共同分享生活性公共基础设施带来的收益。以公平为基本的价值尺度，增加作为公共物品的城市生活性公共基础设施的非排他性，使农业转移人口真正分享城市的公共利益；同时以效率为基本的价值尺度，提高城市生活性公共基础设施的非竞争性，使农业转移人口的生活性公共基础设施需求得到有效满足。

从社会收益的增加来看，对社会总体福利函数的选择影响生活性公共基础设施社会公共收益。伴随着城镇化的推进，城乡收入差距进一步扩大、农业转移人口与城市人口社会融合程度低下、农业转移人口生活方式变迁缓慢等问题都进一步表明，侧重于关注弱势群体的社会福利，显然更符合现阶段中国的基本国情。将以关注社会境况最差的弱势群体的福利作为基本特征的罗尔斯社会福利函数和主张权利公平的诺齐克社会福利函数综合起来，对于破解当前的城中村公共物品供给困境有着积极的意义。一方面，作为当前中国社会变革过程中产生的弱势群体的最重要组成部分，以农业转移人口为主体构成的城中村常住人口效用的提高，是有效解决当前一系列经济问题、社会问题的基本路径。另一方面，当前农业转移人口生活方式的现状，主要表现为在权利享有和权利实现等方面的弱势地位。将以上两个层面结合起来，将有助于通过过程公平和结果公平两种途径，实现以农业转移人口为主体构成的城中村常住人口对城市生活性公共基础设施的使用权，最终实现生活方式的变迁和社会福利水平的提升。

二　研究展望

尽管本书在理论研究和经验分析中取得了一定的研究成果，但是在研究中仍然存在一些不完善之处，表现在以下两方面。

第一，在经验研究方面：基于本书的研究对象和研究的侧重点，主要以西部某市的城中村为主要实地调研的样本对象，侧重于对其进行具体分析。而在后续的研究中，将进一步地对东中西部城市的城中村进行更为全面的实地调查与研究，从而更加系统地反映中国城中村公共物品的总体供给情况,进而增加结论的准确性。

  第二,在理论研究方面:基于目前对经济学成本收益方法与机会成本的理论分析,本书提出城中村公共物品供给不足导致的机会成本应纳入总体的成本收益分析框架中。基于本书的研究目的和侧重点,所构建的理论分析框架侧重于公共物品角度,认为使用者通过对生活性公共基础设施的消费所获得的收益以及对生活性公共基础设施消费不足所承担的成本,应该占据更大的比重。而在后续研究中,关于不同竞争程度和排他程度的公共物品的机会成本问题,将是本书进一步理论研究的方向。

参考文献

[1] ［英］约翰·R. 洛根、哈维·L. 莫洛奇：《都市财富空间的政治经济学》，陈那波译，格致出版社2016年版。

[2] 联合国人类住区规划署：《全球人类住区报告2005：为城市低收入人群的住房筹措资金》，中华人民共和国住房和城乡建设部计划财务与外事司组织编译，中国建筑工业出版社2005年版。

[3] 席恒：《公共物品供给机制研究》，博士学位论文，西北大学，2003年。

[4] ［美］詹姆斯·布坎南：《民主过程中的财政》，唐寿宁译，上海三联书店出版社1992年版。

[5] ［美］曼瑟尔·奥尔森：《集体行动的逻辑》，陈郁等译，上海三联书店出版社1995年版。

[6] 汪丁丁：《财政理论：西方与中国》，《财经问题研究》2009年第1期。

[7] 贾康：《对公共财政的基本认识》，《税务研究》2008年第2期。

[8] 高培勇：《公共财政：概念界说与演变脉络：兼论中国财政改革30年的基本轨迹》，《经济研究》2008年第12期。

[9] 吴晓等：《我国大城市流动人口居住空间解析——面向农民工

的实证研究》，东南大学出版社 2010 年版。

[10] OMER I. Evaluating accessibility using house-level data: A spatial equity perspective. *Computers, Environment and Urban Systems*, 2006 (3): 254 – 274.

[11] PANTER J, JONES A, HILLSDON M. Equity of access to physical activity facilities in an English city. *Preventive Medicine*, 2008 (4): 303 – 307.

[12] GILES-Corti B, DONOVAN R J. Socioeconomic status differences in recreational physical activity levels and real and perceived access to a supportive physical environment. *Preventive Medicine*. 2002 (6): 601 – 611.

[13] Bruce E. Wicks, John L. Crompton. Citizen and Administrator Perspectives of Equity in the Delivery of Park Services. *Leisure Sciences*, 1986 (4): 341 – 365.

[14] William Lucy. Equity and Planning for Local Services. *Journal of the American Planning Association*, 1981 (4): 447 – 457.

[15] 何深静、齐晓玲：《广州市三类社区居住满意度与迁居意愿研究》，《地理科学》2014 年第 11 期。

[16] 王登嵘、马向明、周春山：《城市基础设施供给的政治经济学分析及其管治构建》，《人文地理》2006 年第 5 期。

[17] 李琴：《扩大农村消费亟待解决的问题之一——加强农村生活基础设施建设》，《消费导刊》2009 年第 6 期。

[18] 宋琪、汤玉刚：《中国的城市基础设施供给过量了吗？—基于资本化视角的实证检验》，《经济问题探索》2015 年第 7 期。

[19] 蒙丽：《城中村的公共物品供给问题及对策分析——以广州长湴村为例》，《兰州学刊》2015 年第 5 期。

[20] 孟维华、周新宏、诸大建：《城中村改造中的"市场失灵"和"政府失灵"及防止途径》，《城市问题》2008年第10期。

[21] 陈孟平：《"城中村"公共物品供求研究——以京郊城乡接合部为例》，《城市问题》2003年第6期。

[22] 王娟、常征：《中国城乡接合部的问题及对策：以利益关系为视角》，《经济体制改革》2012年第2期。

[23] ［英］戴维·D.史密斯：《城市化住宅及其发展过程》，卢卫等译，天津社会科学院出版社2000年版，第154页。

[24] 焦怡雪：《城市居住弱势群体住房保障的规划问题研究》，博士学位论文，北京大学，2007年，第36页。

[25] 吴垠：《中国特色新型城镇化：以刘易斯拐点期为背景的理论、模式与政策研究》，《经济科学》2015年第2期。

[26] 张卫东、石大千：《基础设施建设对人口城市化水平的影响》，《城市问题》2015年第11期。

[27] 魏立华、闫小培：《中国经济发达地区城市非正式移民聚居区"城中村"的形成与演进——以珠江三角洲诸城市为例》，《管理世界》2005年第8期。

[28] 周春山、杨高：《中国农民工聚居区研究进展》，《地理科学进展》2016年第5期。

[29] 郑文升等：《城市低收入住区治理与克服城市贫困——基于对深圳"城中村"和老工业基地城市"棚户区"的分析》，《城市规划》2007年第5期。

[30] 郑思齐、曹洋：《农民工的住房问题：从经济增长到社会融合角度的研究》，《广东社会科学》2009年第5期。

[31] 杨安：《城中村的"防治"》，《城乡建设》1996年第8期。

[32] 敬东：《"城市里的乡村"研究报告—经济发达地区城市中心

区农村城市化进程的对策》,《城市规划》1999 年第 9 期。

[33] 陈孟平:《城中村公共物品供求研究:以北京市城乡接合部为例》,《城市问题》2003 年第 6 期。

[34] 刘社欣:《广州市"城中村"问题的现状、特点与对策思考》,《华南理工大学学报》2002 年第 3 期。

[35] 张明莉:《大力推进城乡接合部环境保护》,《生态经济》2009 年第 1 期。

[36] 吴业苗:《城郊农民市民化的困境与应对:一个公共服务视角的研究》,《中国农村观察》2012 年第 3 期。

[37] 熊景维:《我国进城农民工城市住房问题研究》,博士学位论文,武汉大学,2013 年,第 89 页。

[38] 刘生龙、胡鞍钢:《基础设施的外部性在中国的检验:1988—2007》,《经济研究》2010 年第 3 期。

[39] 孙钰、王坤岩、姚晓东:《城市公共基础设施社会效益评价》,《经济社会体制比较》2015 年第 5 期。

[40] 联合国人居署:《贫民窟的挑战——全球人类住区报告 2003》,于静等译,机械工业出版社 2006 年版。

[41] Wang Y P, Wang Y, Wu J. Housing migrant workers in rapidly urbanizing regions: a study of the Chinese model in Shenzhen, *Housing studies*, 2010 (1): 83 – 100.

[42] 方蔚琼:《我国农民工城镇住房保障研究》,博士学位论文,福建师范大学,2015 年。

[43] 雷晓康:《公共物品提供模式的理论分析》,博士学位论文,西北大学,2003 年。

[44] 胡代光,高鸿业:《现代西方经济学辞典》,中国社会科学出版社 1996 年版。

[45] 联合国人居署:《致力于绿色经济的城市模式:城市基础设

施优化》，刘冰等译，同济大学出版社2013年版。

[46] 邓淑连：《政府与基础设施的发展》，博士学位论文，上海财经大学，2001年。

[47] 林广：《城市的基本功能是什么？论刘易斯·芒德福城市研究的遗产》，《都市文化研究》2014年第2期。

[48] 联合国开发计划署：《2014年人类发展报告：促进人类持续进步：降低脆弱性，增强抗逆力》（https：//www.un.org/zh/development/hdr/2014/）。

[49] 张信芳、黎瑞波：《中国污染治理设施的公共物品属性分析及市场化融资的建议》，《环境科学与管理》2013年第3期。

[50] 詹世友：《公共领域·公共利益·公共性》，《社会科学》2005年第7期。

[51] 张成福：《公共利益与公共治理》，《中国人民大学学报》2012年第2期。

[52] 王晓腾：《我国基础设施公私合作制研究》，博士学位论文，财政部财政科学研究所，2015年。

[53] 保罗·海恩等：《经济学的思维方式（第11版）》，马昕等译，世界图书出版公司2008年版。

[54] 孙钰、王坤岩、姚晓东：《城市公共基础设施社会效益评价》，《经济体制改革》2015年第5期。

[55] 曼昆：《经济学原理微观经济学分册》，梁小民等译，北京大学出版社2009年版。

[56] 席恒、雷晓康：《合作收益与公共管理：一个分析框架及其应用》，《中国行政管理》2009年第1期。

[57] 胡代光、高鸿业：《现代西方经济学辞典》，中国社会科学出版社1996年版。

[58] [英] 戴维·W. 皮尔斯：《现代经济学辞典》，上海译文出版

社 1983 年版。

[59] 赵鸣骥:《政府农业支出成本收益分析》,博士学位论文,东北财经大学,2004 年,

[60] 任宗哲:《中国地方政府职能、组织、行为研究——一种经济学视角》,博士学位论文,西北大学。

[61] [美] 保罗·萨缪尔森,威廉·诺德豪斯:《微观经济学第 18 版》,萧琛译,人民邮电出版社 2008 年版。

[62] [法] 克洛德·热叙阿、克里斯蒂昂·拉布鲁斯等主编:《经济学词典(修订版)》,李玉平等译,社会科学文献出版社 2013 年版。

[63] Martin AE. Environment, Housing and Health, *Urban Stud-ies*, 1967 (1): 1-21

[64] James E. Anderson, Public Policymaking: An Introduction. Houghton Mifflin Company, 2003: 13.

[65] See Leif Levin, *Self-interest and Public Interest in Western Politics*. Oxford University Press, 1991, p. 23.

[66] 白鹏等:《城中村与城市正规住房市场关系的实证分析》,《住区》2011 年第 5 期。

[67] 王丽娟:《城市公共服务设施的空间公平研究》,博士学位论文,重庆大学,2014 年。

[68] 巴曙松、杨现领:《城镇化融资:历史、问题和改革》,《新金融评论》2013 年第 6 期。

[69] 陈孟平:《"城中村"公共物品供求研究——以北京市城乡接合部为例》,《城市问题》2003 年第 6 期。

[70] 陆铭:《为了公共利益——一个经济学家的理想社会建设论纲》,《社会》2013 年第 3 期。

[71] Rich R C. Neglected Issues in the Study of Urban Service Distribu-

tion: A Research Agenda. *Urban Studies*, 1979 (16): 143 –156.

[72] Jones Bryan, Clifford Kaufman. The distribution of urban public services: A preliminary model. *Administration and Society*, 1974 (3): 337 –360.

[73] 童大焕:《中国城市的生与死:走出费孝通陷阱》,东方出版社 2014 年版。

[74] 联合国人类住区规划署:《亚洲的低成本土地和住房》,中华人民共和国住房和城乡建设部计划财务与外事司组织编译,中国建筑工业出版社 2014 年版。

[75] Sen, A, *Inequality Reexamined.* Oxford, UK: Oxford University Press, 1992, p. 155.

[76] 尚海涛、任宗哲:《公共产品多元化供给的难题及解决》,《贵州社会科学》2010 年第 10 期。

[77] 席恒:《公共政策制定中的利益均衡》,《上海行政学院学报》2009 年第 6 期。

[78] 魏立华、闫小培:《"城中村":存续前提下的转型——兼论"城中村"改造的可行性模式》,《规划研究》2005 年第 7 期。

后　　记

　　这本书是在我的博士论文基础上形成的。经历过无数次的修订，虽然还有很多遗憾之处，但终于得以完成，其中凝结了多位老师、同学、前辈的心血。回首博士生涯，首先要感谢我的导师任宗哲教授，感恩老师愿意接收我这样一位由文学学士、管理学硕士转而攻读经济学博士学位的跨专业学生，能在老师的指导下度过艰苦的博士生涯，是我的幸运。自博士入学开始直至毕业，每次与老师讨论，都有醍醐灌顶之感，从博士论文的选题、开题答辩、论文框架形成，直至最后完成论文，与老师切实可行的建议和引领密不可分，老师的睿智、品行、学术思维，始终是我努力的目标。

　　感谢西北大学公共管理学院每一位传道、授业、解惑的师者。感谢西北大学公共管理学院席恒教授、张正军教授。席恒教授对这篇论文的最终完成提供了宝贵的建议，席恒教授建立的合作收益框架为本书的理论分析提供了坚实的基础。张正军教授难以企及的思辨能力与科学研究精神始终激励我，得张教授数次点拨和鼓励，受益匪浅。感谢西安交通大学张思锋教授和陕西师范大学王琴梅教授，两位老师在预答辩环节对本书提出了非常客观的评价与修改意见，使我获益良多。感谢预答辩阶段提出宝贵意见的曹蓉教授、姚聪莉教授。博士生涯虽止，向各位教授学习的步伐不会停歇。感谢西北大学范淑蓉副教授和王尧宇教授十几年来对我如家人般的照顾和支持。

感谢师友、西北大学公共管理学院雷晓康教授，我的博士论文从开题直到最终完成，老师与我一起进行了数次修改和讨论，提供了很多宝贵的意见和建议。自 2010 年在老师指导下攻读硕士学位至今，老师的教导、鼓励、安慰、支持与肯定，伴随我度过七年的学习之路，也是我多年来坚持学术研究的动力。"不管天光大开，还是烛光掩映，清醒的灵魂总守候着，只要有人守候，就有破晓的可能"（《燃灯者》），谨以此向老师略表感恩之情。

向本书所有参考文献的作者致敬，没有你们的贡献，就不会有这本书诞生。

步履不停，终会遇见。